家国天下的父子两代

蔡磊 著

CTS | 湖南人民出版社 · 长沙

图书在版编目（CIP）数据

隋亡唐兴七十年：家国天下的父子两代 / 蔡磊著. -- 长沙：湖南人民出版社，2024.6
ISBN 978-7-5561-2785-6

Ⅰ.①隋… Ⅱ.①蔡… Ⅲ.①皇帝—人物研究—中国—隋唐时代 Ⅳ.①K827=4

中国国家版本馆CIP数据核字（2023）第019369号

隋亡唐兴七十年：家国天下的父子两代
SUI WANG TANG XING QISHI NIAN：JIAGUO TIANXIA DE FUZI LIANG DAI

著　　者：蔡　磊
出版统筹：陈　实
监　　制：傅钦伟
选题策划：长沙经笥文化
产品经理：杨诗文
责任编辑：田　野
责任校对：蔡娟娟
装帧设计：水玉银文化

出版发行：湖南人民出版社［http://www.hnppp.com］
地　　址：长沙市营盘东路 3 号　邮编：410005　电话：0731-82683327

印　　刷：长沙超峰印刷有限公司
版　　次：2024 年 6 月第 1 版　　印　　次：2024 年 6 月第 1 次印刷
开　　本：880 mm × 1230 mm　1/32　　印　　张：12.5
字　　数：260千字
书　　号：ISBN 978-7-5561-2785-6
定　　价：78.00元

营销电话：0731-82683348（如发现印装质量问题请与出版社调换）

关公战秦琼（自序）

没错儿，单凭这种极不规范的书名你就可以断定，这很可能是一本非驴非马，能将学院里严肃端庄的老先生气得吐血的关公战秦琼式的书。

“你在唐朝我在汉，你我交战为哪般？”相声里的人物都如此这般发问了，笔者就是再无知者无畏吧，也决然不敢拿历史当玩笑，更何况前几年戏说成风，有关影视剧乃至有关书籍层出不穷，这才有了新一轮捧着正史正襟危坐的“正说”之风。

物极必反，一切发生了的都是该发生的。

但仅仅“正说”就够了吗？如果我们真的只是置身事外，就故事讲故事，就人物说人物，除了能满足一点好奇心外，也依然是所获不多。

在如今这个物质空前丰富、科技空前进步、信息空前发达，每一天都与前一天迥然不同的时代，之所以还有那么多人对过去的人物和事情抱有那么大的兴趣，就是因为活在今天、活在当下的人明白，历史和我们其实有着割舍不断的联系。我们的昨天决定了我们的今天，甚至还要影响到明天。现代人血管里奔腾的，哪里真的完全就是全新的、不带一点昔日印痕的红、白细胞和血小板？现代的DNA检测可是能通过从我们身上抽出的血，将我们压根就没见过面的老祖宗描绘得八九不离十呢。

所以，关心历史其实就是在关心我们自己。

读书的乐趣全在于琢磨。

古人爱说“功夫在诗外”，其实，不但作诗如此，读诗、读书、读史莫不如此，所以才能长江后浪推前浪，后人总比前人强——因为前人的肩膀垫起了我们。

如果在读史时加以对照和比较，那就更是乐趣多多所获多多。

这本书就是如此情境下的产物，主要是想对大名鼎鼎的隋炀帝和唐太宗做一番带有实验性质的“剪贴拼图”式比较。道理既简单又充分，同时还很有趣，因为不管是在正统的官修史书中，还是在偏爱信马由缰的民间野史中，他们都是形同水火判若云泥泾渭分明。尽管同是名垂史册，却分别作为坏皇帝和好皇帝的样板而具有截然不同的意义。甚至就是唐太宗自己，也动不动就以“亡隋之辙，殷鉴不远”来说事儿，有意无意提醒人们，注意自己和隋炀帝的区别。这当然没错儿，尽管都是皇帝，尽管两人还是亲戚——隋炀帝是唐太宗之父李渊的表弟，也就是唐太宗李世民的表叔，但不一样就是不一样，或万世唾骂，或千秋颂扬，这可马虎不得，只是过犹不及。一个人若是总忘不了撇清在外人看来原本就是风马牛不相及的事，也就多多少少有了种欲盖弥彰、此地无银三百两的尴尬。

好皇帝李世民没法儿不尴尬。

曾是大隋第二代帝王的杨广死后被大唐君臣追谥为“炀”。这是一个坏到不能再坏的评价了。“谥法”是这样解释的:“好内远礼曰炀”,“逆天虐民曰炀”,也就是既昏庸又残暴的意思。这又成了一个让人哭笑不得的黑色幽默:“炀”字作为一个糟糕到不能再糟糕的谥号,本是隋炀帝自己最早发现,并加给陈后主这样贪图女色、醉生梦死、毫无建树的亡国之君的。加给别人的谥号转眼间又成了别人加给自己的谥号,杨广若地下有知,还能说些什么呢?前朝历史后朝修,取代大隋而崛起的大唐王朝,就这样举重若轻地将前朝君王钉在历史的耻辱柱上,让隋炀帝的恶名遗臭万年。

这时候的李世民是坦然的,因为他那时候只是父皇李渊册封的秦王。

后来情况就有些不一样了,那当然是在李世民也当了皇帝之后。

汉承秦制,隋唐一家,这原本没什么好说的,但这却成了唐太宗李世民的心病,尤其是当他回首往昔,检视自己是如何一步步登上帝王宝座的时候——那竟是一段和臭名昭著恶贯满盈的隋炀帝杨广大同小异的喋血之路!

他们都是老二,次不当立,也都是靠阴谋手段篡位坐上那把龙椅的。

为了那把椅子,杨广弑父、屠兄、幽禁弟弟。

为了那把椅子,李世民杀兄、屠弟、逼父。

为了那把椅子,早在还是晋王的时候,杨广就在经略江都的过程中,结党营私大肆活动,刻意培植自己的政治军事势力。

为了那把椅子，李世民也早在还是秦王的时候，就一边组建自己的智囊团，一边罗致大批武将，为日后发难未雨绸缪。

他们都是王朝的第二代君王，也都文武双全，身兼创守，功业卓著，声名远播。

他们都早慧聪明，仪表堂堂，才华出众，在辞赋文章方面也都是高手。

他们都想建立不世功业，成为千古一帝。

甚至就连他们活的岁数也差不多，李世民活了五十二岁，杨广活了五十岁。

…………

两人如此相似，怪不得后人评价说，两人就像是对方的影子。

但结果却是一个成了臭名昭著的暴君，遗臭万年；一个成了著名的圣王，流芳千古。

历史就是这样不可思议。隋亡唐兴，从杨广的大业到李世民的贞观，也不过几十年、一代人的时间，在历史长河中属于转眼即逝的瞬间。何以会出现两个既惊人相似又反差极大，好坏都到达极致而堪称“样板”——坏样板与好样板——的皇帝？

为什么？到底是为什么?！

有比较才能有鉴别。就是为了解答这个疑问，才有了这本将两个朝代、两代父子放在一起评头论足说长道短的书。因为没有面面俱到的企图，也就没有正襟危坐按部就班，而是采取了一种“剪贴拼图”的写作方式，叙述上也就显得跳跃不定，所以才有了那样一个略显拗口的解释性的副标题。如此写法只是方便比较及显示效果，并不全是为了标新立异。

但愿读者能喜欢。

愿有识者有以教我。

目录

卷一 开皇、武德初年纪事

卷二
开皇、武德末年纪事

卷三

大业、贞观纪事（上）

卷四

大业、贞观纪事（下）

第七章

难解难分：两个王朝的关联

第八章

大相径庭：两个榜样的造型

卷一

开皇、武德初年纪事

第一章

杨隋李唐：两个王朝的建立

开皇之前

开皇是隋文帝杨坚用了二十年的第一个年号，开皇元年也就是公元 581 年。

在这之前，杨坚的身份还是承袭父爵的隋（随）国公、北周太子宇文赟的老丈人。随着北周武帝逝世、太子即位成为周宣帝，身为太子妃的女儿杨丽华顺理成章被立为皇后，杨坚因此由柱国进位上柱国，从南兖州总管任上调回京师任大司马。紧接着又成为宣帝新设的位在百官之上的四辅官之一的大后丞；刚过半年，再跃升为大前疑，成为四辅官之首。这时候的杨坚还不到四十岁，可谓是恩宠连连飞黄腾达，但杨坚却是如履薄冰战战兢兢，对那个当了皇帝的宝贝女婿，杨坚是既反感又蔑视。因为在南北朝众多荒淫暴君中，宣帝的凶悍“名列前茅”，实在让他心惊肉跳，两人之间的关系是既微妙又紧张，甚至皇后杨丽华与皇帝的关系也是这样。

早在还是太子的时候，宇文赟就是个不务正业刚愎自用的纨绔子弟，武帝生前就对其颇不放心，但由于其他诸子或年幼或更加不才（如次子宇文赞），现在的太子哪怕是摊狗屎也得硬往墙上糊。因为将来要堪当大任，所以武帝对太子管束极严，痛加捶打的事情也时有发生。他除了增加太子身边辅臣之外，还派人在东宫记录太子言行，逐月奏闻。如此管束，太子不得不在人前装模作样，“矫情修饰”，内心却咬牙切齿，巴不得老皇帝早日升天。

北周武帝是公元578年年中，在征伐北齐余孽的路上一病不起赍志而殁的。这边老皇帝刚一咽气，那边即位的宣帝就抚摸着被父皇教训留下的杖痕，冲进殡宫，大骂其父死得太迟，当晚就在其父后宫撒野，为所欲为。

接下来就是改元建号，先叫大成。可宣帝真正的爱好在于声色犬马，既想独裁，又不耐烦处理日常政务，不到一年，就将皇位禅让给七岁幼子（是为静帝），改元大象，自己二十岁就自称天元皇帝，当起太上皇来，但仍掌控朝权。

一朝天子一朝臣，好像已经成了例行公事，新皇即位，首要的大事就是去掉那些自己看不惯的老家伙，安插自己的心腹。自称天元皇帝的宇文赟更是变本加厉，对武帝朝的重臣大开杀戒，腾出的位子则由自己的亲信侍从出任。一时间搞得满朝文武惶惶不可终日，大家都开始重找靠山，另谋出路。

杨坚就是在这个过程中一升再升，成为一颗冉冉升起的政坛明星的。也许是在武帝朝中窝憋太久的缘故，眼看着自己的女婿皇帝挥舞屠刀，将那些前朝重臣谋杀殆尽，早有不臣之心的杨坚刚开始还窃喜不已，以为自己可以从容进行政治布局。在一次和自己的亲信交谈时，他曾这样说道："吾仰观玄象，俯察人事，周历已尽，我其代之。"

但杨坚很快就发现自己高兴得太早了。原因就在于天元皇帝虽然没有政治远见，不懂得积德树恩、收买人心，但在铲除异己方面却目光如炬、不择手段，只要一发现谁的势力坐大，就必除之而后快。这似乎也不能全怪天元皇帝心狠手辣，因为有了变魏为周、功勋殊伟，同时又骄横跋扈、视皇帝为手中玩物的权臣宇文护的教训，北周的皇帝对权臣的出现都非常警惕，天元皇帝只不过行事更坚决，目光更敏锐罢了。即位之后，他一方面把武帝朝掌握实权的大臣尽加清除，同时命令宗室亲王去封国赴任，以免留下隐患；另一方面则重用身边那些无资历、无威望，也不见得有什么能力的人，以便把权力全集中在自己手中。即使如此，天元皇帝还不放心，经常派人秘密查访，将朝臣的言行举止一一记录奏报，略不顺眼，辄加其罪，甚至对大臣鞭笞捶挞，号称"天杖"，一打就是百二十下，几乎无人幸免，直打得大臣"内外恐惧，人不自安，皆求苟免，莫有固志"。

对颇具实力的老丈人杨坚，天元皇帝自然是不能掉以轻心。"必族灭尔家！"他就是这样在自己的皇后杨丽华面前发誓的。那是公元580年五月的一天，天元皇帝和杨皇后生气，气冲冲地说完这句话后，他就派人去召杨坚入宫，并吩咐左右，只要杨坚神色有异，立刻就将杨坚砍了。那一次杨坚举止合礼，神情自若，所以脑袋也就还长在自己脖子上。

但人为刀俎，我为鱼肉，杨坚躲得了初一，能躲过十五吗?

麻秆打狼两头怕

其实，杨坚的日子从来就不好过——如果不说是越来越难过的话。

身逢乱世，父亲杨忠算是一刀一枪打出来的大将军。杨坚出世的时候，父亲是西魏云州刺史、大都督。由于当时战事频仍，同时也是为了祈求神明保佑，杨忠夫妇像当时许多笃信佛教的王公贵族一样，辟出自家宅院一部分改作佛寺，将小杨坚交给一个法名叫智先的尼姑抚养。杨坚就这样又有了个小名——那罗延，佛典里是护法金刚、大力金刚的意思。一直到了十三岁，被认为是金刚转世的杨坚进入当时专为培养贵族子弟而设的太学学习。同年，他又被辟为功曹，由此踏上仕途。

朝中有人好做官，而魏晋南北朝时的门阀制度更是赤裸裸地对官本位体制来了一次集大成。在太学未满一年，杨坚就由于父亲平定江陵的军功，被授予散骑常侍、车骑大将军、仪同三司的勋官，封成纪县公。第二年又升骠骑大将军，加开府衔。在当时的勋级表中，这已经是最高的九命一级——也就是后来人们常说的一品。后来，又成为大司马独孤信的乘龙快婿。不知是不是自惭于自己的外族身份，当时的统治者刻意仿古，中枢官制用《周礼》六官之制，设“三公”“三孤”“六卿”及上中下“大夫”，上中下“士”。又定

“九命之典,以叙内外官爵”。具体地说,就是将“命”与“品”结合,品高命多，以第一品为九命，第九品为一命。

话扯远了，继续说杨坚。

少年得志，仕途顺畅如此，杨坚该是一路春风得意了吧？否。由于当时的政治形势实在是波诡云谲，充满惊涛骇浪，稍不留神就会站错队，导致身首异处身败名裂，所以夹在皇帝与权臣之间的杨家父子小心翼翼不偏不倚，这才得以度过了一次次危机——

对杨忠来说是亲家、对杨坚来说是岳丈的独孤信被罢官后又被迫自尽，与他们无涉；

朝臣李植等人密谋诛杀宇文护，归政孝闵帝，结果事情败露，连孝闵帝本人也难逃一死，这样的惊天大案也与他们无关。

有过这样一件事：独孤信自尽之后，把持朝政的权臣宇文护任命杨坚为掌管皇宫宿卫的小宫伯。按官制，小宫伯是宫伯的副职，都隶属于天官大冢宰，而当时担任大冢宰的正是宇文护本人。对宇文护来说，此番任命颇有一石二鸟之效：既可安插亲信监视宫中，又可拉拢杨氏家族。送上门的官自然是要当的，但如何当则另有学问。杨坚特意就此事和父亲商量，老谋深算的杨忠沉吟半晌，建议儿子最好还是与宇文护若即若离不即不离，理由也是现成的：

“两姑之间难为妇，汝其勿往！”

家常话道出了大道理，杨坚心领神会遵行不误。宇文护气急败坏但又无可奈何，只能暗中窥测，甚至屡次派术士去给杨坚看相，一旦抓住破绽，就要来个猛虎扑食。把柄没有抓着，但杨坚却被冷冻在起家的官职上，整整八年没有变化。

后来武帝计除宇文护，夺回权柄，但杨坚依然没有摆脱被猜疑猜忌的命运。深受权臣之害的武帝哪怕就是从自身的经历出发，也不能不对可能出现的新的权臣百倍警惕。更何况关于杨坚“相貌非常”“恐非人下”的议论声不断地在其耳边响起，以至于他也像当初的宇文护一样，屡次派术士察看杨坚究竟有无反相。

现在暴虐昏聩、治国才情远不及其父的天元皇帝即位，杨坚的日子就更不好过了。

“麻秆打狼两头怕”，就是当时对君臣关系最形象的描述。

果然，曾经有过的血光之灾又一次逼近到杨坚面前，起因还是与皇后杨丽华有关。

按规制，皇帝只能有一位正宫皇后，以为国母，御后宫。但整个南北朝时期荒淫暴君数不胜数，不仅政治黑暗混乱一片，就是对人类伦理底线的践踏也到了无以复加的地步，所以才有了今日看来无异于动物世界的光怪陆离秽气弥天。为了不污人眼目，让我们简短地说——天元时代，其皇宫大内居然同时有五位皇后，将后宫制度搅得一塌糊涂。

杨丽华是天元皇帝为太子时的太子妃，随着太子即位而成为名副其实的皇后。

早在还是太子的时候，天元皇帝就与一个大他十来岁的宫女生下了后来的静帝，登上皇位后，那宫女母以子贵，被封为天元帝后。

后来他又四下搜罗美女，先后立了两位皇后。

最后一位皇后尉迟氏其实是天元皇帝的侄儿媳妇，她是随宗室命妇按惯例入宫朝拜，参加宫中宴会时被天元皇帝看上的。当晚就被留在宫中，苟合乱伦，逼得其夫家起兵造反，尽被抄斩，然后尉迟氏被天元皇帝迎入宫中，立为皇后。

杨坚之女杨皇后位居正宫，却也奈何不了夫君，只得听之任之。只是有时见天元皇帝日夜宣淫，精力不济，且喜怒无常疯疯癫癫，不免关心几句，发发牢骚。天元皇帝却乘机发作，咆哮如雷，皇后却面不改色，镇静如常，看惯了人人像狗一样在自己面前摇尾乞怜的天元皇帝愈发恼怒，竟至气急败坏要令皇后自裁。天元皇帝要处死皇后的消息由宫中飞报到杨家，杨坚不好出面，便由夫人独孤氏赶赴宫中，对着自己的女婿磕头不止，血流满面，这才让天元皇帝怒气稍解，皇后逃过一劫。

眼见天元皇帝浑身戾气磨刀霍霍，杨坚悄悄找到天元皇帝面前的头号红人郑译，让他帮自己活动活动，找个外放之职，好歹先保住性命再说。郑译原是天元皇帝为太子时的太子官尹，迎合当时的太子做了许多坏事，被当时的皇帝除名。老皇帝死后，新即位的皇帝立刻就将他请了回来，拜为开府仪同大将军、内史上大夫，也就是委以朝政的意思。

有郑译帮忙，事情当然不能不成。很快，就在那年的五月初四，杨坚被任命为扬州总管，任务是领兵南征，平定江东。

昏君暴死国丈乐

按说呢，既然是自己讨来的任命，那就该急速收拾行装，尽快离开京都虎狼之地。但出人意料的是，杨坚却突然改变了主意，谎称足疾，闭门养病深藏不出。

事情也实在是蹊跷得很，就在五天之后，不理朝政，几乎整日都在吃喝玩乐的天元皇帝突然心血来潮，说走就走，备法驾巡幸天兴宫。由于天元皇帝平时就昏聩，常有荒诞不经的举动，所以这次夜出避暑，也没有人拿它当回事儿。但仅仅隔了一天，只有二十二岁的天元皇帝就抱病在身且病势沉重，被左右迅速护送回宫。

史书记载那一天是大象二年五月乙未。

也就是公元580年五月十一日。

杨坚自此可以长长地呼出一口闷气了——那口气都快把他憋死了。

《资治通鉴》中有一段杨坚与其心腹、大将军汝南公宇文庆的谈话，杨坚是这样说的——

天元实无积德；视其相貌，寿亦不长。又，诸藩微弱，各令就国，曾无深根固本之计。羽翮既剪，何能及远哉！

若不是洞悉朝中局势，若不是久怀异志，这哪里是为人臣者所能言、所敢言的？！

他早就料定当今皇帝活不长、活不久，只是没想到会这么快。

居丧才逾年，辄恣声乐，鱼龙百戏，常陈殿前，累日继夜，不知休息；多聚美女以实后宫，增置位号，不可详录；游宴沉湎，或旬日不出……

透过史书中的这些记载，不难看出自视为天、自称为天元皇帝的那家伙究竟是一副怎样的嘴脸！由于天元皇帝的暴虐无道，巴不得他赶快咽气的实在是大有人在。

曾经有一个叫杨文佑的下士在天元皇帝的酒席前当面且舞且唱："朝亦醉，暮亦醉。日日恒常醉，政事日无次。"

若不是抱着慷慨赴死的决心，若不是一忍再忍忍无可忍，谁会忤逆龙鳞以至于此？更何况还是皇帝的贴身侍卫?！重杖之下，杨文佑当场被活活打死。天元皇帝不知悔过，依然穷凶极恶昏庸无道。

自作孽，不可活，上天终于要来收人了。尽管宫中御医想方设法，但天元皇帝还是凶多吉少，未见起色，几日之后，待他想起该对身边亲信交代后事时，却已经连话都说不出来了。其实，就算他还能说出话，又有谁会听呢？树倒猢狲散，他的那些亲信眼见大厦将倾，此时正忙着另择新主，以便投靠效忠。身家性命要保，已经到手的荣华富贵也要保。

一出改朝换代时常见的宫廷好戏就这样紧锣密鼓地拉开帷幕——

参加那场阴谋的有前面已经说过的内史上大夫郑译、御饰大夫柳裘、内史大夫韦謩及御正下士皇甫绩等人，发起人则是小御正刘昉。御正也好，御饰也好，还是内史也好，都是直接听命于皇帝的近侍，其作用是掌管机要、参与决策、沟通内外、承上启下。一句话，都属最接近皇帝的要害机构的要害人物。依靠他们，皇帝既可以加强对朝臣的监视控制，又可确保大权全部集中在自己手中。其机构和职权在天元时期也不断得到充实和提升。自视甚高的天元皇帝到死都没想到，关键时刻出卖他的，正是他平时最倚重的亲信们，这大概也算报应吧！由于杨坚早有不臣之心，与郑译等人串通一气也非止一日，再加上杨坚是国丈，在位列朝臣之首的四辅官中领衔在前，且年富力强如日中天，郑译等人扳着指头算来算去，也只有杨坚最合适。

杨坚就这样被召进宫中。

迷雾重重，机关处处，关于天元皇帝从发病到去世前后的日期经过，《周书》《隋书》乃至《资治通鉴》等史料记载都不尽相同，好在最终的结果和事实并无不同，那就让我们只说事实和结果。

结果是进宫后的杨坚以奉先皇遗诏的名义，坐镇宫中辅政，并都督内外诸军事。

据说，由于事出突然，心怀忐忑的杨坚进宫后还可怜巴巴地问迎面碰上的术士来和：“我无灾障不？”

自宫中而出的来和大约了解了情况，立刻喜滋滋地拱手相贺：“公骨法气色相应，天命已有付属。”

来到宫里，郑译和刘昉等人就将他们的盘算和盘托出。杨坚当然还要谦让一番，但由于时机实在是太过紧迫，没工夫装模作样，刘昉语出惊人：“公若为，当速为之；如不为，昉自为也。”

柳裘也在一旁劝道：“时不可再，机不可失，今事已然，宜早定大计。天与不取，反受其咎，如更迁延，恐贻后悔。”

话都说到这份儿上了，除了点头答应，杨坚还有什么好说？

接下来就该向天下发布大行皇帝遗诏了。

刘昉拿着拟好的所谓遗诏找到御正中大夫颜之仪会签，深知有诈的颜之仪拒不签署不说，还义正词严厉声呵斥："主上升遐，嗣子冲幼，阿衡之任，宜在宗英。方今贤戚之内，赵王最长，以亲以德，合膺重寄。公等备受朝恩，当思尽忠报国，奈何一旦欲以神器假人！之仪有死而已，不能诬罔先帝。"

话说得实在是不能再清楚了。尽管杨坚等人那时打出的招牌还是辅佐幼主，但对方也一眼就看出了他们的真实目的，摆出一副以死抗争的架势，认定只有宗室亲王入朝主政才是正理，颜之仪同时还急忙飞召大将军宇文仲入内辅政，胜负一时难料。

死的是自己的皇帝老公，牵扯到的又是自己的生身父亲，位居正宫的皇后杨丽华不可能无动于衷。尽管史书对此语焉不详，但日后回忆当初，杨坚不无侥幸地感叹道："公主有大功于我。"

杨坚所说"大功"云云，在《隋书》中就成了这样一句："宣帝崩，杨后令其父隋公为大丞相，总军国事。"

皇后一语定乾坤，结果是兴冲冲赶进宫来的宇文仲于御座前被捕，宫内局势得以控制。

大喜过望的国丈明白，接下来就该控制朝廷与京师，并进而掌控全国了。

挟天子以令诸侯

这其实是一出早就有人——例如秦朝赵高、三国曹孟德——演过的历史剧。

先学赵高，也来个密不发丧。

当时的形势是：武帝时期的老臣、重臣被天元皇帝杀的杀、贬的贬，一片零落；而静帝宇文衍时年不满九岁，不足为虑；其他宗室亲王又都被打发到各自的封国，对京师之变也是鞭长莫及；虽说还有个天元皇帝的御弟汉王宇文赞近在咫尺，但也是个只知吃喝玩乐的纨绔，简直就是个现成的傀儡。

一番掂量，一番布置，诸事妥帖之后，杨坚先以送千金公主往突厥和亲为由，矫诏征宗室五王（也就是武帝宇文邕的五个兄弟）回京。估计他们已经上路之后，这才于大象二年五月丁未为天元皇帝发丧，扶静帝宇文衍入居天台，大会百官，大赦天下，尊杨后为皇太后，朱后为帝太后，其余陈后、元后、尉迟后一并削发为尼，并宣布汉王宇文赞为上柱国、右大丞相，杨坚为假黄钺、左大丞相，节制百官。

尽管当时的规则是以右为先、为尊，汉王看起来是在杨坚之前，尊崇是够尊崇了，但与杨坚相比并无实权。所谓黄钺乃黄金大斧，“可以专戮节将，非人臣常器矣”。而假黄钺、总军国事云云更是汉末以来历代权相专用衔名，也就是曹操曹孟德的做派了。所以明眼人一看就知道杨坚玩的什么把戏，当场便是一片议论。

对此杨坚早有准备，也早有安排，所以会后径直前往正阳宫——也就是以前的东宫、现在的丞相府。

杨坚此举，其实就是让文武百官选择何去何从。有的人跟上来了，有的人还在犹豫，有的人干脆掉头往外。这时，按杨坚密令领兵在外等候多时的司武上士卢贲站了出来，一声大喊：“欲求富贵者，当相随来。”

眼见到处都是虎视眈眈全副武装的士兵，不管愿意不愿意，公卿大臣们都只能跟随卢贲来东宫向杨坚俯首效忠了。

接着就是对有关人员论功行赏加官晋爵。

郑译为丞相府长史，刘昉为丞相府司马，协助处理军政事务。

两项任命太过明显，以至当时就有人说杨坚上台靠的是郑、刘两人的鼎力相助，并形象地称为“刘昉牵前，郑译推后”。其实，对刘、郑两人的新任命，远不像表面上看起来那么简单。刘、郑等人当初之所以选上杨坚，并不是真要将权力拱手相让，而是想将杨坚推至前台，遮风挡雨，实际上由他们自己暗操权柄。他们的如意算盘是推杨坚为名重权轻的冢宰，以郑译为掌握军权的大司马，刘昉则任小冢宰，为杨坚副手。这种人事安排，仿效的还是武帝故智以架空杨坚。杨坚当然知道这种安排的弊病所在，没有军权，自己的地位早晚不保，但碍于刚刚接受了人家的大恩，总不好当下就撕破脸皮吧？好在他身边还有个久在中枢任职且忠心耿耿的李德林，力主杨坚应该当大丞相，还要假黄钺，都督内外诸军事，不然无以压服众心。正是接受了他的建议，在最后发布的任命里，杨坚将郑、刘两人都置于自己的控制之下，同时又让李德林当了丞相府属官，负责日常军机要务，再加上精明强干智勇双全的老相识高颎为丞相府司录，有文有武有内有外，丞相府显然已是固若金汤。

杨坚的蓄谋已久成熟老到还表现在他以一种近乎神奇的速度将自己的亲信党羽纷纷安插进各个要害部门，尤其是军事和枢要部门。那些人中有堂弟杨弘、姐夫窦荣定、妹夫李礼成、家将李圆通、老部下卢贲，甚至还有岳丈独孤信当年的旧部和已是有家无国的前朝北魏的宗室皇亲。

如此布置，京师重地还不成了杨家禁脔?!

再接下来就该清除异己了。

这一回杨坚用的是双管齐下软硬兼施有内有外的办法。

首先要革除天元皇帝的苛酷之政，广施恩惠，以收揽人心。除了删略旧律，使法令清简可用外，他还下令立即停止洛阳宫的营造，一反天元皇帝奢侈淫逸之风；同时还恢复了武帝时被禁毁的佛、道二教，准许以前被迫还俗的出家人重新出家。桩桩件件，都引起赞声一片。

还记得那个被尊为右大丞相的汉王宇文赞吗？人家杨坚本来只是拿他当个摆设和由头，可不识趣的傻小子还当了真，有事没事也大模大样来到禁中，和杨坚同帐而坐，指手画脚又碍手碍脚。同样也是纨绔的刘昉自有对付自己同类的绝招，他找来几个浓妆艳抹的妓女，一番招摇，便把汉王勾得魂不守舍，刘昉乘机挑唆道:“大王，先帝之弟，时望所归。孺子幼冲，岂堪大事！今先帝初崩，人情尚扰。王且归第，待事宁后，入为天子，此万全计也。”

傻小子非常高兴，左拥右抱，带着一班妓女回去逍遥自在，一门心思等着让人迎请入宫当天子。

内里安顿好了，时间也到了六月，就藩在外的宗室五王先后回来了。这时杨坚早已上台，看着他们就像看着自动走进虎口的羊群一样，发愁的不是吃不吃，而是怎么吃。

在备受天元皇帝摧残的北周宗室里，这几位王爷辈分高，能力也有，可算是硕果仅存鹤立鸡群的人物了。五王进京之后，杨坚并没有动他们，而是先瞄准了掌控京师治安、时任雍州牧的明帝长子毕王宇文贤，加以谋害执政罪，杀其全家，给五位王爷来了个下马威。就在五位王爷惴惴不安，不知该如何自保的时候，杨坚让静帝下诏，令五王入朝不趋，剑履上殿，以示尊崇。先惊后喜，几位王爷还没回过味来，赵王宇文招和越王宇文盛又被杨坚以刺杀执政未遂罪诛杀，五位王爷至此只剩下三位。

三位王爷之所以还能苟延残喘，不是杨坚良心发现，不忍下手，而是北周的相州、郧州、益州三大州的总管相继打着匡复皇室的旗号领兵而反，杨坚要忙着救火，暂时顾不上他们了。

果然，同时发难的三州尽管气势汹汹，却各有打算同床异梦，很快就被杨坚各个击破。其中势力最大的尉迟迥，从起兵到失败不过六十八天而已；而整个平定叛乱的过程，也只历时不到五个月。随着外间叛乱的渐次平定，杨坚更无顾忌，先后在十月和十二月，分两次以同样的罪名诛杀了陈王、代王和滕王三家，这就是北周末期的所谓“六王事件”。

再后杨坚又大开杀戒，将宇文宗室斩尽杀绝，总数不下五十人。

一切都已顺理成章，接下来的问题只有一个：在攫取最高权力之路上，杨坚何时迈出最后的至关重要的一步？

大隋是这样诞生的

公平地说，杨坚能在短短的不到一年的时间里，如火中取栗般将乱麻沸汤的局面收拾平稳，实在是既容易又颇不容易。

先说前者。杨坚所处的南北朝的确是一个政变频繁，王朝和皇帝像走马灯般换来换去，直让人眼花缭乱的时代。那个时代的一般规律是，不管凭借什么方式，只要你能在旧王朝中站住脚，只要你能渐渐累积起声望和实力——这大抵又都是通过战功取得的，你就有了问鼎国家权力——当然也包括最高权力的可能。

而马上就要成为大隋天子的杨坚只不过是凭借先人的军功开始发达的，他没有什么值得一提的特殊的文治武功，手里也没有自己掌握的军队，却也成了一代开国之君，这就难免让很多人很久以来都不能服气。清人赵翼说道："古来得天下之易，未有如隋文帝者，以妇翁之亲，值周宣帝早殂，结郑译等，矫诏入辅政，遂安坐而攘帝位。"

赵翼多少有点捡拾前人牙慧之嫌。因为类似的话，早在他一千多年前李世民就说过。因为差不多就是同时代人，加之隋唐两朝与杨李两家的特殊渊源，李世民动辄拿前朝君主说事儿。一本《贞观政要》中类似的记载比比皆是，请看他说隋文帝的这一段："此人性至察而心不明。夫心暗则照有不通，至察则多疑于物。又欺孤儿寡妇以得天下，恒恐群臣内怀不服，不肯信任百司，每事皆自决断，虽则劳神苦形，未能尽合于理。"

李世民的不屑简直就是溢于言表。相比之下，《剑桥中国隋唐史》的说法就要客观公允得多——

隋作为北周的后继者而崛起。与北周的统治王室一样，开国者杨坚（未来的文帝）的家族也是西北的关陇贵族。这个家族的成员曾先后为北魏和西魏效劳，而它本身就是一小批创建北周的强有力的家族之一。这批家族还包括独孤氏（杨坚之妻的家族）和未来唐王朝的李氏，它们通过复杂的婚姻纽带而互相发生关系和与北周王室发生关系。根据以后发生的大事，隋朝虽然标志着中国历史延续性的一个大断裂，但帝国的继承和创建在当时不过是一次宫廷政变，是西北的一个贵族家庭接替另一个家族即位。后来唐朝的继承也不过是把皇位移向这一紧密结合的家族集团中的另一个家族而已。

说杨坚容易，也就是在这个意义上才是成立的。

当然还有并不容易的许许多多。

前边说过，杨坚差不多是赤手空拳被天上掉下的馅饼砸中的。而当时的形势是，你若不牢牢地抱住这个从天而降的馅饼并趁水和面将其做大，不但馅饼会被别人抢走，就连你自己的脑袋也要搬家。换一种说法就是这样：你若不当个架空皇帝的权臣，你的身家性命就会被皇帝攥在手里；而你若当了权臣，将皇帝的命运攥在自己手里，看起来是稳当了，但潜在的危险却也同时呈几何级数增加，不但别人视你为异类，就是你自己也觉得自己是异类。身为异类，自然人人可得而诛之，还要遗臭万年。当初的曹阿瞒不就是这样？本朝权臣宇文护不也是难逃身首异处的下场吗？

“骑兽之势，必不得下，勉之！”这是当初杨坚在禁中初掌权柄，何去何从还没有完全想好的时候，其夫人独孤氏派心腹家将李圆通入宫转告的话。也就是破釜沉舟，开弓没有回头箭的意思。

“公无党援，譬如水间一堵墙，大危矣。公其勉之。”差不多与此同时，曾是杨坚太学同学，后曾一度为大隋重臣，最终却被人诬以谋反伏诛的元谐也这样对杨坚说过。

形势显然是异常严峻。接着又是尉迟迥、司马消难、王谦三大地方实力派举兵叛乱，公然挑战。好在此前杨坚已经通过三个系统的亲信，分别控制了京师部队、都城官府以及相府要务和中枢部门，从中央到地方，挟天子以令诸侯，自有得天独厚的强势与优势。

更何况长期动乱，早已是人心思定。

还何况胡汉杂处，早已是人心思汉。

昏君暴君连出，人们也想看看新君是否能有副新面孔。

由尉迟迥等人首先发难的武装叛乱，在很大程度上其实是件好事。好就好在几个武夫的贸然摊牌，反倒让杨坚省却了许多拉拢收买、甄别忠奸的功夫。随着平叛的胜利，从来都是攀龙附凤见风使舵的大大小小的官僚们开始纷纷劝进，此事甚至成了文武百官表明自己政治态度的试金石和进身之阶。

公元580年九月，司马消难之叛刚平，杨坚就以叛臣之女为由，废静帝司马皇后为庶人，视皇帝为无物；

接着，他让静帝废除左、右丞相之号，只设大丞相一职，由自己担任；

再一月，杨坚再加大冢宰职，总摄其他五官府，独揽大权；

那一年快结束的时候，四十岁的杨坚进封隋（随）王。

第二年一开年，朝廷下诏改元“大定”，以示“四海宁一，八表无尘，元辅执钧，垂风扬化”，就在举国一片歌功颂德之声里，杨坚改称相国，总百揆，剑履上殿，入朝不趋，赞拜不名，备九锡之礼，建天子旌旗，出警入跸。

如同骚动于母腹中急于坠地的胎儿，只要吉日一到，大隋（随）就要应声而出。

术士选定的上上大吉的日子是那一年二月十四甲子之日。

杨坚就在那一天正式称帝成了开国皇帝。因为原封随国，那个随字有个走之偏旁，显得立脚不稳颇为不雅，故改随为隋，以为国号。

和后来当了大隋第二代帝王的儿子杨广一样，杨坚也给自己的朝代起了一个既新奇又不乏深意的年号：开皇。杨坚一直是以护法金刚自诩的，据说这年号的意思是“圣皇启运，像法载兴”，表明新皇乃“祗奉上玄，君临万国”“生为人王”的真命天子。

而他儿子杨广给自己起的年号是大业。

父子两代都表现出要除旧布新、大治天下、开创万世基业的宏伟抱负。

只是，他们谁也没有想到，仅仅过了三十来年，对着神州大好河山指指点点，有权自起年号的就换了人。那人姓李，单名一个渊字。

李渊其人

和自己曾经的主公，也就是大隋前后两代帝王一样，李渊也出身于一个身世显赫的富贵家族，并且还是隋室近亲——比杨广大三岁的李渊还是杨广的亲表哥呢！

《剑桥中国隋唐史》有论——

在宇文泰创建北周的其他赞助者中，还有突厥望族成员独孤信和隋文帝的父亲杨忠：他们的家族有着互相联姻的关系。独孤信有几个女儿。大女儿嫁给了宇文泰之子，即北周的第一个皇帝明帝（公元557—560年在位）。他的七女儿嫁给了杨忠的儿子杨坚，即后来的隋文帝（公元581—604年在位）。他的四女儿嫁给了李虎的儿子李昞，这一对夫妻在公元566年生下了李渊。因此，李渊不仅是著名武人的后代，也不仅是统治中国西北部的汉－鲜卑－突厥贵族的混血儿，而且他通过他的母亲又同北周及隋两家皇室有着紧密的关系。

就是因为出身显赫，李渊七岁时就袭祖爵为唐国公，显然要比十三岁以前一直待在寺院里的七姨夫杨坚起家要早得多！

“倜傥豁达，任性真率，宽仁容众”，这是《旧唐书·高祖本纪》对李渊成年后的描述。杨坚于开皇元年开始名正言顺地当起了大隋皇帝，也就在那一年，李渊成了皇帝姨父的高级贴身侍卫——千牛备身，后来陆续做过几个地方的刺史。表弟杨广即位后，他又做过几个地方的太守，后被征入京城，出任掌管京师的兵器籍账的正四品的殿内少监——这绝对是个只能由皇亲国戚才能担任的要害职位。大约就是在这个职位上，皇帝表弟看中了他的才干，后来他又改任卫尉少卿，负责京师的兵器和兵器库，在杨广第二次征讨高句丽时负责督运粮草。后来贵族杨玄感发动叛乱，李渊奉诏驰驿西镇弘化郡，兼知关右诸军事，开始职掌兵马。

这份简历似乎表明，李渊对大隋王朝一直是忠心耿耿的，颇有些“疾风知劲草,板荡识诚臣”的意思。这当然只是问题的一种表述，换一种说法就成了这样：李渊胸无大志暮气沉沉愚忠愚孝混吃等死碌碌无为。甚至就是《新书唐》《旧唐书》及《资治通鉴》里也不乏这样的说法，似乎只有后来成了唐太宗的李世民才是创建李唐王朝的真正元勋。

事实当然不是这样的。

之所以会有那种说法，且还上了官修史书，流传至今，完全是李世民及其臣下给自己涂脂抹粉、为他们一伙抢班夺权制造说辞而编造出来的，甚至是“在唐太宗统治时期因太宗本人的坚持而编造出来的”。以材料翔实、立论公允见长的《剑桥中国隋唐史》就是这样的说法。

这没办法，谁让李世民一伙玄武门政变后真就坐稳了天下呢，并且还弄出个彪炳史册的“贞观之治”呢。

以后的事以后再说，继续说李渊。

据记载，袭爵唐国公的李渊长得很帅气，也很有才能，因为与皇室有特殊关系，所以自小就与比自己小三岁的杨广相处友善。后来杨广当了皇帝，两人之间的关系变了，但他依然经常被招去参加在宫中举行的宴会。在一次宴会上，皇帝对他当众羞辱，拿他脸上的皱纹说事儿，说他是“阿婆面”，并戏称他为“阿婆”。无辜受辱当然不开心，但在皇帝面前又只能唾面自干，李渊回家后忍不住在夫人窦氏面前发牢骚。窦氏替他排解:“此可相贺,公是袭唐公,‘唐’之为言‘堂’也,阿婆面是‘堂主’。”

李渊的抱负哪里只是当个靠祖宗荫庇得来的坐享其成的堂主唐公?!

李渊的老谋深算蓄有大志甚至在他给几个儿子的命名中也可见端倪:老大李建成,老二李世民,老三李元吉,合起来不就是建功成业济世安民元亨利贞上上大吉吗?此说有穿凿附会之嫌,换成《剑桥中国隋唐史》的学术语言就成了这样:

李渊那一代人对儒家的忠君思想中毒不深,儒家是禁止人们背叛前朝而改事新朝的。李渊和李渊的同时代人在思想上忠于社会秩序远甚于忠于一家一姓的某一王朝。

早在李渊还是大隋殿内少监、宇文述之子宇文士及为奉御时,两人就互为知己,“深自结托”。李渊当大唐皇帝的第二年,宇文士及前来投奔,李渊对身边亲信说:“此人与我言天下事,至今已六七年矣,公辈皆在其后。”那是武德二年(619)的事,往前推六七年,还是大业九年(613)左右,正是隋炀帝执政中后期,那时就暗中策划“密论时势”,可见李渊其人心机之深。

韬光养晦

营东都、凿运河、筑长城、开驰道,这都是杨坚即位后连兴大役,急于完成的所谓的圣王之业。这几项都是役民百万的大工程，再加上其他工程，役民在三千万人以上，几乎年年都有大役，百姓也就年年都在让人喘不过气来的重压下苟延残喘。好不容易盼着这几项的确功在当代、利在千秋的工程在大业六年（610）前后基本竣工，还没容人们喘口气呢，朝廷又要征发兵役攻打高句丽了，而且兵役、徭役超过前几年几项大工程的总和，差不多真成了全民皆兵，全民皆役。再加上天公不作美，山东、河南水灾成患，那一带原本就"丁男不供，始役妇人"，还加上官贪吏残，"百姓困穷，财力俱竭，安居则不胜冻馁，死期交急，剽掠则犹得延生，于是始相聚为群盗"。这已经成了官逼民反，民不得不反了。

民间沸腾如此，稍稍有点民本思想的帝王（如后来的唐太宗）都会有所忌惮，有所警醒，从而调整方略休养生息，可自视甚高，一心只想早日成就其圣王伟业的大业天子非但不稍加收敛，反而变本加厉，更加穷兵黩武。也许，他并不是存心要与百姓作对，只是想和几百年前气吞八荒、声名赫赫的秦皇汉武一样，庸庸碌碌的黔首百姓在他那里根本算不得有血有肉的人，而只是会说话、会走路的服劳役时的工具和服兵役时的兵器而已。就这样，民间已是扰攘不安，大隋王朝的第二代皇帝却只简单地派兵弹压，依然只沉迷于自己的"高瞻远瞩""高屋建瓴"的宏图大业，同时又一如既往地对朝堂上、朝廷里所有可能的和潜在的敌人倍加警惕，严密防范。

在此之前，大业天子已经本着千古不易的"兔死狗烹""卧榻之旁岂容他人酣睡"的帝王法则，将所有能收拾的政敌都诛除殆尽；每一次清洗都是株连甚广，随着东征高句丽之役的一败再败，先有老宰相杨素之子杨玄感起兵造反，虽不到三月即轰然大败，杨玄感本人也被砍了首级，但很快又有了“李氏当王”“李氏当为天子”的谶语，大隋朝廷从此便风声鹤唳，尤其是那些姓李的，更是个个难安，人人自危。

先说杨玄感之叛引发的大清洗。

杨玄感是大业九年六月扯起反旗的，九月已败。当时大业天子从征讨高句丽的前线仓皇而返，闻讯后即驻跸博陵郡，因为东征之心未死，又很快改博陵为高阳，成为过冬的行在，以便来年一雪前耻。就是在高阳，大业天子开始了泄愤般的报复——

将军王仁恭，两次征讨高句丽都立有军功，就因为侄子王仲伯参与叛乱，被免官除爵；

曾是大业天子为藩王时的旧臣，且在他当了皇帝后又成为亲信、时时与之诗词唱和的文士王胄、虞绰因为平时与杨玄感友善，一并被流放、徙边，两人逃亡后分别被处死，死于非命；

司农卿赵元淑在杨玄感起兵之前私自放走了自辽东潜逃南归的杨玄感之弟杨玄纵，大业天子亲临审讯，将其斩首并籍没其家；

秦王杨浩也因为杨玄感曾打算立其为君，坐以诸侯勾结内臣罪被废除王位。

对反叛分子的处理更加血腥——

杨积善、李密、王仲伯、韦福嗣等人被俘后被押往高阳，除李密半途逃走外，均被用对付“凶逆之徒”的重法处死。方法是将罪囚等绑在囚格上，用车轮套于犯人颈上，先让文武九品以上官员持弓引箭而射，万箭穿身再加以车裂五马分尸，最后则焚尸扬灰令其尸骨无存。至于已经死了的杨玄感，除了所有的兄弟都被株连杀害之外，他还被陈尸三日，然后被剁成肉酱，焚而扬之。

留守弘农郡的殿内少监元弘嗣是曾在大业天子身边任兵部侍郎的斛斯政的亲戚，杨玄感起兵前，斛斯政暗中放走了杨玄感的两个兄弟，因怕追查，斛斯政叛投高句丽，导致东征无功而返。无处泄愤的大业天子先是派时任卫尉少卿的李渊驰往弘化将元弘嗣逮捕，然后令李渊代为留守，关右之天水、陇西、临洮等十三郡皆受李渊节制。斛斯政后来的下场也极其糟糕，在大业天子三征高句丽，平壤城朝夕难保时被作为求和的礼物送还隋军。大业天子下令以杀杨积善之法，将其缚于柱上，让文武百官操弓击射，然后又脔割其肉烹煮，让百官啖之。肉吃完后又将余骨焚而扬之，真是比千刀万剐还要残虐。

因祸得福的似乎只有李渊。

那边血流成河，人头落地，他这里意态扬扬，新官新任。多少有点类似于当初隋文帝杨坚请求外放以获喘息的情景，李渊刚想好好喘几口气，大业天子又因为猜忌，下令将其征还。君臣双方都心知肚明却也都不说破，李渊心惊肉跳不敢奉诏，一边以有疾拖延不行，一边开始纵酒纳贿以自韬晦。刚好李渊的外甥女王氏时在宫中，大业天子大有深意地问她：“李渊病了，那死不死得了呢？”

消息再传回李渊那里，李渊更加惶惶不可终日。好在不久后又有了大业十一年（615），天子再巡突厥，结果被几十万突厥骑兵包围于雁门郡城（今山西代县）的事件。由于当时李渊正在山西、河东，以抚慰大使的名义，在那一带对郡县文武官员进行考核任免，得以就近及时率兵勤王，在各路勤王大军中表现突出，算是暂时打消了皇帝的猜疑，得以转任太原留守。对于早就心怀异志的李渊来讲，此次任命绝对是一次千载难逢的好机会。传说中的上古圣君尧曾在古称为唐的太原之地住过，早就袭爵唐公，现在又当上太原留守的李渊兴致勃勃地告诉儿子李世民："唐固吾国，太原即其地焉。今我来斯，是为天与。与而不取，祸将斯及。"

还有一句更加慷慨激昂："吾当一举千里，以符冥谶。"

这是《大唐创业起居注》里的说法。太原好像真是李渊父子的上上大吉之地，不仅逢凶化吉消灾解难，而且还能龙腾虎跃一飞冲天。

还记得我们前边说过的此前流传于国中的所谓"李氏当王""李氏当为天子"的谶语吗？正是因为形势日坏，加之谶语流传，朝廷中姓李的皇亲国戚的日子都越来越不好过了。手握兵权执掌一方的李渊自然不能不受到皇帝的格外关注，也就是在太原任上，借口与突厥作战失利，大业天子曾三次派来使者要将李渊押送江都治罪。要不是大业天子最后一刻改变了主意，日后的历史说不定也要改写呢。

替李渊为"李氏当为天子"的谶语掉了脑袋的，是朝中显贵李浑、李敏、李善衡及其宗族共三十二人。甚至还有李敏的妻子、大业天子的外甥女宇文娥英。

他们都是大隋开国元勋李穆之后。李敏是李穆的侄孙，李浑是李穆的儿子，李善衡又是李浑的侄儿。李穆死后，李浑因为不是长子，未能继承父亲的爵位，后来他想方设法帮着害死了以嫡长孙身份承袭了李穆爵位的侄儿李筠，又找到大舅哥宇文述在隋文帝面前活动，让自己袭得父爵，并答应事成之后以封邑赋税的一半相赠。后来事情办成了，但李浑并没有兑现自己当初的承诺，这件事儿让宇文述心中好不恼火。但因为诸李同出一门，非显即贵，他就暂时先忍了。现在好了，有了“李氏当为天子”的谶语，宇文述乘机在皇帝面前诬陷自己的妹夫道：“臣与金才夙亲，闻其情趣大异。常日数共李敏、善衡等，日夜屏语，或终夕不寐。浑大臣也，家代隆盛，身捉禁兵，不宜如此。愿陛下察之。”

执掌权柄、接近权力中心的人就有这样的本事，轻而易举就能将一件寻常小事变成一桩惊天大案。闻听此言，早已神经过敏的大业天子命宇文述彻查此事，李浑、李敏全家被逮，但因为总查不出真凭实据，心中有鬼的宇文述又不肯放过李氏一家，他从狱中唤出李敏之妻宇文娥英，摆出一副自家人劝自家人的关切姿态道：“夫人是当今圣上的外甥女，还发愁再找不到如意郎君吗？李敏他们的姓氏已经和流传的谶语相合，必死无疑，谁也救不了他们啦。夫人还是想办法自救吧，否则一切都晚了。”

娇生惯养的宇文娥英早就受不了牢中之苦，闻听此言，急忙请教办法。

办法宇文述早就替她想好了，那就是诬告：“可言李家谋反，李金才尝告李敏云：‘汝应图谶，当为天子。今主上好兵，劳扰百姓，此天亡隋时也，正当共取之。若复渡辽征高句丽，你我必为大将，每军有二万兵，共得五万人。又调集诸房子侄，内外亲娅，都应募从征，李家子弟必当选为主帅，分领兵马，散布诸路军中，伺候间隙，首尾呼应。你与我先发动，袭取御营，子弟响起，各杀军将，一日之间，天下足定矣。'”

就这样，由宇文述口授、宇文娥英记录的关于一场骇人听闻的政变阴谋的证词被呈给隋炀帝。

一年前，杨玄感反叛的前车之鉴还历历在目，如今又有了这么一份周详的政变计划，深信不疑的大业天子竟伤心地哭了起来，然后就是大开杀戒。

这是大业十一年三月的事，李渊兵败突厥、差点儿被押往江都则是大业十三年（617）春，要不是李渊隐藏得好，谁知道结果会是怎样呢？

无独有偶，同样捕风捉影的事情并不是只有荒淫暴虐的隋炀帝才干得出来，被后人认为英明伟大的唐太宗李世民面对类似的难题，也曾杀气腾腾磨刀霍霍——

贞观二十二年（648）年中，太白星屡屡白昼可见，太史令李淳风占卜后得出的结论是："女主昌。"民间也同时有了“唐三世之后，女主武王代有天下”的谣传。李世民知道后的反应也很有意思，他将所有在京师的武将召来宫中，招待他们喝酒吃肉猜拳行令，酒令就是让各人报出自己的小名。当时负责玄武门警卫事宜的是左武卫将军武连县公武安李君羡，他说自己的小名是“五娘”。五武同音，李世民能不愕然？但皇帝就是皇帝，当场只是笑着说了一句："何物女子，乃尔勇健！”就因为李君羡不管是官衔还是封邑都有个武字，为求保险，李世民将其改为华州刺史。后来又有御史揭发李君羡“与妖人交通，谋不轨”，结果是“君羡坐诛，籍没其家”。

即使如此，李世民也依然是放心不下，秘密召来太史令李淳风问他说："《秘记》所云，信有之乎？"回答是："臣仰稽天象，俯察历数，其人已在陛下宫中，为亲属，自今不过三十年，当王天下，杀唐子孙殆尽，其兆既成矣。"

这显然是个超级难题，你总不能为了李唐江山，将李唐子孙诛杀殆尽吧？但不杀，那个只有天才知道的家伙不就漏网了吗？李世民咬起牙，再问："疑似者尽杀之，何如？"这就是"宁可错杀三千，绝不放过一个"的意思。最后还是李淳风以"天之所命，人不能违也"为由劝住了皇帝。皇帝是在为自己的家天下考虑，李淳风劝阻的理由也是从皇帝的家天下考虑，除了天命难违之外，他用来说服皇帝的说辞是："且自今以往三十年，其人已老，庶几颇有慈心，为祸或浅。今借使得而杀之，天或生壮者肆其怨毒，恐陛下子孙，无遗类矣！"

后来的事情后来的人都知道了，那个侥幸逃过一劫的是当时还在宫中寂寂无闻的才人武媚娘。正因为默默无闻，她甚至连藏都不用藏——硬要说藏，那也是天藏。对吧？

早就崭露头角的李渊就没有这么幸运了。但他还是成功地将自己藏了起来，果然是深水里才能藏大鱼，也果然是浑水才能摸大鱼。

李渊果然好功夫。果然。

审时度势，举兵晋阳

经过半年多的策划部署，李渊于大业十三年七月正式举兵，汇入当时已是波澜壮阔反王四起的反隋洪流。

当时的形势是，翟让、李密的瓦岗军，窦建德的河北义军，杜伏威等人的江淮军已经成为反隋的三大主力军团，龟缩江都（今扬州一带）的大业天子实际上早已无力掌控全国的局势了。李渊所在的河东之地更是群雄并起，光依附北方突厥始毕可汗自立为王，进而以天子自命的就有定杨天子刘武周、解事天子梁师都、平杨天子郭子和（后更号屋利设）以及自号“刘王”的胡人刘龙儿。

那些人官卑位低，当然与李渊皇亲国戚、朝中重臣的身份地位不一样，其影响也不可同日而语。早在几年前，杨玄感举起反旗时，李渊就不无想法，只是因为时机不成熟而没敢轻举妄动，但现在情况大不相同，几乎是人人都赤膊上阵了，那他还等什么？更何况李密的瓦岗军围攻东都，牵制了许多隋军主力，无疑给他提供了极为广阔的闪展腾挪的空间。那时李渊已经有一个可以无话不谈的小圈子了，除了几个儿子“潜结英豪”“密招豪友”广蓄人才之外，时任晋阳令的姻亲刘文静、马邑郡丞李靖，还有文水县的木材商人武士彟以及夏侯端、许世绪等人都不止一次地向他进言帝业之事。姓武的木材商人就是后来大名鼎鼎的武则天的父亲，他甚至还给李渊进上了“兵书符瑞”，一副早投资、早收益的迫不及待的样子。因为身边有皇帝安插的耳目，表面上，李渊依然是小心翼翼，但他明白，主庸国乱，哪怕就是为了自保，也不能不有所动作了。

既然民心可用，那就先用民心。为了激发民众的反隋情绪以便起兵，李渊首先指使刘文静伪造大业天子的诏令——

“发太原、西河、雁门、马邑人年二十已上五十已下悉为兵，期以岁暮集涿郡，将伐辽东。”

李渊果然聪明，一下就点中了当今皇帝的死穴，矫诏一出，立即“人情大扰，思乱者益众”，这就叫用别人的石头砸别人的脚。当初大业天子在命令李渊留守太原的时候，同时又任郡丞王威、虎牙郎将高君雅为其副手负责监视。两人尽管心存疑惑，但一时难辨真伪，只能隐忍不发，暗中加紧调查。

又是一次天公作美，仗着背后有突厥可汗撑腰，自称定杨天子的原大隋鹰扬府校尉刘武周引突厥兵进逼太原，李渊立即以讨伐刘武周为名，迅速募得私兵万余人。同时派人火速召回滞留在河北的儿子李建成和李元吉，以图举事。

刘武周兵犯太原固然是给李渊提供了公开募兵的借口，但同时也造成太原城防不稳、无法远征的弊端，加之负有监视和牵制李渊之责的王威、高君雅也发现了李渊矫诏聚兵的真相，暗中策划利用马上就要进行的晋祠祈雨大会，诱杀李渊。可惜王、高两人做事不谨慎，此事被他人探知告发，李渊先发制人，立刻杀了二人，牢牢控制了太原。随后不久，李建成、李元吉兄弟俩也赶回太原，李氏父子开始同僚属商讨行动方略。

刘文静献计，突厥可汗之所以对各路反隋武装都大力支持，用意无非是要坐收渔利，既然刘武周等人可以结交突厥，那咱们也可以卑辞厚礼结交突厥。

李渊于是给突厥始毕可汗写了封措辞谦恭、俯首称臣的信，表示：

当今隋国丧乱，苍生困穷，若不救济，终为上天所责。我今大举义兵，欲宁天下，远迎主上还。共突厥和亲，更似开皇之时，岂非好事……

这是答应要重开当年隋文帝开皇和亲故事，与突厥修好，同时还表示要将自己在征伐中所得的女子玉帛，尽献于突厥始毕可汗。

得书大喜的突厥始毕可汗当即复信："隋主为人，我所知也，若迎以来，必害唐公而击我无疑矣。苟唐公自为天子，我当不避盛暑，以兵马助之。"

不知突厥始毕可汗是真的看穿了李渊"远迎主上"之说的虚妄，还是被曾经四处巡幸耀武扬威的大业天子吓得不轻，反正他明白无误地表示希望李渊取隋主而代之，并且不惜助以兵马。突厥始毕可汗的如意算盘是，如果李渊能够成功，自家所费不多就能让其臣服于己，哪怕那其实就是个割据太原一隅的地方天子呢，自己不是也又从大隋版图上割下一块肥肉来了吗？但李渊比他还老辣，对方想假手于人，从中渔利，李渊其实也是要狐假虎威以虎退狼。

记载了这件事的《大唐创业起居注》同时还记载，刘文静、裴寂等群僚都力劝李渊接受此议，但老谋深算的李渊不为所动，只答复说自己准备尊皇帝为太上皇，拥立当时正在隋都的皇孙杨侑为帝。用李渊暗中告诉自己亲信的话就是这样——

"胡骑入中国，生民之大蠹也。吾所以欲得之者，恐刘武周引之共为边患；又，胡马行牧，不费刍粟，聊欲藉之以为声势耳。"

内忧外患都解决了之后，李渊建大将军府，以世子李建成为陇西公，左领军大都督，指挥左三统军；二子李世民为敦煌公，右领军大都督，指挥右三统军；三子李元吉为镇北大将军，太原留守，委以军政事务。并移檄郡县，布告天下，正式举兵，直逼关中。

坐困江都的大业天子接到李渊反叛的消息，又急又气，一边敕令东都、西京“严为备御”，一边深悔自己所用非人，防来防去却把最该防的老贼给漏掉了。太原一带既是天下精兵所居之所，又有朝廷武库官仓，大量的粮秣武器以及甲胄转眼之间成了攻击自己的利器，这局面还能挽回吗？能吗?!

“观鹬蚌之势以收渔人之功”

“（李）密妄自矜大，非折简可致。吾方有事关中，若遽绝之，乃是更生一敌；不如卑辞推奖以骄其志，使为我塞成皋之道，缀东都之兵，我得专意西征。俟关中平定，据险养威，徐观鹬蚌之势以收渔人之功，未为晚也。”

这话是李渊面对自己的亲信时说的，说这话的时候他忍不住笑了，为自己的政治智慧、生存权谋和斗争策略而得意。这话是针对李密的，李密被自己算计了还浑然不觉、洋洋得意，李渊怎能不哑然失笑？尽管说起来李密也与他能扯上些不太牵强的亲戚关系，两人都属陇西李氏，西魏八柱国之后，按李密的话说，就是“与兄派流虽异，根系本同”。

李密可以算是条铁骨铮铮的汉子。当年杨玄感扯起反旗，公然与朝廷叫板之初，李密就投入军中，为其出谋划策，颇见高明。

只可惜所献之计大多不纳，杨玄感不久兵败，亡命江湖的李密遭人告发被俘，在押解途中用计脱逃，几经辗转，终于投奔瓦岗寨翟让。山头林立的农民军并不是铁板一块，贵族出身的李密在平民群中也少不了受猜疑，曲曲折折几分几合，到底还是因为李密熟读兵法韬略在胸，加之又有“李氏当为天子”的谶语，几次胜仗之后威名远播，被公推为各路义军的盟主。李渊之所以起兵之后就先要主动与其联系，目的也与起兵前和突厥可汗暗中勾结大同小异，都是暂时示弱，让对方别与自己为难，甚至能在自己遇到难处时伸以援手，也算是一石二鸟、狡兔三窟的意思吧。

李渊另有盘算，李密却大而化之，只以为李渊真想入伙，得信后即兴致勃勃地命人回信李渊，寒暄之后说到正题：“自唯虚薄，为四海英雄共推盟主。所望左提右挈，戮力同心，执子婴于咸阳，殪商辛于牧野，岂不盛哉！”

就是看着李密的这封信，李渊才忍不住哑然失笑的：李密果然是拿自己当坐镇公府、三司、六卫还有元帅府拱卫的魏公了？李密果真以为自己可以“除亡隋之社稷，布将军之政令”了？李渊就这么一边笑一边再次致信李密，坚称自己依然是大隋的忠臣义士，起兵只是为了建立秩序，“大会义兵，和亲北狄，共匡天下，志在尊隋”，“殪商辛于牧野，所不忍言；执子婴于咸阳，未敢闻命”。他劝李密：“天生蒸民，必有司牧，当今为牧，非子而谁！”至于自己嘛，事成之后能“复封于唐，斯足荣矣”。

一番吹捧，居然让李密昏昏然加飘飘然，拿着李渊的回信对左右亲信笑道：“唐公见推，天下不足定矣！”于是应允李渊向隋都大兴城进发而不加阻挡，尽管这个决定后来让李密懊恼不迭，但谁也没长前后眼不是？

以上叙述都是根据《大唐创业起居注》得来的，一千多年之后遥想当年，可不就显得从容不迫不疼不痒。事实是当时李渊所部在进军关中的路上遭到了官军的强烈抵抗，并且在通向潼关要塞的汾河流域被夏季暴雨所阻，李渊不得不命令部队暂停前进。据说，让他暂停前进的还有另一个原因，那就是一路鏖战，战马多有损失，突厥可汗在部队离开太原前曾赠送军马一千匹，现在李渊还在等突厥可汗答应送来的另外的马匹。战况远不像起兵前想象的那么顺利，再加上担心刘武周可能会对太原进行袭扰，李渊曾一度打算放弃进军，重回太原，只是由于几个儿子的劝阻才坚持了下来。后来大雨终于停了，突厥可汗送来的两千军马和五百兵士也到了，李渊才得以率部继续向南推进。

回过头再来说李密。当初杨玄感起兵，李密就为其提出上、中、下三策，分别为扼皇帝辽东退路、直取长安、拿下东都。可惜杨玄感偏取下策，结果失败。现在李密自己拥众数十万，却也大修营堑，和官军对峙于城防坚固的东都城下，损兵折将劳师无功，真的成了李渊所说的鹬蚌相争，让他渔人得利的状况。李密身旁谋士一再提醒他应先西袭长安："方今隋失其鹿，豪杰竞逐，不早为之，必有先我者，悔无及矣！"

李密何尝不知道："君之所图，仆亦思之久矣，诚乃上策。"知道是上策却不能行，原因就在于："但昏主尚存，从兵犹众，我之所部，并是山东人，既见未下洛阳，何肯相随西入？诸将出于群盗，留之各竞雄雌。若然者，殆得败矣！”

原来如此！不先让乌合之众得到些实际利益，别的什么都免谈！于是东都洛阳就成了摆在李密等人眼前的一块骨头，明知无味，却也得啃，还总也啃不动。

与此同时，李渊却开始顺风顺水。开始只有三万人的队伍滚雪球般迅速壮大，于那年十月兵临长安，集合渐次形成的二十万大军，将既乏守军、又无援兵的大隋都城围了个水泄不通，年仅十三岁的隋炀帝之孙代王杨侑就这样成了釜鱼困兽，烹煮由人。

一心只想“观鹬蚌之势以收渔人之功”的李渊果真如愿以偿。

老调重弹成新曲

大兴都城被围了将近两个月。以李渊当时的实力而言，不是不能打，也不是不想打，更不是打不下来，而是他始终无法摆脱自己身为大隋老臣、重臣的历史和现实，还有那么一些心理障碍；同时也不排除还想再等等看看，待形势更明朗后再定取舍的现实考虑。于是，兵临城下的李渊还曾特地派人向城内表明了自己依然尊隋的意思，显然是想兵不血刃进入大兴都城。如此掩耳盗铃，城里自然未见答复。

这边李渊兵临隋都围而不打，那边李密的瓦岗军又是另外一番情景——

先是已自称为“长乐王”的窦建德在河间郡打败了率军三万、要南下对李密进行围剿的大隋左御卫大将军薛世雄。薛世雄负伤，与亲随数百人狼狈逃窜，不久即撒手人寰，使得奉隋炀帝之命前往东都会剿李密瓦岗军的官军失去了统帅。大捷之后，窦建德又表示愿受李密领导。同时主动归附李密瓦岗军的，还有其他各部农民军。由于山东、河南连发大水，饿殍遍野，“死者日数万人”，李密派人袭占了黎阳官仓，又一次开仓赈灾，结果饥民蜂集，官吏归附，不但队伍壮大了，地盘也扩大了许多。这时又有来自泰山的道士徐洪客献计李密，认为围攻东都得不偿失，“大众久聚，恐米尽人散，师老厌战，难可成功”，不如“乘进取之机，因士马之锐，沿流东指，直向江都，执取独夫，号令天下”。计是好计，但李密依然是难以采纳，东都久攻不下，若再中途退兵，岂不颜面尽失，地位难保？李密骑虎难下，大业天子更是视其为眼中钉、肉中刺，薛世雄败后，再派王世充为官军统帅，领十万大军向洛口瓦岗军总部进击，迫使李密进行决战。

第一仗双方各有胜负：瓦岗军大将柴孝和阵亡，但王世充的大营也差点被李密端掉。

双方整军再战是十一月初九的事。

也就是那一天，经过一个多月的围困，再经过十余天的强攻，隋都大兴城被李渊攻克。据《大唐创业起居注》及《隋书》等的记载，攻城前李渊曾严令诸军：“毋得犯七庙及代王、宗室，违者夷三族！”

仗打得十分激烈，率军守城的大隋左翊卫将军阴世师和京兆郡丞骨仪为了表示城在人在、城破人死的决心，甚至将李渊的祖坟宗庙捣毁，用以激励士气，结果城破后两人为李渊所斩。

这自然都是题中应有之义。

值得注意的是李渊终于撕破脸面下令强攻的时机。

那正是李密与官军第一次大战后的第二天。史书记载得清清楚楚：王世充十月二十五日夜渡洛水，扎营于黑石，第二天也就是二十六日亲率精兵列阵向李密挑战。由于地势对李密的骑兵不利，这才有了初战不利，瓦岗军大将柴孝和溺洛水阵亡的事情。但李密很快就亲率精骑，策马直取扎在黑石的官军大营，王世充狂奔四十里回救，瓦岗军斩首三千余级。而李渊下令攻城恰恰是在这一天之后的二十七日。

如此巧合，令人不禁疑窦丛生：究竟是什么让一直投鼠忌器首鼠两端颇显为难的李渊，终于痛下决心痛下狠手了呢？会不会是李渊一直派人密切监视着瓦岗军中的一举一动，并随时飞马报告呢？会不会？

李密的瓦岗军再次与王世充大战的日子，又恰巧正是李渊攻占大隋大兴都城的日子。那一次王世充全线崩溃，大败西逃。

进入隋都的李渊将原来住在东宫的代王杨侑迁入大兴殿，自己居长乐宫，并与民约法十二条，宣布废除以前的一切苛法暴令。这时候的李渊像不像当初那个大定关中后，驻军霸上以待项王的刘邦？他究竟还在忌惮什么呢？

第二次打败了王世充的瓦岗军内部又出现了麻烦，差点让人还在心不死的手下败将王世充也像李渊那样来个坐收渔利。事情还是和权力有关。前边说过，翟让是自己主动把盟主之位让给李密的，但一直有人劝他夺回实权，为人忠厚的翟让一直没有同意。但其兄长翟宽却不乏怨气，不止一次地嘟囔说："天子止可自作，安得与人！汝若不能作，我当为之。”这话传到李密那里，还能没有想法？于是，本该是庆祝大败王世充的庆功宴变成了一次伏兵暗藏的鸿门宴。翟氏兄弟成了刀下之鬼，其部众被李密分与其他部将，事态很快平息了。此事虽说没给官军可趁之机，但未必没有让李渊感到一些什么，争权夺利祸起萧墙从来都是大忌，更何况还是胜负未定的前线军中？

李密的鸿门宴是十一月十一日的事，四天后，李渊举行了隆重的仪式，遥尊远在江都的表弟杨广为太上皇，立代王杨侑为帝，并替傀儡皇帝改了一个很有些标榜意味的年号——义宁——李渊是要说自己义薄云天吗？

再两天后，李渊学着当年杨坚的样，由长乐宫入大兴殿，让杨侑任自己为“假黄钺、使持节、大都督内外诸军事、大丞相”，进封唐王。

水涨船高，李建成也随之成了唐世子，李世民为京兆尹、秦公，李元吉则成了齐公。

傀儡皇帝只能可怜巴巴地下诏，“军国机务，事无大小，文武设官，位无贵贱，宪章赏罚，咸归相府”。而他自己的任务就只剩下“唯效祀天地”，与鬼神打交道了。

越是春风得意就越是春风拂面，榆林、灵武、平凉、安定诸郡纷纷遣使请降，无疑又为凯歌高奏的李渊进一步摇旗呐喊擂鼓助威。

义宁二年（618）正月初一，按着李渊的意思，杨侑再次下诏——“诏唐王剑履上殿，入朝不趋，赞拜不名，加前后羽葆、鼓吹。”

李渊果真是越来越像当年的杨坚和当年的曹操了呢，果然。

义宁二年三月十一日，宇文氏兄弟发动江都宫变，被李渊尊为太上皇的大业天子杨广终于被弑。

消息传来，仅仅过了十余天，李渊就给自己进位相国，加九锡，赐殊物，加殊礼，改丞相府为相国府，还给自己自高祖以下的四代先人再立宗庙。

四月十七日，相国府以银符取代竹符。

五月十五日，以少帝杨侑之名再次下诏，诏李渊冕十有二旒，建天子旌旗，出警入跸。王后王子爵命之号，一遵旧典。

五月二十日，伴随着隆重庄严的仪式，李渊在由隋之大兴城改名而来的长安城的太极殿（亦由隋之大兴殿改名而来）前殿即皇帝位。同时设坛于长安城南，柴燎告天，大赦天下，改隋义宁二年为大唐武德元年（618）。

又是一次水涨船高，世子李建成被立为皇太子，李世民被封秦王，李元吉为齐王。

已经禅让逊位的隋炀帝之孙杨侑则被封为酅国公。

天下就这样由杨姓改成了李姓。

前后不过三十来年，历史就这样又完成了一次王朝替代、兴衰成败的轮回，而且还是以一种出奇一致的方式方法进行的，谁能说得清，这究竟是天地不仁造化弄人，还是人视人为刍狗，自己作弄自己呢?!

第二章 晋王秦王：两个皇子的崛起

坐镇并州的少年皇子

杨广受封晋王时刚刚十三岁。十三岁的晋王同时还是大隋并州总管。这也是没办法的事情，大哥杨勇已被立为太子，自然就该留在京师协助父皇处理朝政，而出镇方面、为国屏藩的重任别人无法代劳，也不能代劳，杨广和他的两个弟弟也就理所当然地该当重任。

杨广在并州，三弟秦王杨俊则坐镇河南，四弟越王杨秀为蜀王，任益州总管。不管是并州还是河南、益州，都是巩固新朝以壮根本的不可忽视的战略要地，其中并州北靠大漠，南近京洛，东临华北大平原，既是抵御草原游牧部族的屏藩，又是捍卫首都控制中原的兵家必争之地。河南在京师以东，位居天下中心，乃是大隋控制东方的门户。益州在京师长安以南，号称天府，粮草充足，地势险要，可以说是长安的南大门。三位皇子分别镇守三方，还不放心的老皇帝又分别在那里设立了中央尚书省的派出机构，可以代表中央行使权力的河北道行台、河南道行台和西南道行台，让三个儿子各以行台尚书令的名义统领地方。

此番布置，是因为刚刚经历了尉迟迥、司马消难和王谦等人激烈反抗的隋文帝明白，北周之所以能轻而易举地被自己掌握，一个极其重要的原因就在于没有分封宗室，结果“诸侯微弱，以致灭亡”。当然，不管老皇帝如何以国为家，为稳固皇权，急于使忠臣、孝子合而为一，集于一身，但孩子毕竟还是孩子，所以他只能费尽心机为他们挑选辅弼之臣，那些人同时还要是皇子们的师傅，以便确保皇子们既能圆满地完成各项军事政治任务，又能学业有成有所长进。

事实表明，晋王杨广的才学堪可称道。诗词歌赋琴棋书画无所不通，如果说这些还是雕虫小技，那么，倡导文学、鼓励艺术也和他选贤任能、创立开科取士之制一样，是他一生值得称道的事业的一个不容忽视的方面。尤其是后者，经过唐宋两朝的发扬光大渐成规制，终于使得从东汉末年开始兴盛的门阀阶级日趋没落彻底消亡。

以后的事以后再说，继续说没有当皇帝以前的杨广。

杨广“自小好学，善属文”，也就一直自视甚高，当了皇帝之后他自己还夸口说：“就是与士大夫比才学，我也该当皇帝。”这也不全是吹牛，活着的时候，他本人就是大隋一方文学重镇，这当然与他先为皇子、后为皇帝的身份不无关系，但后来尽管历经动乱，其流传至今的诗歌还有四十四首之多。

“文辞奥博，亦知是尧、舜而非桀、纣。然行事何其反也！”

这是唐太宗李世民后来看到《隋炀帝集》时发出的感慨。

“亡国之主，多有才艺，考之梁、陈及隋，信非虚论。”这是名声不让唐太宗的千古名臣魏徵说的。且先不论两人说这番话的动机何在，杨广其人资质上乘才华横溢，当属不争之论。

除了读书学文，还要诵经礼佛，这又是受了父皇母后的家庭影响。既然是家国天下，家事也就是国事，哪怕是为了讨好父皇母后，这门功课也是非做不可。这当然不是说当时只有十三岁的晋王已经暗藏韬略、预谋不轨了，但身为皇子贵为藩王，他当然不会不明白自己拥有的这一切，其源头究竟何在。更何况还有父皇派来辅佐的大僚们威严的面庞和时时晃动在眼前身旁的身影，有意无意地提醒着什么。

父皇派来的那些僚佐个个都尽职尽责，尽心竭力，在以身作则、教导幼主方面也是相当严格，其中文武双全、任职河北道行台右仆射的王韶更是性情刚直，令杨广不得不“每事咨询”，“甚惮之”。有一次王韶出外巡检边境长城一带防务，无人管束的杨广便趁机带着一帮人在晋王府开挖水池，修筑假山，想营造一处美景，也赏心悦目一番。王韶回来知道后，就用一条铁链把自己锁起来——没办法，对方是皇子，他只能自虐以责人，算是借鉴前人负荆请罪为负链问罪——先是自责，后是切谏。惊惶万状的杨广只好谢罪，发誓不再胡闹了。对少年杨广，这显然是一段佳话，可是联系他成年后拒谏饰非的唯我独尊一意孤行，是不是对不能尽伸其志的少年时代的一种补偿呢？

尽管按现在的观点看，开皇初年时的杨广还是个孩子，但他的婚姻大事已被父皇母后定了下来，定于开皇二年（582）底或开皇三年（583）初奉旨完婚。

成了晋王王妃的是后梁国主萧岿几个女儿中的一个。这门婚事是杨广的母后独孤氏敲定的，主要因素在于萧氏门第高贵且笃信佛教。文帝也很满意，因为萧妃“性婉顺，有智识，好学解属文，颇知占候”。文帝大善之。而本来就是仰人鼻息才得以苟延残喘的后梁萧氏更是大喜过望，能与大隋皇帝结成儿女亲家，对小小的后梁国好处那还不是大大的?!

虽说是父母之命，且有很强的政治目的，但这门婚事却让两个年轻人都十分满意。一方唇红齿白亭亭玉立，一方仪表堂堂英俊潇洒，且都敬奉佛祖精通诗书，堪称是天造地设珠联璧合。

与萧妃的婚姻对杨广一生影响很大，杨广也一直对她“甚宠敬焉”。开皇四年（584）正月，萧妃就生下长子杨昭，次年又生下次子杨暕，小两口显然是如胶似漆恩爱异常。

两家联姻，后梁与大隋的关系更加亲密，独孤皇后甚至特意提醒隋文帝:“既然已是亲家翁，自家人何必还要设总管驻军防备他呢？”

一向惧内、对夫人言听计从的隋文帝于是下令，废大隋江陵总管府，使晋王岳父萧岿得以在方圆百里的国中专制独裁，尽尝小国寡人、大权独揽的皇帝味道。

作为大隋王朝第二代，同时也是末代皇帝的正宫皇后，与被弑身亡的隋炀帝比较，未亡人萧氏无疑要幸运得多。她后来寿终正寝，在大隋土崩瓦解烟消云散之后还活了很久，不但亲身经历了大隋王朝由盛而衰，终至灭亡的全过程，并且亲眼看见了李世民的贞观之治，可谓是感慨良多……

崭露头角的青年统帅

晋王杨广在并州总管任上待了五年，直到开皇六年（586）十八岁时奉诏入朝，被父皇任命为雍州牧、内史令。雍州乃京兆郡，雍州牧就是京畿地方的最高行政长官，内史令则是宰相。尽管史书对这期间杨广的作为没有半点记载，但这一任命显然表明隋文帝对杨广在并州期间的表现是满意的，因而才将其放在身边，给了儿子一次接近中枢、见习朝政的机会。

隋文帝杨坚其实也是老谋深算心思缜密，他绝对不只是凭运气就从孤儿寡母手中取得了偌大一片江山的。现在让我们回顾一下大隋创建之后的周边形势。

最严重的威胁首先来自北方，具体地说，就是在北朝末期开始强盛起来统治了蒙古、中亚广大地区的突厥。在上一章我们讲过，北周武帝就是在亲率六军北伐突厥的路上赍志而殁的，而将宗室之女千金公主嫁与突厥可汗，正是杨坚位居丞相执掌北周大权的时候。后来尉迟迥等三股势力发难，或者北通突厥，或南接于陈，企图内勾外联互为援手。尽管叛乱被镇压下去了，但卧榻之旁的心腹大患也是到了不得不除的地步。

审时度势，隋文帝确立并实施了集中兵力、先弱后强，先打南陈与吐谷浑的方略，而且是点到为止见好就收。

结果是陈军被打得胆战心惊退守江南，本想趁大隋立足未稳收复淮南的陈宣帝又羞又恼急火攻心，不久便撒手归西。新即位的陈后主颇为识趣，遣使请和不算，还归还了以前攻占的一些城市，给足了大隋面子，也让自己下了台阶。

南线对陈军作战的同时，西北方向对吐谷浑的战斗也连战连胜，打得吐谷浑举国震骇。指挥作战的大隋行军元帅元谐按照预定计划，见好就收，派使者到吐谷浑中谕以祸福，招降纳叛，结果“其名王十七人、公侯十三人，各率其所部来降”。

这都是开皇元年的事情。第二年就开始有了与突厥的一场场争战。以往用玉帛女子换和平的办法不管用，那就不必再妥协了，针对突厥，隋文帝来了个三管齐下——

首先是养民备战，停止对突厥的岁贡。

其次是修筑长城，强化自身的防御体系。

最后是利用突厥内部“叔侄兄弟各统强兵，俱号可汗，分居四面，内怀猜忌，外示和同”的时机进行离间策反。

从开皇二年东突厥沙钵略可汗调发诸小可汗发兵四十万犯境，结果被大隋用计迫其还军退回开始，到开皇四年沙钵略可汗臣服，昔日强敌成了今日附庸，对突厥的胜利不仅完全扭转了大隋四面受敌的被动局面，也彻底改变了整个东亚世界的面貌。

在所有这些进行的时候，晋王杨广一直都在并州，无缘直接在第一线参与。但是以他的身份和地位，对情况和过程应该是了解的，而且他也并不是全无作为。突厥可汗沙钵略之所以前倨后恭，就是因为隋王朝灵活统战，支持西突厥，使沙钵略连遭败绩众叛亲离走投无路。得知沙钵略无奈向朝廷奉表臣服，晋王杨广认为灭突厥的机会到了，向父皇上表，“请因其衅而乘之”。隋文帝虽然没有同意，但内心对关注国事朝局的儿子肯定是满意的。一年后杨广又奉父皇之命，以兵器和食物接济率部众四处寄居的沙钵略可汗。隋文帝对杨广这个儿子显然是满意的，现在又将儿子调来京师，那肯定就是老皇帝对如何使用这个儿子有了新想法。尽管不知道父皇具体的想法，但杨广知道自己肯定还有机会。

机会是杨广等来的，也可以说是南陈昏君后主陈叔宝自己送来的。

烟笼寒水月笼纱，夜泊秦淮近酒家。
商女不知亡国恨，隔江犹唱《后庭花》。

这是唐代诗人杜牧流传千古的诗歌《泊秦淮》，说的就是这个南陈后主陈叔宝。

商女就是歌女，歌女当然可以有家无国；但国君若是让人与歌女相提并论，则其君可知，其国也势必难存。尽管这个陈叔宝也是九死一生才在兄弟相残的悲剧、闹剧中逃过一劫，侥幸登上皇位的。大难不死还又皇权在手，尽管只是个偏安一隅的小朝廷，但陈叔宝还是无所不用其极地开始享受权力所能带给他的全部好处。明明是醉生梦死大限将至，他还以为是在拥抱生活享受生活。

陈朝有个大臣秉性刚直，被人诬陷入狱后还在狱中上书，指责陈叔宝酒色过度，宠溺小人，忠奸不辨，无视生民，使“东南王气自斯而尽”。陈叔宝勃然大怒，派人狱中传话：“若能改过，便赦免你。”大臣回道：“臣心如面，臣面可改，则臣心可改。”那个大臣后来被陈叔宝派太监活活整死。自此之后，没人再敢进言，陈叔宝更是无所顾忌，恣意妄为，每日只饮酒作乐，不恤政事。还要大兴土木，大建亭台楼阁，至于女人，那就更是无须多言。因为陈叔宝女宠过多，皇后往往半年也见不到他。有一次皇后好不容易在自己宫中见到了他，可他还未坐稳就要走人，自知说也无用，皇后也就什么也不说。可陈叔宝自己还要说，那是一首歪诗——

留人不留人，不留人也去。
此处不留人，自有留人处。

皇后见诗羞恼万分，也以诗回道：

谁言不相忆，见罢倒成羞。
情知不肯住，教我若为留。

皇帝如此，宰相也是如此，以至于百官奏事皆由宦官进出转达。陈叔宝经常懒洋洋地倚在细软的“隐囊”上，还让最受宠的贵妃张丽华坐在自己膝上，共同参决政事，于是张贵妃开始干预朝政，后来发展到改立太子、欲废皇后的地步。

大隋的伐陈大军就是这时候杀上门来的。正是陈后主昏庸无道，才给隋文帝提供了最好的时机和理由。甚至早在伐陈各项准备的开始阶段，大臣提出伐陈之事应隐秘准备，隋文帝答复说："吾将显行天诛，何密之有？"

五十万伐陈大军的统帅是刚满二十岁的晋王杨广。他现在的头衔是朝廷特意为伐陈设置的淮南行台省的行台尚书令，总领伐陈事宜。

那时是开皇八年（588）十月。第二年正月身为伐陈统帅的杨广就进入南陈之都建康城中。而在此之前，带着一群嫔妃宫女躲进宫中枯井藏匿的陈叔宝已被隋将韩擒虎抓获。那几乎就是个笑话——

宫外杀声震天，陈朝大臣袁宪拦住了惊慌失措想要躲藏的陈后主，劝他说："事已至此，哪还有可藏之地？再说隋兵也不会侵辱陛下，还不如正襟危坐，就是被俘也不失皇帝体面。"

陈叔宝哪里肯听，一边飞跑出殿一边还说："兵刃之下，我可不想拿性命冒险。我自有计。"他的计策就是和一群女人一起争先恐后躲进一眼枯井之中。直到占领皇宫的隋兵扬言真要来一次落井下石，他才和张丽华以及另一个妃子一起被隋兵用同一条绳子拉了上来。

俘获陈叔宝，可算是头号战果。隋文帝曾经许诺：捉到陈叔宝者，赐上柱国，封万户公。抢到头功的是首先入城的隋将韩擒虎。另一大将贺若弼深感不服，觉得是自己率八千偏师吸引了陈军十万主力，这才让姓韩的抢了便宜。两人先是互骂，贺若弼后来还"挺刃而出"，一直闹到了全军统帅晋王杨广面前。本来就窝了一肚子火的杨广当即以"违军令"罪，将贺若弼"属吏"逮捕法办。

攻城拔寨一路凯歌高奏，尽管还有陈境之地需要平定，但陈叔宝已经束手就缚。首次领兵就大获全胜，无疑是一个极其漂亮的在朝廷乃至全国崭露头角的亮相，可是身为统帅的晋王杨广却深感窝囊，就是因为窝了一肚子火，他才如此借题发挥小题大做。那么，杨广之火究竟从何而来？

体会杨广

史家从来讲究无一处无来历，无一字无出处，本节却肯定违背了这一铁律，因为笔者是在体会当时杨广的心情以及情绪的由来。可是后人说史，就算是时时小心、处处考证，也其实是在以己度人自说自话，更何况这本书早就在关公战秦琼了。那么，就这样吧。

《隋书·高颎传》载，此番伐陈，杨广虽然是行军元帅，但德高望重的老宰相高颎却是隋文帝杨坚任命的“元帅长史”，“三军咨禀，皆取断于颎”。也就是说，晋王杨广只是个挂名统帅，实际掌握军权的是高颎。隋文帝同时还任命曾让少年杨广忌惮不已的王韶为元帅府司马，军中之事皆决断于高、王二人。单凭这种人事安排，就知道“嘴上没毛，办事不牢”的观念是古已有之的，更何况隋文帝本人也在伐陈之后说过：“晋王以幼稚出藩，遂能克平吴、越，绥静江湖，子相之力也。”子相者，王韶之字也。

公平地说，隋文帝此种安排并无不妥，哪怕是皇子，缺乏历练就是缺乏历练，更何况是这种千军万马、真刀真枪的两国交锋的大事。此中利害，杨广当然也是清楚的，但理解甚至服从是一回事，真正心悦诚服又是另一回事。年少气盛的大军统帅是多么渴望登高一呼一呼百应啊！当年曹孟德横槊赋诗，谈笑间樯橹灰飞烟灭的风流怎能不让晋王杨广心向往之?！可是事实上他又差不多像个傀儡一样，只能看着高、王等人颐指气使发号施令，而且军中不比朝中，战时不比平时，许多需要当机立断的事情恐怕高、王等人也顾不上，哪怕只是象征性地问问晋王的意见，晋王的失落就更加严重了。而且这种酸楚还不足为外人道，他还必须摆出一副大肚能容的王者风度，这才真叫难堪呢。大的作战方略朝廷早有部署，其他具体的决策也轮不到身为全军统帅的晋王杨广独断专行，所以伐陈之战越是进展顺利，胜利越是辉煌，晋王心里的失落就越是难免，越是感觉盛名之下其实难副，否则该怎么解释杨广火冒三丈，非要治贺若弼的罪不可?

在伐陈之战中立有大功的贺若弼没有按照杨广元帅府事先制定的部署进军，而是随机应变，“先期决战”，这在形势瞬息万变的战场也属正常，虽说老贺此举多少有些打乱整体部署，但毕竟没有坐失战机，而是一举定乾坤，取得了决定性的胜利。功大于过，这种提着脑袋打来的军功大家都要认账的。但晋王杨广就是大为恼火，尽管贺若弼大功在身，却依然以“有违军令”为由要治他的罪。何况还有个跟他争功的韩擒虎指责他先期决战意在抢功，仗打赢了也实属侥幸。其实，杨广的心态实在是不难理解，此举既是嫉妒，但更多的是一种借题发挥。既然不能拿高、王两人说事儿，那比较而言位卑官小的老贺不就是现成的替罪羊、出气筒?！

贺、韩两人的官司后来一直闹到了隋文帝的面前，结果是贺、韩两人都被隋文帝大加褒奖，杨广的裁决被推翻，等于是又吃了一记闷棍。

接下来又有了诛杀陈后主宠妃张丽华的官司。

《隋书》《北史》还有司马光的《资治通鉴》都记载说是灭陈后，杨广有意要纳惯会狐媚惑主形同妖精的张丽华，老宰相高颎则坚持杀了那个女人，以致杨广与其结仇。但《陈书》和《南史》却说处死张丽华是杨广自己下的命令。

前者显然是想说杨广那时候就好色纵欲，是个色狼淫棍。

但真实的情况是，杨广在做皇帝之前一直都中规中矩，深得父皇母后的欢心信任。谁不知道隋文帝的独孤皇后不但把自己的皇帝老公看得极严，而且臣下纳妾也让她看不过眼去，杨广会那么傻?！再扳着指头算，张丽华那时至少已经有三十岁了，而杨广只有二十，在男女十来岁就结婚生子的那时候，十岁之差都可以说隔了一代人了，贵为皇子的杨广会那么没见过女人吗——而且还是那样一个臭名昭著的女人？果真如此生冷不忌，他何以一生只有四个皇子、两个公主？以杨广之精力之地位，以萧后之大度之贤惠，还不知会生下多少皇子公主？例子是现成的：唐高祖李渊光儿子就生了二十二个，唐太宗也有十四个儿子，还不包括女儿。还有那个早年间四处乞讨化缘的光头和尚朱元璋，光亲生儿子就有二十六个之多。这些人哪一个不是大有名望的有为之君呢？

笔能杀人，又一证也。

肯定的，挂名统帅杨广和实际统帅高颎之间有冲突、有矛盾，而且还不小。要不然也不会有这样的情形：伐陈凯旋之后，隋文帝亲幸晋王府并设宴大会群臣，席间文帝高度赞扬了“高颎平江南，虞庆则降突厥”的大功，杨广虽然表面应承，心里却老大不高兴，既不说话也不举杯，要不是另一重臣杨素出来打圆场，真不知接下来的局面会是怎样的。

杨广对高颎肯定是恨之入骨的，这从他即位后于大业三年（607）以“谤讪朝政”之罪诛杀了高颎可以看得出来。同时被杀的，还有那个贺若弼。已经当了皇帝的杨广在两年后杀文士薛道衡时解释说：“我少时与此人相随行役，轻我童稚，共高颎、贺若弼等外擅威权，自知罪当诬罔。及我即位，怀不自安。”

当然，这是后来了，后来的事儿以后再说。

初次亮相，晋王杨广就对权力表现出超过常人的热爱，这是不是该归功于自小生长在权力中心，长期耳濡目染的结果呢？

这之前还有一件事也值得一说，那就是晋王妃萧氏娘家后梁的灭亡。

开皇七年（587）八月，完全是为了伐陈做准备，隋文帝征后梁主萧琮入朝，杨广的这位大舅哥不敢怠慢，立刻赶到长安，结果被软禁起来。隋文帝随即恢复了江陵总管建制，派武乡公崔弘度率军入卫。后梁立即人心涣散，留守的安平王萧岩等人领着后梁文武大臣及百姓十余万人逃奔南陈。隋文帝下诏废后梁国，本来就是个傀儡的萧琮的帝号干脆被取消，拜上柱国，赐爵莒国公。

作为杨广的夫人，也是作为杨广的反衬，晋王妃萧氏一直是以知书明理贤惠温柔的形象存在于典籍之中的。那我们就可以肯定，对自己家族和父母之邦的败落，她绝对不会有什么非议，甚至干脆说她心悦诚服也未尝不可。但眼看着山河虽在却改了旧日颜色，眼看着国败家败以至如斯，她就是在夫君杨广面前饮泣抽噎怕也是人之常情吧？那么，她的眼泪、她的幽怨、她的无奈有没有让杨广领悟到一些什么呢？

就是不算后梁，破陈之后，二十岁的杨广已经目睹了北齐、北周和南陈三个王朝的败落。这种血雨腥风中的权力交接更替轮回，又让杨广对权力本身有了更加刻骨铭心的体会，这难道不是最正常不过的事情吗？

英国罗素在他的《权力论》中有这样的论述——

在人类无限的欲望中，居首位的是权力欲和荣誉欲。这两种欲望并不是一回事，虽然它们之间有着密切的联系：英国首相的权力多于荣誉，而英国国王的荣誉却多于权力。然而，一般说来，获得荣誉最简便的方法是获得权力，这尤其适用那些从事公共事业的人。

杨广也是“从事公共事业的人”。他渴望荣誉，也渴望权力，在他眼里两者难分伯仲互为因果，可是，就在这一切伸手可及的时候，另外一只手虽然礼貌却很坚决地拦住了他，他心里会是好受的吗？会吗？！

十年江都，声誉卓著

伐陈之役让年轻的晋王在享受到表面巨大成功的喜悦的同时，

也感受到了难言的耻辱和窝囊，以致久久无法释怀。但这并不是说他在此役中真的就毫无建树，没有获得那份只能归功于他的业绩。例如，占领建康俘获陈叔宝之后，命其写信招降那时依然据守长江上游的陈军，使十数万人放下武器；又用同样的办法兵不血刃使岭南降服。不战而屈人之兵，杨广功莫大焉！当然不排除那可能也是高颎的主意，或者本就是隋文帝整个战略的一部分，但它毕竟是以杨广的名义实行的，也就使得晋王杨广在江南有了独特的影响力。不知是否出于这个原因，当伐陈胜利刚刚两年，整个江南战火重起的时候，隋文帝再次调已重任并州总管的晋王杨广为扬州总管，与原任扬州总管的晋王之弟秦王杨俊互相换了个位置。

晋王杨广好像真的成了父皇手里的一把利剑，一张王牌：防御突厥，他坐镇并州；江南用兵，他统军南下；现在，江南又是狼烟滚滚，他也又一次饮马长江。随晋王杨广南行的有将军郭衍、宇文述等。但父皇给杨广的任务并不是统领军队、指挥平叛，而是以皇子之身坐镇一方，并且规定“每岁一朝”。

不知道是因为不想让上次伐陈立有大功的高颎功高盖世、功高震主呢，还是察觉到了高颎和杨广之间的龃龉，再或者就是有意要用霹雳手段震慑江南，这次隋文帝任命的行军总管领军元帅是用兵凶狠、残酷无情的越国公杨素。颁给杨素的诏书上是这么说的——

“宜任以大兵，总为元帅。宣布朝风，振扬威武，擒剪叛亡，慰劳黎庶，军民事务，一以委之。”

也就是说，杨素完全可以自由行动，不受晋王节制，只对朝廷负责。那我们就依然只说新任扬州总管的晋王杨广。

上次伐陈之后，“隋共接管了三十个州、一百个郡和四百个县，即整个长江以南的华东地区。诏令命毁掉曾充当南朝的京城达二百八十二年之久的整个建康城；其城墙、宫殿、寺庙和房屋都要拆毁，土地则恢复为农田”。实施绥靖策略，以陈叔宝为首的陈朝上层人物大多被赦免。

陈后主得到很好的照顾，他几个儿子在北方边境区被赐给土地。对民众有更直接影响的措施是，隋在原陈朝的各地区免税十年。人们怀疑隋朝官员能否有办法收到任何税收。原来陈的行政单位大部分以隋的州和县来代替，陈的官员被隋任命的官员取代。……隋在589年和590年期间重新命名或建立了三十个州（陈原来共有四十二个州）；所知的州刺史都是北人。如果我们回想起在南北朝分裂时期发展起来的文化差别和语言的不同（文帝和被俘的陈后主两人甚至因此不可能交谈），就能看清楚胜利者和战败者之间的冲突几乎是不可避免的。

《剑桥中国隋唐史》就是这么说的。

虽说是外国人，说的又是古代中国，难免有些隔阂，甚至将陈后主的儿子从风景秀丽的江南发配到风沙弥漫的北方边境，从吃白米饭改为吃馒头或者干脆就是吃窝头，也说成是受到了“很好的照顾”，但冲突的不可避免却表述得非常准确和到位。

冲突的确是不可避免的。地理上的陈朝全境可以在几个月内全部归顺，但近四百年的分裂所造成的南北从政治、经济到生产方式、制度文化乃至生活习俗等各方面的差异所导致的心理排斥，绝对不是凭借武力与高压所能消弭的。就像下棋一样，走一看二眼观三，堪称高手的隋文帝这次却有些看走了眼。陈亡之际，由于江南门阀和各地豪族早就对腐朽的朝廷没了兴趣也不抱希望，他们其实并没有认真进行有力的抵抗，只要能保证他们的既得利益不受损害，只要他们还能出人头地，只要“旧时王谢堂前燕”不要“飞入寻常百姓家”，管他皇帝姓陈还是姓杨呢。他们就是这样想的。但大隋皇帝却没这么想，皇帝和他身边的文臣武将、心膂股肱都生在北方，起自关陇，当然视关中为根本，推行的也是关中本位政策。占领江南之后，迅速到来的胜利使他们掉以轻心，忽略了不该忽略的许多问题，真以为陈人不堪一击也不堪一用，除了大量改变南陈的行政区划，对南方原来的地方长官也是大撤大换，让许多多方钻营才换来一官半职的江南庶族地主变成投靠无门的丧家之犬；再加上以严厉管束为目的的重建乡里基层的整顿和一次次严令吴越之野“戎旅军器，皆宜停罢”“人间甲仗，悉皆除毁”，全然是凭借关陇武力以镇压四方的一派霸气。收缴民间兵器的事以前的秦始皇干过，于是有了咸阳宫前以兵器化铸而成的整整一打的高高大大的铜人，但阻挡不住陈胜等人斩木为兵揭竿而起；后来建立了大元朝的蒙古人也干过，甚至让几户合用一把菜刀，结果还不是让人给赶回草原沙漠上去了吗?

坐镇江都的晋王杨广当然不知道身后好几百年的蒙古人的荒唐，但秦始皇的可笑他是知道的，于是就采取了远比他父皇聪明理智的另外的办法。当然，这一切都是以杨素、史万岁等将帅血雨腥风的搏杀镇压为后援和支撑的。剿抚并重，攻心为上，晋王杨广双管齐下——

到任扬州之后，他曾派部将郭衍领精锐万人，西进皖南，尽灭叛军。

又派晋王府参军段达率军一万，平定方、滁二州，并破叛军汪文进等于宣州。

这是打仗，其实也是宣言：别以为我晋王只会说好话，既然可以化干戈为玉帛，当然反过来也是一样。

他礼遇江南吴郡名士陆知命。在杨广授意下，陆知命凭借出身南朝世代官宦之家、颇有名望的条件，四处游说招降纳叛，凭一条好舌头就让十七个被反叛者占据的城池纳城请降。

还有早在上次伐陈时就被招抚归降的当地俚族首领冼夫人，也在此次岭南平叛的关键时刻，不顾年高，亲自披甲上阵，与其他支持朝廷的武装一起，击溃叛军，解了广州之围。

最为重要和更为关键的是，晋王杨广对江南文化的理解甚至推崇，以及由此采取了一系列措施。前边已经说过，杨广从小就热爱诗歌文学，晋王妃萧氏又是昭明太子萧统的玄孙女——一部《昭明文选》至今还在流传，具有极高的江南文化素养的萧氏对杨广的影响是潜移默化润物无声的，因而他对江南士人的看法肯定与以隋文帝为首的其他关陇勋贵大相径庭。这看起来似乎无关宏旨，但在实践中收到的效果却和单凭武力与高压大不相同，颇有种“差之毫厘，谬以千里”的意味。

移镇江都之后，杨广就让上次伐陈时延揽招致的江南才子虞绰、潘徽等人广泛招引旧陈之地的各路才俊。一时间，一百多名在江南极具影响力的人物聚集于杨广的晋王府，可算是人文荟萃。杨广此举既充实了自己的队伍，又征服了江南士人之心，说是一石二鸟也恰如其分。江南士大夫文化素养向来极高，并自视为华夏文化正统，视北方人为夷狄；就是北方人自己，也承认江东“专事衣冠礼乐”“中原士大夫望之，以为正朔所在”。尽管时过境迁，江南现在是军事上的失败者，但他们依然从心里看不起粗鄙不堪却又趾高气扬的胜利的关陇武夫。现在来了个对他们优礼有加尊崇备至的晋王杨广，当然让他们的自尊心得到了极大的满足，对整个江南社会也起到了很好的宣传效果。

杨广大力罗致江南人士，连佛教史料也有记载：“隋开皇十年（590），炀帝镇于扬越，广搜英异，江表文记，悉总收集。”这就是说，除了收罗人才之外，晋王还在整理收集各种文化典籍。这还不算完，为了更好地与江南人士交际，杨广还以晋王和扬州总管之尊，效法东晋著名宰相王导“言习吴语”，学会了一口流利的吴越方言。这才叫四两拨千斤呢，杨广此举，能不让原本对征服者暗怀怨尤的江南人感到一种被理解和尊重的温暖吗？

还有他让旧陈博士、吴郡人潘徽领衔江南诸多儒生编撰的多达一百二十卷的《江都集礼》，更是一项规模宏大、意义深远的文化工程。杨广以当朝皇子、地方总管的身份进行这项事业，其意义不仅是怀柔，更是视南北为一体，融文化交流和政治统一于一体的高瞻远瞩的神来之笔！杨广即位当政以后，整个江南地区在全国的政治、经济以及文化方面发挥了越来越大的作用，奠基之人和奠基之举都非杨广莫属。

总管成了“总持”，而且还是菩萨

坐镇江南十年之久的大隋扬州总管杨广还是江南宗教的保护者。

由于父皇母后都笃信佛教，杨广当然不会不懂得宗教特殊的劝善化民、资助王化的政治功用，利用宗教收揽人心，也是杨广当年在江南的善行德政之一。这当然不是杨广的一厢情愿，教派靠拢朝廷，教主联络皇帝，政教互惠，既为教化，也为王化，在历史上也不乏先例。更何况江南之地的佛、道二教自东晋以来已经兴盛了几百年，上至王公贵族，下到贩夫走卒，佛、道二教在江南社会各个阶层都有极大的影响力，“南朝四百八十寺，多少楼台烟雨中”说的就是弥漫于南方地区的浓烈的宗教气息。

梁武帝以帝王之尊，曾四次入寺院为奴，由群臣费钱一亿赎回。

荒淫无道的陈后主也曾如法炮制。后来在开皇九年（589）大隋灭陈之役开始之前，请来高僧智顗等人祈祷弭灾，期求苟延残喘。陈亡后，受到陈朝两代君王极高礼遇的佛教天台宗创始人智顗及其僧团也受到巨大打击，一时“金陵土崩，师徒雨散”，智顗本人也去了庐山。后来又是江南重叛，“寇贼交横，寺塔烧尽”，佛教界再次蒙受了巨大损失。

杨广就是在这种情势下移镇扬州的。面对只有六十万户人的江南却有三十万户人参加反叛的严峻形势，杨广明白，朝廷在江南强制推行所谓的“父义、母慈、兄友、弟恭、子孝”的五教意在以孝为忠，加强中央集权，却刚好与江南世族以家族为重的观念直接冲突，要想平定局势，既要扬汤止沸，又要釜底抽薪，这就需要从宗教方面大做文章，以聚拢人心。父皇年轻时曾以护法金刚自许，现在，年轻的晋王也以护法使者的面目出现了，他宣称——

近年奉诏专征，吊民伐罪，江东混一，海内乂宁，塔安其堵，市不易业，斯亦智者，备所明见。而亡殷顽民，不惭怀土；有苗恃险，敢恣螳螂。横使寺塔焚烧，如比屋流散，钟梵辍响，鸡犬不闻。废寺同于火宅，持钵略成空返，僧众无依，实可伤叹！

按他的说法，佛塔被毁，责任全在反叛分子；他对此表示遗憾，也表示同情，当然也就要有所行动。他要拉拢的首要目标就是江南佛教界的头面人物智𫖮。

当年伐陈，杨广与他失之交臂；在杨广之前坐镇江都的秦王杨俊也曾致书于他，后来是隋文帝亲自致书“敬问”。有了这些铺垫，晋王杨广移镇江都之后，很快就派人给智𫖮送去措辞恭谨的《初迎书》，同时还命有关部门修葺了大师以前所居之禅众寺，请大师前来，“愿忘怀受施”。

但既然是高僧，架子自然也大，再说毕竟没有打过交道，所以智𫖮“初陈寡德”，辞不敢当；“次让名僧”，推诿不赴；“后举同学”，以他人代之。但杨广似乎是铁了心要学三请诸葛的刘玄德，终于使大师勉强答应前往江都，同时还有几个前提条件。

——“愿勿以禅法见期”，就是告诉杨广，不要指望我给你传授禅法；

——“虽欲自慎，终恐朴直忤人，愿不责其规矩”，也就是自己的独立人格不受侵犯；

另外还有坚持佛法不阿权贵、自由来去不得强买强卖等两条。

智𫖮显然是还在迟疑观望，为自己预留后路。

杨广毫不迟疑，一一允诺。

于是就有了开皇十一年（591）十一月二十三日在江都城总管府内千金殿举行的千僧会，隆重迎谒智𫖮大师。智𫖮为杨广授菩萨戒，并为他取法名“总持”菩萨；杨广则恭拜智𫖮为“智者大师”，且“奉送供给隆重转倍于前”。

从表面上看，大隋朝廷的扬州总管、皇子晋王在江都大弘佛道，恰与灭陈之时隋文帝对江南佛教界的严厉形成鲜明对照，但从实质上讲，手法不一的父子二人的目的却是绝对一致的，那就是都要将宗教活动置于王朝的严密控制之下，以加强对整个社会的统治。

成了师徒的智𫖮和杨广两人后来的交往可以说是一波三折、难以尽述，但究其实质，则始终围绕着控制和反控制、利用和反利用的主轴进行。隋文帝早在灭陈后不久就敦促智𫖮“以同朕心”，要他与朝廷保持一致；智𫖮却一直想自由地弘法传教，不管杨广如何秉承父皇旨意，竭力拉拢，想让大师成为帝王“家僧”，两人或书信往来，或当面交锋，心有佛祖的大师始终没有就范。而杨广也表现出惊人的耐心和极其成熟的政治手腕，始终对智𫖮表现出相当的尊重。

智𫖮来江都为杨广授菩萨戒那一次，杨广就有意让其担任慧日道场住持，为己所用，以扩大对佛教界的影响。但大师却坚辞不受，并且当面提出要回荆湘，去当阳玉泉山建立自己的精舍。那一次大师在江都城外住了几个月，始终未入慧日道场。那几个月里，杨广多次派人给大师奉送礼物，百般延请，后来又几次亲笔修书，挽留大师，终无所获，最后不得不目送大师飘然而去。

可以摆脱晋王的纠缠，却无法摆脱皇权的压迫，进入荆湘传法的大师不久就遇到了麻烦，他举办的法会竟被当地官员粗暴遣散，显然是怕他以传教之名聚众谋反。为了寻求政治庇护，大师致信请杨广做玉泉寺的大檀越。杨广欣然允诺不说，还致信荆州总管，请他对大师及所修玉泉寺多加关照。同时还利用当年回朝述职的机会，向父皇奏告了自己和智𫖮的交往，请求父皇的支持。隋文帝敕书匾额，为大师创办的精舍赐名“玉泉寺”，并敬问道体。当今皇帝的御笔亲题，无疑是一块威力巨大的金字招牌，大师的处境自然大为改观。

此前此后，师徒两人也一直书信不断，杨广一直没有放弃让大师重回江都的想法，大师也一直没有让杨广如愿以偿。直到开皇十五年（595），由于晋王的恩惠和“致书累请”，大师不好再加拒绝，只好顺流东下，先到金陵栖霞寺，再到江都城外的禅众寺，但依然没有住进杨广最希望他法驾光临的慧日道场。

这一次大师在江都逗留到第二年三月左右。杨广虚心求教，执弟子之礼甚恭，显然有想成为大师传灯的上首弟子的意思。大师送给他自己所著的经书，却断然拒绝了杨广要大师授禅传灯的要求。希望落空的杨广大伤颜面又不好发火，居然派人暗中将大师的居所监视起来，不让他人接近。再留江都已毫无意义，大师再次飘然而去。

智𫖮于开皇十七年（597）十二月二十四日未时安详入寂。

晋王杨广为延揽智𫖮可谓费尽了心机，虽然最终也未能使其就范，但杨广利用佛道资助王化的事业却达到了预定目标。这首先表现在他成功地争取到和智𫖮同时代的另一位高僧吉藏的支持，后者在杨广即位称帝后，成为大隋佛教界的领袖人物。另外，虽然智𫖮至死也没有依附大隋朝廷，但他的门人弟子却在大师死后主动靠拢王权，天台宗也在杨广的政治扶持下最先成为独立的佛教宗派。

江都十年，大隋王朝的扬州总管又成了“总持”，而且还是菩萨。在当时的形势下，这也许只是一次政治与宗教的互相利用，但也让我们明白，东方政治——哪怕是暗箱操作的宫廷政治，也并不全是翻云覆雨的阴谋诡计，甚至不乏文质彬彬温情脉脉的情感交流，就像西方的议会政治并不全是唇枪舌剑的喋喋不休一样。革命哪里就真的全是你死我活血流成河的暴烈的行动呢？《剑桥中国隋唐史》对此有这样一段论述——

但晋王逐渐成为南方僧人和佛寺的虔诚和体贴的施主。他命令他的军队收集因侵陈和以后的内战而散落在各地的佛经；在扬州王府的建筑群中设立一个专门收藏精选的经籍的馆堂；其余的经卷经过手抄，增至903，580卷，然后被分发给扬州及其他各地有功德的佛寺。他在扬州建立四个道场，他召集学识渊博的佛道两教教士充当一段时期的王府的僧侣。智𫖮死后，他继续成为天台宗主要佛寺的正式施主。意义最重大的事也许是扬州的建设规划，此规划开始给扬州添加它后来所具有的某些色彩和光辉，同时又赋予了建康作为文化中心长期拥有的那种繁荣和吸引力。随着僧侣的南来北往，对南方僧人表示的特殊恩宠以及官方对信仰的赞助，反隋的情绪逐渐缓和，最后几乎化为乌有。

晋王杨广卓越的政治才能就这样在扬州之地得到了充分的展现。安定江南的文治政绩，加上以前所积累的北御突厥、南灭陈朝的武功功勋，使他终于在朝中“声名籍盛，冠于诸王”，为他日后的冲天一跃奠定了坚实的基础。

一颗闪闪发亮的政治明星开始出现在大隋朝廷的天幕上，并且还将越来越亮……

“龙种自与常人殊”

似乎已经成了惯例，只要是坐稳了高位——尤其是皇位——并且坐得长、坐得久，那么这个人早在降生之时就一定是龙凤之姿、非同凡响，不是赤光流溢、紫气东来，就是云蒸霞蔚、河清云庆，反正是祥瑞纷呈、气象万千。假如他最终被证明不是个好皇帝，甚至是个亡国之君，那么所有这一切一下就反过来了。

例如，应该是李世民亲表叔的隋炀帝杨广就被说成是天生的败家子。据说其母独孤氏曾梦见龙在体内，高飞十余里后，龙堕地，屋辄断。其父杨坚几年后抱着杨广，端详良久后终于为独孤氏解释了当初出现在夫人梦中的不祥之兆:“是儿极贵，恐破吾家。”还有民间野史小说干脆就说杨广是个偷吃了九华宫药，转世人间，专门作恶搞怪的终南山的怪鼠。

而后来成了大名鼎鼎的唐太宗的李世民却是睁着眼睛来到这个世界的，他自己不哭不闹不算，而且还“时有二龙戏于馆门之外，三日而去”。这还没有完呢,《旧唐书·太宗本纪》言之凿凿，说李世民四岁的时候就有相面先生说他是“龙凤之姿，天日之表，年将二十，必将济世安民矣”。

如此天生龙种，当然也不是凡人所能养育出来的。其父李渊就不用说了，就是李世民的生身母亲窦氏也不仅门第显赫出身显贵，而且聪明贤惠过目不忘,更加令人不得不另眼相看的,还有她的忠贞刚烈。窦氏过世时，李渊还在隋炀帝手下领俸禄，李渊称帝后，追封她为太穆皇后。《新唐书》有她的传记，里边记载了这样一件事——

窦氏之母是北周武帝宇文邕的姐姐襄阳长公主，窦氏自然就是周武帝的外甥女了。杨坚篡周建隋取而代之以后，她曾愤愤不平地说:“恨我非男子,不能救舅家祸。”其父大惊失色,一把捂住她的嘴:“毋妄言，赤吾族！”

这么一位女中豪杰，自然不可随意许配于人，必须认真考察严格挑选。其父窦毅想出的择婿办法是，于门屏上画孔雀两只，让数十位求婚者执弓发箭，看谁能两发两中，两箭射中孔雀两只眼睛的，就算有了当女婿的资格。挑选的结果是李渊技压群雄，成了幸运的新郎。

“工为篇章规诫，文有雅体”的窦氏在政治上对李渊很有帮助。

除了我们在第一章说过的那次劝解之外，她对李渊还有一次至关重要的劝说。身为武将，李渊自然非常喜欢骏马，那一次他又得到了几匹好马，尽管知道皇帝也喜欢骏马，但他就是舍不得进献。窦氏劝他不可因小失大：“上好鹰爱马，公之所知，此堪进御，不可久留，人或言者，必为身累，愿熟思之。”

李渊依然犹豫不决，后来果然被皇帝指责。窦氏死后，李渊回忆窦氏提的建议，深感窦氏很有见地，遂多方搜罗飞鹰走马以为进献。几次之后，李渊升为将军。于是，感慨万千的李渊流着眼泪对儿子们说：“我早从汝母之言，居此官久矣。”

夫贵妻荣父显子贵，随着父亲的节节高升，就连李世民也对母亲感恩不尽，尤其是在父亲终于当了皇帝之后就更是如此。早在武德年间，“世民每侍宴宫中，对诸嫔妃，思太穆皇后早终，不得见上有天下，或唏嘘流涕”。

母贤子孝互为映衬，这样的好母亲生下的好儿子，他日一旦登临大位——尽管按着立嫡以长的原则，这肯定绝无可能——能不是一位千古留名的圣君明王吗？能吗？！

这就是矫枉过正，过犹不及了。包括李世民自己在内的贞观君臣，实在太忌讳那出鲜血淋漓的玄武门之变以及随后不久的逼宫之举了，一旦掌握了历史的话语权、书写权，就要不遗余力地证明自己的一贯正确，为此他们甚至不惜将大唐开国之君也说得窝窝囊囊荒淫无能，以衬托李世民的文韬武略功德兼隆政治正确永远正确。

《旧唐书》说李世民是“劝举义兵”的“首谋”人物。

《新唐书》干脆就说：“高祖起太原，非其本意，而事出太宗。”

《资治通鉴》也是如此，“起兵晋阳也，皆秦王李世民之谋”，“高祖所以有天下，皆太宗之功”。如此犹嫌不足，还要加一段父子间绘声绘色的对话——

李世民：“今主上无道，百姓困穷，晋阳城外皆为战场；大人若守小节，下有寇盗，上有严刑，危亡无日。不若顺民心，兴义兵，转祸为福，此天授之时也。”

李渊大惊失色：“汝安得为此言，吾今执汝以告县官！”

李世民面色不改：“必欲执告，不敢辞死！”

儿子仁义如此，李渊马上改口：“吾岂忍告汝，汝慎勿出口！”

事隔一天，李世民再次劝说：“今盗贼日繁，遍于天下，大人受诏讨贼，贼可尽乎！要之，终不免罪。且世人皆传李氏当应图谶，故李金才无罪，一朝族灭。大人设能尽贼，则功高不赏，身益危矣！唯昨日之言，可以救祸，此万全之策也，愿大人勿疑。”

李渊这才顺水推舟：“吾一夕思汝言，亦大有理。今且破家亡躯亦由汝，化家为国亦由汝矣！”

典型一副无所作为，将自己的全部功名前程身家性命都交给儿子的窝囊无能相。出生于开皇十八年（598）的李世民那时不到二十岁，而生于北周天和元年（566）的李渊仕宦多年，不是说龙生龙、凤生凤，老子英雄儿好汉吗？怎么到了李氏父子这里就一切全不灵光了？难道，就因为李世民后来成了唐太宗?!

当然，新也好，旧也好，两本唐书都是后人所撰，包括主编《资治通鉴》的司马光也是宋人，他们那样的说法好像与唐太宗君臣无涉，但若不是有人当初有意混淆视听，有意无意留下许多似是而非的史料，刚刚过去的那段历史何至于如此混沌不清?!

当然，李世民也的确是出类拔萃不同凡响的。身逢乱世，加之祖辈代代从军为将，李世民的武功的确不逊于父亲李渊——如果不说是更强的话。用李世民自己的话说就是：

“朕少好弓矢，自谓能尽其妙。”

“朕少尚威武，不精学业，先王之道，茫若涉海。”

只有真正发达、自信满满的阔人才会不忌讳自己以前的穷困潦倒，高兴了还会拿当年的事当笑话讲，此时已自称为“朕”的李世民就是这样。

他说的是真的。

但李世民又从来不是个有勇无谋的莽汉武夫，他是精于骑射好弄弓矢，他是性格豪放意志倔强；但他也爱好书法喜弄文学，即位后更是手不释卷才学大进。一千多年后清人编《全唐诗》时，他还存有文集四十卷，诗六十九首。

李世民还有一点也很幸运，那就是和父亲李渊一样，他也有个“少好读书，造次必循礼节”的好夫人长孙氏。长孙氏也是出自豪门，而且饱读诗书，夫妻俩有文有武相得益彰珠联璧合堪称绝配。

如此说来，岂不是说占尽先机的李世民若是不出人头地那就真叫苍天无眼?!但另一个问题也就同时接踵而至，以同等的条件来衡量，且不要说其他人了，单是同出一门的其他李氏兄弟也并不逊色于他——例如，已经被立为太子的李建成。

那为何最后偏偏是李世民中了头彩呢？为什么？

福地太原

太原可以说是李渊父子发迹的最为关键的福地。那里本来就是军事重镇，兵源充足不说，而且兵器和粮饷也有富余，身为太原留守的李渊又大权在握，大业天子的本意是要让自家亲戚为自己看守门户的，却不料养虎成患，搬起石头砸了自己的脚。

这甚至怪不得大业天子自己。在那种洪水滔天行将没顶的时刻，哪怕就是根稻草呢，他也得紧紧抓住，死不放手。

当然也更不能说是李渊及其儿子们背信弃义趁火打劫，且先不说以有道伐无道、救民水火、解民倒悬等老调高调了，哪怕仅仅是为了自保，李氏父子也算得上是师出有名呢。

从某种程度上讲，他们都是身不由己己不由人人不由心，他们其实都是不自由的，都没有多少可以选择的余地。那情形就如不管你会不会游泳，也不管你是舰队司令还是军舰舰长，你都无法掌控波翻浪涌的大海一样。

在去太原之前，李渊把长子李建成留在河东，给他的任务是“潜结英豪”，也就是暗中培植势力。对于和自己一起到达太原的老二李世民，李渊也有布置，任务同样是“于晋阳密招豪友”，仿效战国时平原君广纳门客、广储人才，哪怕就是鸡鸣狗盗之徒，也未必没有一显身手的时候。

而李渊本人也早在这方面给自己的儿子们做出了表率。他待人接物不分贵贱，仅是一面之缘就能数十年不忘的惊人的记忆力更是让他颇具亲和力。老子如此，儿子们更是礼贤下士海纳百川，管他是家奴仆从还是罪犯赌徒，只要有一技之长，都收纳容留倾心相交。

李世民甚至还经常去深牢大狱看望因与李密结亲而一度下狱的晋阳令刘文静。太原起兵之前，刘文静积极建言献策，不仅在招募士兵和“晋阳宫变”中发挥了极其重要的组织者的作用，而且临危授命出使突厥，从根本上帮助李家稳定了太原这个战略基地的大后方的局势。太原起兵之后，他又和为起义提供了充裕的物资装备的原晋阳宫监裴寂分别在大将军府任长史和司马。战后论功行赏，裴寂成了尚书右仆射，刘文静则出任纳言。两人同时还享受特殊待遇：如果没有犯谋反罪，可恕二死。也就是他们每人可赦免两次死罪，民间所说的免死铁券就是这个意思吧？当然，他们谁也没能死两次，尤其是刘文静，后来不久就背着“谋反”的罪名被李渊砍了脑袋。

隋右勋卫长孙顺德，为了躲避攻打高句丽的辽东之役，“逃匿于太原，深为高祖、太宗所亲委”；隋右勋侍刘弘基，也是因为被征参加辽东战役，结果误了行期，不得已流落江湖，盗牛贩马，为逃避追捕，“至太原，阴事高祖”；还有隋左亲卫窦琮，也因“犯法，亡命奔太原，依于高祖”。因为顾忌到自己的身份，李渊让那些人都去了李世民身边。

李渊后来抓住时机，以需要举兵讨伐勾结突厥侵犯太原的刘武周为名，让李世民、刘文静、刘弘基以及长孙顺德等人一起闪亮登场，大量招募新兵，公然委以重任。负有监视李渊之职的太原副留守王威、高君雅坐立不安，他们认为：“弘基等皆背征三卫，所犯当死，安得领兵？吾欲禁身推核。”一副要将那些人置之死地而后快的神情。

有李渊父子的庇护，这些人自然死不了，而且后来都有所建树，长孙顺德当上了左骁卫大将军，刘弘基则是右骁卫大将军，窦琮为右屯卫大将军。当然，这已经是李唐王朝的新官衔啦。因为是李唐功臣，他们还分别上了新、旧《唐书》，也算是李渊和李世民父子慧眼识人栽培有方吧。

这算是李世民为起兵做的培养干部、组织队伍的前期工作。

另外还有真刀真枪的杀伐，最先倒霉的就是那两个大隋王朝派来的副留守。原因就在于这两个人最先察觉李氏父子的异常举动。他们发现，大举征兵是真的，但李渊的目的不是防御刘武周与突厥人可能的进犯，他另有所图：就在紧锣密鼓大肆招兵的同时，李渊还派人秘密从河东和长安召回了儿子李建成与女婿柴绍；另外又派亲信前往长安打探风声。两个副留守开始谋划，计划除掉李渊，来个擒贼擒王，打他个群龙无首措手不及。

他们没有料到，由于有人告密，想打对方个措手不及的自己反倒让对方抢了先手，打了自己一个措手不及。史称“晋阳宫变”。

先是前一天晚上，李世民率长孙顺德、刘弘基等领兵埋伏在晋阳宫城之外，然后是第二天清晨一个正留守、两个副留守一起在宫里处理公务。最后就是按照事先安排好的，由刘文静领着太原十八府之一的开阳府司马刘政会来到公堂，说是有密状要呈，并申明说：“所告乃副留守事，唯唐公得视之。”

李渊故作吃惊地接过状子：“岂有是邪！”匆匆一览后，面朝王、高二人："威、君雅潜引突厥入寇。"有人告你们勾结突厥啦，你们怎么说？

高君雅勃然大怒："此乃反者欲杀我耳。"

但已经迟了，李世民在外封死了可能的外逃之路，刘弘基等人率兵一拥而上，将两个人绑了个严严实实。两天之后，果真有突厥数万人进攻太原，也就给了李渊一个名正言顺诛杀他们的最好的理由。

对付突厥，李渊玩起了空城计，下令城门洞开，不张旗帜，隐匿士兵。夜间悄悄派兵出城，白天又大摇大摆回来，使突厥以为援军到来，因而不敢轻举妄动，最后只得主动撤兵。

假意与突厥求和的计策就是这时候出笼的。

随后就是晋阳宫监裴寂将自己掌握的晋阳宫中的宫女、粮米、绢帛和铠甲等大量战略物资尽皆献出，使得太原城内一派喜气洋溢。

再后就是李渊传檄周围郡县，自称"义兵"，要求归附。檄文到处，应者纷纷，只有辽山县令高斌廉和西河郡丞高德儒抗命不遵。李渊以为辽山偏处一隅，不足为虑，西河却是太原至长安的通道，非取不可。于是派当时尚无任何爵位名号的李建成、李世民兄弟二人（军中称为大郎、二郎）率军攻取。这是起兵后的第一战，也是兄弟俩第一次独当一面，所以李渊才有成败在此一战的感慨："事之成败，当以此行卜之。若克西河，帝业成矣。"

兄弟俩不负众望，率领部队带了三天的口粮急奔西河，身先士卒，不日将城拿下，逮高德儒于军门，将其斩首。兄弟俩率军回到太原，连来带去，一共只有九天。李渊大喜过望，认为:“以此行兵，虽横行天下可也。”于是开始定计袭取关中。

西河之战，牛刀小试，结果大获全胜，这对第一次和兄长一起独当一面的李世民来说，显然有着颇为积极的重要作用。在进军关中的路上，他也一定是摩拳擦掌跃跃欲试，渴望着再立战功再显身手。

机会当然是有的。你已经起兵犯难了，再说大隋朝廷已经朝不保夕夕阳西下，但毕竟人还在、心不死，怎么也不会就这么听之任之，让你把人家的江山社稷抢到手吧?

坐镇长安的代王杨侑派出虎牙郎将宋老生率精兵两万守霍邑，左武侯大将军屈突通率军数万守河东，周围各郡皆听二将节制。二人都是大隋有名的战将，当年杨玄感就是败于屈突通之手的，而宋老生多次镇压反叛，也从来没遇到过真正的对手。两人都没有把拥兵三万的李渊放在眼里，至于当时还只是小荷才露尖尖角的李家兄弟，当然就更不在久经战阵的老将军眼中了。

从地理距离看，从太原到长安实在算不得远，但李氏父子真能一路意气风发凯歌高奏地走过去吗?肥沃丰腴的关中平原上，不仅有都城长安，还有个离长安不远的武功，那里可是他们的桑梓之地，先人的骨殖早就深深地埋在那片厚厚的黄土之下了……

西望长安

严格地说，大隋，尤其是文帝时代的大隋王朝的新都城应该叫大兴才对。这座在隋文帝手上拔地而起的新城之所以会有这样一个满是喜兴和希望的名字，是因为隋文帝最初踏上仕途就被封为大兴郡公。以大兴命名新都、京县、皇宫大殿以及园林寺院，就是希望大隋天下能欣欣向荣蒸蒸日上。

新都坐落在原来的老长安城东南面，属北周京兆万年县，还有个小地名叫龙首山。规模宏大的新都改变了汉代皇宫偏居一隅的格局，使得宫城与皇城正好坐北朝南，体现了天子堂堂正正君临天下的气度。而且皇宫官署尽在高地，那才叫居高临下龙盘虎踞。在最北面的宫城大兴殿（后来李渊称帝时改为太极殿）向南眺望，首先看见的是分为左、右两部分安置的各级官署的皇城；出了皇城，宽一百五十米的朱雀门大街将城区一分为二，东为大兴县，西为长安县，各自有坊有市，犹如众星捧月般拱卫着高高在上的皇城宫城。一句话，将中央集权的政治理念落实在具体的都城建设上，隋文帝无疑有开山之功。

根据资料，占地八十多平方千米的大隋大兴都城，比明清时代的北京城约大一倍半，宫城中心的大兴宫又比明清紫禁城大五倍，无疑应属世界第一。

可是大兴城的名字还是近乎湮没无闻。哪怕就是在杨广执政的大业年间，大兴都城的名声也赶不上东都洛阳和江都扬州响亮，更不要说和大唐都城长安相提并论了。还说什么“国破山河在”，明明就是“雕栏玉砌应犹在，只是朱颜改”，似乎仅仅只是出于习惯，后世的人们也大都只说长安，不提大兴。从众从俗，那我们也只说长安。

被黄河拥搂着，被关中平原托举着，被认为汇聚了气吞山河的王者之气的，曾是秦、汉两朝都城的长安的确是令人向往的。所以，当豪杰四起天下大乱，并且越来越乱的时候，长安也就成了一块让许多人垂涎欲滴争相逐之的肥肉。

只有后发制人的李渊捷足先登。但因为后来出了个李世民，为了证明他以次子荣登大宝的合理性，历史记载又一次在这里画蛇添足，不惜前后矛盾——

距霍邑五十余里的贾胡堡是霍邑之战爆发前李渊大军的扎营之地。之所以驻扎于此，是因为淫雨不止，道路泥泞，军粮运输成了大问题。同时还有流言说刘武周知道太原城防空虚，又要伙同突厥袭击太原。

天不作美，人祸又至；前有强敌，军无余粮，何去何从自然成了争执不下的焦点难点。

裴寂认为各方面的形势都不利，霍邑有强敌固守，肯定不能轻易得手，太原是大本营，大家的妻儿老小都在那里，应该火速回军以救根本，至于以后，还可以从长计议。

据说李渊毫不犹豫就同意了。

但李建成和李世民坚决反对。李世民的理由很是充分：正是七月，漫山遍野的粮食都熟了，愁什么军中无粮？前面挡路的宋老生轻敌急躁，“一战可擒”；李密舍不得到手的河南粮仓，是典型的鼠目寸光；至于刘武周和突厥更是“外虽相附，内实相猜”，不足为虑。形势如此，“当须先入咸阳，号令天下；遇小敌即班师，将恐从义之徒一朝解体”。

但李渊听不进去，下令班师。

无功而返显然于军心士气大为不利。以李渊的老谋深算深谋远虑，不会不知道这些，而且他的本意就是要“西图关中”，中途退军容易，但机不可失时不再来，要想梅开二度东山再起，还能有曾经有过的天时地利人和吗？兵贵神速出其不意，已经占尽先机的李渊难道不明白时不我待的道理，可能吗？

《旧唐书·太宗本纪》是这样说的：李渊促令班师，李世民不禁号泣于外，声闻帐中。李渊惊问其故，李世民回答：“今兵以义动，进战则必克，退还则必散。众散于前，敌乘于后，死亡须臾而至，是以悲耳。”

曾经怎么也说不通的道理用眼泪和悲声讲通了，李渊“乃悟而止”，再次改变了命令。

后来就是云开雨歇，李渊率军直趋霍邑。

那个宋老生果真是有勇无谋，经不住李建成、李世民兄弟俩的激将法，果然开门出兵，背城布阵。李氏兄弟发挥骑兵的优势，力挫隋军。而且，李世民还以精骑直冲敌阵，从阵前冲入，从阵后而出，当时术语称之为“贯阵”。这种先乱敌阵脚、后断敌归路的战法以后成了李世民的经典战术，屡被应用。宋老生欲战不能，欲退无路，最终丢了脑袋。

面对据守河东的隋将屈突通，李渊兵分两路，除留一部分兵力监视盯防外，大部分主力则渡过黄河，直扑关中。据说这也是李世民的计谋，《旧唐书》记载——

李世民认为兵贵神速，应立即入关：“宜乘机早渡，以骇其心。

我若迟留，彼则生计。”还认为被民间以“宁服三斗葱，不逢屈突通”的歌谣形容其老辣的隋将屈突通至多只能自保，构不成多大的威胁：“屈突通自守贼耳，不足为虞。若失入关之机，则事未可知矣。”

李世民果真料事如神，攻占长安后，屈突通报国无门，只得投降。当然这是后话了。

进入关中大地，局面立即就明朗了许多，队伍也由最初的三万人滚雪球般激增至二十万。旌旗飘飘，马蹄声声，曾经似乎是遥不可及、令人梦魂萦绕的长安已经遥遥在望，成为李氏父子囊中之物。

铁血秦王

尽管占领了长安，也尽管其后不久李渊就正式称帝，但李唐王朝当时实际控制的只有长安、渭水一带。不说其他地方了，就连关陇一带的局势也极不稳定，只有榆林、灵武、平凉、安定诸郡遣使请命，表示归附。形势并不乐观。

李渊父子是大业十三年十一月攻占长安的，当时割据金城（今甘肃兰州）称帝的薛举也正在谋划东进以取长安，听说李氏父子已经捷足先登，追悔莫及，当即和儿子薛仁杲一起领兵十万，进围长安以西的扶风。当时李建成等正作为战略预备部队屯守永丰仓和潼关，领兵拒敌的任务自然就落在李世民身上。李世民率众大破薛仁杲于扶风，并一路追击将薛家军撵出秦地，赶到了陇山脚下。仓皇逃命的薛举被李世民打得心惊胆战，有意投降，竟向左右发问：“自古天子有降事乎？”好在李世民已经主动停止了追击，加之部下劝解，才没有再议此事。

初战告捷，对李氏父子的作用非同寻常，他们不仅在关中站稳了脚跟，而且紧接着就有平凉、河池、扶风等地太守相继来降。其中河池太守萧瑀是隋炀帝的小舅子，意义更显重大。大喜之余，李渊对其加官封爵，同时派遣多路使节，四处招抚，扩大地盘。

义宁二年五月，李渊在长安称帝。

六月，重新积聚了力量的薛举再次领军东进。由于控制了大隋王朝战马的主要养殖基地，薛举父子兵强马壮，武器锋利，很快入侵泾州、岐州一带，并大肆劫掠。李世民再次受命出征，为西讨元帅。两军对垒于现陕西长武北部一带的高墌城下。

据说，李世民这时正患疟疾，卧于军营，遂将指挥权交给刘文静、殷开山两人，并告诫说：“贼众远来，利在急战，难与争锋。且宜持久，待粮尽，然后可图。”

但刘、殷二人认为坚守不出就是示弱于敌，即使不开战也要一展自家军威，于是就将部队拉到城外，因为人多势众，也因为本来就是要耀武扬威，没做什么防备，结果薛举以精锐轻骑从背后包抄袭击，唐军八总管皆败，士卒死伤占十之五六，大将李安远、刘弘基等被俘，连城池也给丢了。一时间，京师骚动，惶恐不安。

率残部退回长安的李世民被降了爵位封邑，刘文静等人则被削官除名。

这一仗是李世民自太原以来最大的败仗，他当然有着摆脱不了的干系。但史书依然在替李世民遮遮掩掩，先是说他卧病在床，依然不忘谆谆教诲；后来再说闻听刘、殷二人擅自行动，李世民又如何飞书传谕、责令收兵，却迟了一步。其实，只要我们考虑到大军的实际统帅就是李世民自己，所有这些事后的解释就有欲盖弥彰之嫌。不管这些说法是不是事实，统帅失去了对自己部队的掌控难道还不是最大的失职?!

大胜之后，薛举接受帐下谋士建议，计划趁唐军新败、大将被擒、京师恐慌之际，乘胜直取长安。但就在大军准备开拔之时，薛举突然生病，不久去世。立足未稳的李唐王朝因此逃过一劫。

经过一个多月的休整之后，李世民再次挂帅，前往讨伐继承了薛举之位的薛仁杲。

让我们简短地说，这场前后历时近一年的战争，李世民先小胜，然后大败，最后经过浅水原决战后大获全胜。胜利来得并不容易，还是在那座曾经让李世民和他的部队蒙受了奇耻大辱的高墌城内，李世民坚守不出，接受了前次教训的他三令五申，下严格军令——"敢言战者斩"，直到对方人困马乏，加之又闹起了粮荒，甚至薛仁杲的内史令和他的亲妹夫也叛变献城投降了，李世民才下令开始行动，最终大获全胜。战后清点，唐军俘获精兵万余人，男女人丁五万口。薛仁杲率属官投降后，被李世民押往长安斩首。同时掉了脑袋的还有薛仁杲的数千亲信。如此大规模地斩杀降官降将，在李世民一生中只有两次。这是第一次，另一次就是晚年征讨高句丽，斩杀依附高句丽的靺鞨。可见前番之败让李世民多么耿耿于怀。

秦王李世民就这样在铁血交织的大背景下，在马蹄和战鼓以及士卒的冲杀声中，来了一次颇显英武也不乏血腥的正式亮相。李世民于战后官拜太守，使持节，陕东道大行台，镇长春宫，蒲州、河北诸府兵马并受节度。

平薛之战是李世民在李唐建国后展开的统一战争中独立指挥的第一场大战。比起他进军关中、横扫渭北，所到之处都传檄而定相比，这场战事一波三折、艰苦异常，但它解除了来自西北方面的威胁，消灭了一个颇有实力的争夺关中的对手。一年后，随着另一个占据甘肃部分地区的自称“大凉皇帝”的李轨势力的灭亡，李唐王朝真正实现了对举足轻重的西北地区的控制。

这场坚苦卓绝的战事的胜利极大地提高了李世民的声望，不但开始拉开他和其他几个兄弟在人望、声誉乃至实力方面的差距，也开始奠定李世民在全国统一战争中越来越无可争辩的军事主帅的地位。

《资治通鉴》和《旧唐书·太宗本纪》都记载了这样一个故事，说是武德元年年底，李世民讨伐薛氏父子后，唐高祖李渊派刚刚归附的李密去迎接秦王李世民，李密“自恃智略功名，见上（指李渊）犹有傲色；及见世民，不觉惊服”，私下对秦王属下将领殷开山说：“真英主也，不如是，何以定祸乱乎！”

不能不承认，后来取得的一切都是李世民自己和他那帮铁哥们、死党们浴血奋战出生入死打出来的。即使是在平定了薛举、薛仁杲父子之后，李唐王朝在某种程度上还是像个割据一方的地方政权，《剑桥中国隋唐史》是这样说的——

唐王朝还只控制了甘肃、陕西及大部分山西地方：它拥有隋帝国的政治上和战略上很重要的西北地带，但其人口还不足隋代的四分之一。在隋代，大平原上的河北和河南是中国最富庶之地，它们养活了中国全部人口的半数以上。与此同时，淮河流域和华中的长江流域变成越来越重要的粮食产地，而运河的兴建则把这些地区和京师连接了起来。沿着运河航线，在河南和河北南部建造了几个大粮仓，以贮存粮食和备转口运输之用。它们都是早期几次叛乱攻击的目标。对于一个想重新统一全国的王朝来说，牢牢地控制富庶的东部平原是绝对不可少的。唐高祖的最强大的四大对手——即李密、王世充、宇文化及和窦建德——占据了这个地区的关键地带。

仅仅是在北方，需要认真对付、彻底解决的就有这些割据政权。

李世民在这个过程中建功立业声名鹊起。

公平地说，在统一战争开始以前，除了李渊具有不容抹杀毋庸置疑的最主要、最关键的地位外，李渊的几个儿子都旗鼓相当各有建树。但从平薛之战以后，李世民越战越勇、声名鹊起，成了李唐王朝一颗冉冉升起耀人眼目的新星。其亮度不仅令其他星星黯然失色，甚至就连太阳，似乎也因为那颗夺人眼目的星星，而显得不那么光芒万丈了。

几个末路英雄的结局

在历朝历代封建社会争权夺利的官场政坛，从来就没有永恒的敌人，也没有永恒的朋友，有的只是永恒的利益。如果事涉江山一统、社稷归属，那就更是如此了。

作为曾经的历史存在，也作为秦王李世民的历史功绩，我们有必要说说隋末唐初遍地英雄中几个有较大影响的人物的结局，以便更好地了解那个已经远去的时代和那些曾经叱咤风云的人物。还是那句老话，说到底，关心历史就是在关心我们自己。

先说老熟人李密。

在上一章的讲述中，我们知道了李密其实也是很懂兵法和谋略的，他麾下的有识之士三番五次建议他放弃久攻不下的东都洛阳，直取长安，否则一旦别人捷足先登，岂不懊恼窝囊?！李密也知道该那样做，但由于许多不得不考虑的现实问题纠缠在一起，他总想等拿下东都后再说其他。那时的李密因为占据了大隋王朝的洛口粮仓，手中有粮心里不慌，加之翟让等瓦岗英雄心悦诚服地推举他为盟主，李密得以称公设府号令一方，就连刚刚起兵的李渊也不得不矮下身子给他赔笑脸。后来情况发生变化，除掉翟让之后，李密接着就眼睁睁看着长安落入李渊之手，自己却被王世充死死缠在洛阳城下动弹不得，再后来更是大败，无奈之下只得去投奔已经占据长安称帝的李渊。

表面上李渊对李密尊崇有加，又是开欢迎会，又是称兄道弟，还将自己的表妹嫁给了他。自以为归国有功，可以和当今圣上称兄道弟，李密不免得意忘形，言谈举止行事做派自然也改不了当初统率百万大军时的颐指气使。可李渊只封了他个邢国公，授职光禄卿。从理论上讲，光禄卿位在九卿，为从三品，不算太低，但对于李密就未必合适。再加上那个职位的职责在于掌管国家重大祭祀和朝会等大型活动的膳食供应，也就是说，当别人谈笑风生，享受美味佳肴的时候，他却要跑前跑后地张罗，李密能不感到一种深深的失落乃至羞辱？这还没完呢，率部来到长安之后，“有司供待稍薄，所部兵累日不得食，众心颇怨”；而且，“朝臣又多轻之，执政者或来求贿”。这才真叫是落架的凤凰不如鸡呢，曾经“就仓食米”，吸引天下英雄和百姓争相依附的李密现在甚至不能保证自己的部下吃饱肚子，同时还要应付那些没完没了的打秋风、敲竹杠、索贿不止的大唐官员，深感窝囊的李密实在是待不下去了，向李渊辞行，说出的理由是招抚旧部，帮取东都。而李渊居然也就无不照准，甚至还设宴饯行把酒话别。

李密明摆着是要联络旧部积聚力量卷土重来，李渊则将计就计欲擒故纵。前脚李密刚领着旧部过了华州，后脚李渊就命令一半人马留下，只带一半人马出关。李密还没回过神呢，又一道诏书追来，命李密所部慢行，李密单骑入朝，更受节度。李渊杀气腾腾，哪怕仅仅是为了活命，李密也不得不反。但很快就被唐将盛彦师率部伏击，措手不及的李密含恨而殁，年仅三十七岁。

从武德元年十月降唐，到同年年底战死，李密就这样在李渊步步为营的算计中步入穷途末路。早在大业九年就参加杨玄感举义，曾经和大隋王朝周旋了一千多个日夜的李密就这样在短短的六十来天的时间里，死在那个曾经把自己吹捧到无以复加地步的昔日的盟友手中，都说一笔写不出两个李字，但此李不是彼李，这还有什么好说?!

榜样的力量是无穷的，李世民后来机关算尽，将自己的父亲、兄长和兄弟一网打尽且株连甚广，和李渊曾经的言传身教以身作则有没有关系，又有着怎样的关系呢?!

还记得那个所谓的“定杨天子”刘武周吗?

这是个依附于突厥始毕可汗的草头王，早在李渊起兵之初就没少给李氏父子制造麻烦，甚至差点导致李渊霍邑退兵，功亏一篑。武德二年三月，李渊那边刚刚收拾了李密，刘武周就在突厥的支持下，南侵并州。四月，刘武周按大将宋金刚的建议，“入图晋阳，南向以争天下”。宋金刚率兵两万，“又引突厥之众，兵锋甚盛”，大唐并州总管、齐王李元吉抵挡不住，榆次被攻陷，接着宋金刚又连下介州、平遥。深得唐高祖李渊宠信的右仆射裴寂被任命为晋州道行军总管，以先斩后奏之权督军抗击，结果一战即溃，几乎全军覆没的裴寂只身逃回晋州；刘武周趁势进逼太原，李元吉惊慌失措，连夜带着妻妾人等逃回长安，李唐王朝的发迹之地太原就这样沦陷了。接着又是浍州、晋州的失陷，负责前线战事的裴寂昏招连连一再失误，一时间官叛民变，关中大震，“人情崩骇，莫有固志”，形势万分险恶。龙椅上的李渊一边连声惊呼“晋阳强兵数万，食支十年，兴王之基，一旦弃之”，一边颁发敕令：“贼势如此，难与争锋，宜弃河东之地，谨守关西而已。”将局势渲染得淋漓尽致之后，按着《旧唐书》里的说法，当时身兼太尉、尚书令、雍州牧、陕东道大行台并凉州总管的李世民正在负责安抚刚从李轨手里收复的河西地区的百姓，闻讯后立即挺身而出请缨出征——

“太原王业所基，国之根本，河东殷实，京邑所资。若举而弃之，臣窃愤恨。愿假精兵三万，必能平殄武周，克复汾、晋。”

李渊自然是大喜过望，并亲自到长春宫为李世民送行。

既然是秦王亲自拍马而出，后来的故事就没什么悬念了：李世民先是一反裴寂那套扰民、害民的做法，竭力安抚人心，“发教谕民，民闻世民为帅而来，莫不归附，自近及远，至者日多，然后渐收其粮食，军食以充”；接着便是与敌对垒，坚壁不战，并不断派出精锐小部队袭之扰之，待敌军气势日衰、军粮匮乏、部众大馁、狼狈后撤时乘胜逐北。据说在这个过程中，李世民曾经两天没吃上饭，三天未解过甲，如此身先士卒，将士敢不拼命？！李世民是武德二年十一月出征的，到次年四月大获全胜。大败亏输的刘武周落魄不已，成了突厥人手下的食客、工具，丧失了利用价值，刘武周在突厥的日子很不舒心，后来被突厥人所杀。

那一仗还有个收获是曾为敌方将领的尉迟敬德来降，李世民立即委以重任。对秦王此举，有些老部下自然不无担忧，李世民以当初东汉光武帝对降卒推心置腹的典故进行了解释，结果后来他和尉迟敬德的关系也成了流传至今的一段佳话。尤其是后来的玄武门之变，尉迟敬德亲手射杀了齐王李元吉，更是让君臣二人相得甚欢。只要尉迟敬德还被百姓奉为门神，他和唐太宗的名字就会代代相传。

平定了刘武周，也使得骨鲠在喉的河东郡的问题得到了彻底解决。曾经让李渊很是头疼的隋将屈突通终于在隋炀帝被弑，报国而国破，忠君而君死的万般无奈中，投降了大唐。

平定王世充和窦建德的战事也值得一说。

那是一次历时十个月的、依然由秦王李世民挂帅的、意在统一全国的战役。时间是在打垮刘武周，休整了两个多月之后。

此次战役先打王世充（用时八个月），后来的两个月主要用来镇压窦建德的势力。

王世充曾经是深得隋炀帝宠信的大隋高官，在某些方面他其实也和唐高祖李渊一样，既在皇帝面前表现忠诚，又暗地里窥测风向，在镇压其他反隋武装的过程中，一步步积累武功培植势力，甚至也有过一段将傀儡小皇帝掌控在手，自己狐假虎威号令四方的日子。他当然也很会打仗，大名鼎鼎的李密就是在他手里一蹶不振，最后死于李渊之手的。

他后来有了自己的国号，还有了自己的年号。

窦建德出身山东农家，但绝不是那种只知安分种地艰辛度日的农民，所以很早就投身到反叛朝廷的武装阵营，并最终脱颖而出，于武德元年自称夏王，改元五凤。李世民打王世充，窦建德先是坐山观虎斗想要坐收渔利，后来又怕唇亡齿寒，这才率兵出动，意在为王世充解围，结果却被李世民击败并俘虏。

身先士卒以鼓士气，或坚壁挫锐待敌气馁，或大兵压境猛攻猛打，再辅之以战前侦察；对阵中精骑突出，或直冲敌阵，或包抄敌后，那场历时十个月的战役，用的战术差不多还是秦王李世民已经运用精妙的那套打法，此处不多啰唆，只说结果——

同样都是称王称霸、与李唐王朝抗争到底的一代枭雄，王世充一直占据东都，大唐建国后，李渊曾派李建成和李世民兄弟分别为左、右元帅，领兵讨伐，结果却无功而返，而窦建德则几乎一直未与李唐王朝发生正面冲突，但战后的结果却是：前者被赦免徙蜀，死于途中，而后者则在被押往长安后立即斩首。如此区别对待，是否因为前者出身贵族，而后者只是个压根就不该也不配染指权柄的草根农户？

平定了王世充、窦建德之后，秦王李世民的威望更是到了无以复加的地步。

武德四年（621）七月，身披黄金甲，胯下黄骢骠，率铁骑万匹凯旋班师的李世民，在前后军乐队的鼓吹伴奏下，在以齐王李元吉为首的二十多名威风凛凛的大将的簇拥下，意气风发地进了长安城门。

他为这个新生的王朝南征北战，屡建奇功，用功高盖世来形容也一点都不过分。

但功高盖世的另一种说法就是功高震主，该给的、能给的，他的父皇都已经毫不吝惜地给他了。父皇还能给他一些什么呢？什么又才是他真正需要的呢？

卷二

开皇、武德末年纪事

第三章
祸起萧墙：两起以次夺嫡的宫闱之变

政绩服务政治

开皇二十年（600），隋文帝杨坚已经六十岁，正式当上皇帝也已经二十年了。

那时候还没有庆祝国庆这一说，也就没有普天同庆的热闹场面，但那一年依然值得一说，因为看起来风平浪静，实际上却暗流汹涌的大隋王朝即将迎来一系列变革，其中有些事关重大，说是牵一发而动全身也并不过分：

例如，皇太子杨勇及其子女在那一年的同一天统统被废为庶人。

也是在那一天，一生南征北战功高爵重，就在前一年还以大隋行军总管的身份领兵大破突厥的柱国、太平县公史万岁被活活杖杀。

这是开皇二十年十月间的事。

而就在三个多月前，大隋王朝的秦王，也就是与太子杨勇、晋王杨广同父同母所生的杨俊竟忧惧而死。

变动其实早就开始了——

就在前一年二月，坐镇江都已达十年之久的晋王杨广奉命回京入朝。

两个月后，一分为二的突厥，达利可汗内附，达头可汗犯塞，史万岁领兵迎击并大破之；六月，隋文帝以豫章王杨暕为内史令。

最后就有了罢免上柱国、尚书左仆射、齐国公高颎的震惊朝野的事情。

按大隋官制，内史省就是中书省，只是要避文帝父亲杨忠名讳，才改称内史省。掌管内史省的内史令虽然比掌管尚书省的尚书仆射低一品，但都属执掌朝政的宰相。尤其是高颎，更是一直被文帝视为肱股、倚为心腹的第一重臣，怎么说罢免就给罢免了？而且，要不是文帝顾忌到自己的名声，老宰相恐怕就连项上那颗人头也保不住啦。

如此剑拔弩张寒风嗖嗖，大隋王朝到底怎么了？

不管哪朝哪代，宰相被罢或是被杀都算不得小事，那让我们先就老宰相说几句。

还记得我们曾经讲过的晋王杨广两次为帅却两次有名无实大权旁落的故事吗？那两次都和老宰相高颎有关。出于公心的老宰相只想打好仗，自然就顾不上和挂名统军的皇子们搞好关系，以前与晋王杨广相处时是这样，开皇十七年与汉王杨谅相处时也是这样。那一次杨谅和高颎领受的任务是率水陆两路大军，征讨辽东高句丽国。结果是陆路遭遇大雨，士卒饥寒得病，“王师不振”；水路又遭遇大风，船多沉没，也就是后人说的“天时不利，师遂无功”。

仗没打好不说，高颎与汉王没有少生龃龉，以致兵败回京后，汉王为掩饰自己的无能，在母后面前大告刁状，甚至还有“儿幸免被颎所杀”的话。儿子贵为皇子却受辱如此，独孤皇后当然要在文帝面前告状了，因为知道自己在皇帝面前说话的分量，独孤皇后也没拿汉王的孩子话当真，而是剑走偏锋，直指皇帝老公的软肋：“颎初不欲行，陛下强遣之，妾固知其无功矣。”这是在说老宰相高颎阳奉阴违消极怠工呢。自此，皇帝对老宰相的信任大打折扣。以后用兵，还要另派一位资历威望可以和高颎抗衡的宰相同去，用意不言自明。

开皇十九年（599）年初征讨突厥，文帝再次以汉王杨谅为元帅，“发六总管，并取汉王节度”，同时派左仆射高颎、右仆射杨素一同出征。与以前一样，大将史万岁也在那次战役中有上佳表现。

后来就有了那年十月老宰相高颎被罢免之事。表面上看，高颎丢官是因为被牵扯进所谓将军王世积的谋反案，人臣谋逆，乃十恶不赦之罪，没有丢掉性命，老宰相实在该说是皇恩浩荡。但实际的情形却颇为复杂，我们只要牢记一点，高颎丢官和皇后独孤氏以及晋王杨广有摆脱不掉的关系就可以了。

这边大隋的老宰相丢了官，那边一直是大隋死对头的突厥也有变动：归附大隋的突厥突利可汗被册封为启民可汗，大隋朝廷还特意修筑了大利城安置其部落；同时对依然桀骜不驯的突厥都蓝部发兵合击，结果都蓝可汗为其部下所杀，以前的达头可汗自称步迦可汗，统领东、西突厥全境，一边进攻已经归附大隋的启民部落，一边南下侵扰隋境。

明眼人不难看出，不管是叫达头还是叫步迦，在大隋王朝又打又拉、一手统战一手征伐的颇显高明的政策下，没有归附的突厥已经是强弩之末崩溃在即。

就在突厥已呈分崩离析之态的情况下，隋文帝于开皇二十年四月，调晋王杨广为行军元帅，与汉王杨谅各统一军，分路北上，对南下犯塞的突厥步迦可汗进行大规模的反击。从后来形势的发展看，文帝此举实在高明，既平息了外患，又为征辽失败的汉王挽回了部分声誉，还使早就声名卓著的晋王更加深入人心声名远扬。

晋王杨广与杨素领军走灵武道，汉王杨谅与史万岁领军出马邑道，也就是说，两个皇子依然只是有名无实的挂名统帅。也正是由于这些饱经战阵久历沙场的老将的运筹帷幄，两路大军才全线告捷。

杨广与杨素一路上并没有遇到强劲的对手，受晋王节度的秦州行军总管长孙晟在突厥人饮水的小河溪上游下毒，导致下游饮此水的突厥人畜多有死亡，不明底细的突厥人以为是“天雨恶水，其亡我乎”，于是连夜逃跑，长孙晟乘胜追击，斩首千余。

汉王杨谅与史万岁却与突厥迎头相遇。步迦可汗知道史万岁是大隋名将，未战先退，史万岁率军穷追数百里，斩首数千级。

不肯臣服的被打败打跑了，已经臣服的则更加心悦诚服。突厥启民可汗至此对大隋更加死心塌地，隋文帝被突厥人尊为“圣人可汗”。

但也有人不那么服气。

身为宰相的杨素嫉妒史万岁的战功，不惜歪曲事实，竟向隋文帝报告说步迦可汗本要投降，起初只想于塞上畜牧，是史万岁滥杀无辜，逼良为寇。史万岁当然不服，几次上表陈述，但毫无用处。

心潮起伏深感憋闷的，还有个并不费力就获得了“北御突厥”美名的晋王杨广。由于没能深刻理解父皇要他加强历练、广蓄资本，以政绩扬名造势，以政绩服务政治的一片苦心，心情郁闷的杨广还写了两首后来被收入《乐府诗集》的名为边塞、实为相思的凄楚动人委婉曲折的诗来抒情叙怀——

其一

汉使出燕然，愁闺夜不眠。

易制残灯下，鸣砧秋月前。

其二

今夜长城下，云昏月应暗。

谁见倡楼前，心悲不成惨。

究竟是什么使得一心想要建功立业一展宏图的晋王杨广倍感压抑，以致人在塞北军中，心思却远天远地月昏云暗愁夜无眠心悲成惨？

所幸的是杨广自己很快就明白了。

就在那一年的十一月三日，也就是距原来的皇太子杨勇被废还不到一个月之后，晋王杨广被立为大隋王朝的新太子。也就是说，本来看起来压根就与晋王杨广无缘的大隋第二代帝王的宝座已经在向他招手了。在此之前，晋王杨广已是声名显赫，早已在政治声望上超过杨勇和其他的几个弟弟，所以此事在朝堂之上自然是水到渠成，顺理成章。

只有杨广和他的极少数亲信才明白，为了能有这一天，为了能走到这一步，他们究竟下了多大的功夫，花了多大的力气，也就是俗话说的——机会只留给有准备的人。

冰冻三尺，非一日之寒

哪怕是已经到了二十一世纪的现在，面对一桩扑朔迷离，不该发生却发生了的案件，警察们一个简便易行且行之有效的寻找犯罪嫌疑人的办法，就是看看谁能在中间得到好处，也就是所谓的犯罪动机。你可能得到的好处越大，你的犯罪动机也就越强，嫌疑当然也就越大。

大隋王朝改立太子，最大的受益者当然是原来的晋王、后来的新太子杨广了。他当然跑不了是最大的嫌疑人。但兹事体大，绝非朝夕之间可以见效，还有，就算你身为皇子，贵为王爷，也无法上蹿下跳一手遮天，没有心腹死党舍命参与，这样的事情你就连想也不要想。

深知此中利害的杨广早在十年前坐镇江都时就开始了自己的夺

嫡大计，除了种种意在收买人心、积累资本、取悦父皇母后的外在行为之外，他还有自己无话不谈的心腹小圈子，张衡、宇文述、郭衍这几人就是杨广最初的核心小圈子。按他们的计划，杨广如果夺嫡成功，自然就是皇太子，进而龙飞九五，位进至尊；就是不成功，也可据淮海之地，复梁、陈之旧，在江南重建偏安割据政权。

正是为了万无一失，身为寿州刺史，总管淮南、江北的宇文述给杨广献计说："大王仁孝著称，才能盖世，数经将领，频有大功；主上之与内宫，咸所钟爱，四海之望，实归大王。然废立者国家大事，处人父子骨肉之间，诚未易谋也。然能移主上意者，唯杨素耳……"

宇文述真是没有自泄其气自找托词自我转圜，杨素在隋文帝面前就是那么吃得开，而且在独孤皇后面前也是一言九鼎，帝、后二人对杨素从来都是言听计从，要成大事，当然非得找他不可。

还记得上一节说到的大隋名将史万岁被活活杖杀的事吗？从中不难看出杨素的能量究竟有多么大了。就因为史万岁和杨素不是一路人，杨素便想压制他，明明是史万岁大破突厥，战功卓著，杨素偏要说他滥杀无辜，把本来只是到塞上放羊牧马的突厥人给吓跑了。史万岁和他的部下当然不服，总想着要找皇帝说清楚。那天隋文帝从仁寿宫气哼哼地回到京师，宣布废黜太子，并询问史万岁所在。史万岁当时就在朝堂，杨素却故意谎称史万岁去东宫看太子了，以此激怒皇帝。皇帝果然大怒，传史万岁上朝，毫不知情的史万岁还以为这下总算可以当面对皇帝说说自己和部下们的冤屈了，对聚集在朝堂前的将士们说："吾今日为汝极言于上，事当决矣。"昂然入朝的史万岁果真在文帝面前慷慨陈词，文帝那时正在恼恨太子，听史万岁言辞激愤，就像是火上浇油，命令左右廷杖史万岁，一代名将就这样被活活打死。史万岁死后，隋文帝又完全根据杨素所说，下诏列数史万岁罪状，导致“天下士庶闻者，识与不识，莫不冤惜”。

皇帝如此信任，杨素免不了就要公报私仇。鸿胪少卿陈延与之小有嫌隙，杨素便向文帝报告应属陈延管辖的蕃客馆庭中有马粪，害得陈延挨了顿板子，差点被打死。

杨广他们要拉拢的，就是这么一个贵盛无比位极人臣的人物，他们能如愿吗？要知道，那时的杨素在朝臣中只名列老资格的宰相——也就是上柱国、尚书左仆射高颎——之后，皇上已经把所有能给的都给了自己的老谋深算的臣子，不管谁当太子，对杨素又能有些什么好处呢？

杨广一伙的本事就在这儿，突破口很快就让他们找到了。宇文述主动请缨，说是自己与杨素之弟杨约交情不浅，完全可以从他那里下手。就这样，带着晋王杨广给的许多金银财宝，宇文述活像是公关大使，进京开始了他的公关活动。

杨约是杨素的异母兄弟，少时顽皮爬树，不幸坠地，别的倒无大碍，偏偏就摔坏了男人的根本，从此性格大变，既内向沉静又好学强记，鬼点子特别多。杨素对这个弟弟也是颇为看重，有什么事都要找他商量。而他也因为哥哥的权势和军功屡受封赏，时任大理少卿。

宇文述进京首先要找的就是他。既是同僚，又是赌友，久别重逢，自然少不了你来我往，吃喝玩乐。宇文述先将杨约邀到家中开怀畅饮，又拿出珍玩器皿，下棋赌博。因为另有目的，原本老于此道的宇文述便只输不赢，许多宝贝便让杨约纳入怀中。第一次是这样，第二次是这样，第三次还是这样，杨约好像有些明白了，要问个究竟。宇文述也就开门见山：“此晋王之赐，令述与公为欢乐耳。”

杨约再问：“何为尔？”

宇文述先从处世之道说起：“夫守正履道，固人臣之常致；反经合义，亦达者之令图。自古贤人君子，莫不与时消息以避祸患。”一番说辞极其明确，人臣之道固然在于恪守本分，但也要与时俱进，打破旧常规以符合新道义，不能说不是明智之举。这是帽子，也是试探，就看对方如何反应了。见杨约并无反感，宇文述再次侃侃而谈——

公之兄弟，功名盖世，当涂用事有年矣，朝臣为足下家所屈辱者，可胜数哉！又，储后以所欲不行，每切齿于执政；公虽自结于人主，而欲危公者固亦多矣！主上一旦弃群臣，公亦何以取庇！今皇太子失爱于皇后，主上素有废黜之心，此公所知也。今若请立晋王，在贤兄之口耳。诚能因此时建大功，王必永铭骨髓，斯则去累卵之危，成太山之安也。

层层递进，步步深入，设身处地，完全是推心置腹为对方考虑，杨约能不动心？“一朝天子一朝臣”的道理谁不明白，皇帝年老，性情大变，撒手归天已是早晚之间，更何况杨素执政日久，得罪人多，甚至连现在的皇太子都得罪了?!

早就在为家族命运担心的杨约深以为然，回去后就把杨广等人的阴谋告诉杨素。杨素虽然在伐陈胜利后升任尚书右仆射，但还有个开国元勋、尚书左仆射高颎挡在前面，这对早想专擅朝政的杨素既是威胁，也是障碍，更何况高颎还是现任太子的老岳丈，若现太子真接班即位，老宰相就成了国丈，杨家一门还有活路吗？一番斟酌，杨素恍然大悟，要不是弟弟的开导启发，自己还真没想到这些呢："吾之智思殊不及此，赖汝启予。"

杨约对兄长的启发还在继续："今皇后之言，上无不用，宜因机会，早自结托，则匪唯长保荣禄，传祚子孙；又晋王倾身礼士，声名日盛，躬履节俭，有主上之风，以约料之，必能安天下。兄若迟疑，一旦有变，令太子用事，恐祸至无日矣。"

有了这样的心思，杨素便利用一切可能的机会，开始试探对皇帝颇有影响的皇后的态度，以决定是否在晋王身上投下决定自己身家性命的政治赌注。几天后，杨素正巧奉命入宫侍宴，席间他仿佛不经意地说晋王孝悌恭俭，颇似今上。对臣下不露痕迹的试探，独孤皇后的反应却是明白无误，她泣曰：

"公言是也！吾儿大孝爱，每闻至尊及我遣内使到，必迎于境首；言及违离，未尝不泣。又其新妇亦大可怜，我使婢去，常与之同寝共食。"

这说的是晋王杨广和他的王妃萧氏，对杨勇和他身边女人的评价则完全反了过来：

"岂若睍地伐（杨勇小名）与阿云对坐，终日酣宴，昵近小人，疑阻骨肉！我所以益怜阿麽（杨广小名）者，常恐其潜杀之。"

皇后态度明确，杨素自然也跟着愤慨起来，义愤填膺地斥责皇太子无才无德。

皇后见杨素跟自己看法如此一致，当场拿出黄金相送。显然是引杨素为知己，拿他当了改立太子派的中坚力量。

朝里宫中，对太子杨勇的合围之势已然形成。

龙生九子，个个不同

“前世皇王，溺于嬖幸，废立之所由生。朕傍无姬侍，五子同母，可谓真兄弟也。岂若前代多诸内宠，孽子忿净，为亡国之道邪！”

这是杨坚称帝后不久颇为自豪地对自己的臣子们说的。他说的是真的。由于杨坚对妻子忠贞不贰，不纳媵妾，别无庶子。除了成为周宣帝皇后的长女杨丽华和几个女儿外，杨坚和孤独氏一共生了杨勇、杨广、杨俊、杨秀、杨谅五个儿子。

同种同门，同父同母，身为皇帝的杨坚以为自己的大隋真的可以避免前朝历代为争皇位而闹得鸡犬不宁喋血内宫的悲剧。这是他以为的。

杨坚最初当上皇帝之后，一切都是按规矩来的：夫人被封为皇后，长子杨勇被封为太子，其他儿子也各自封王就藩。一切都显得很正常，皇帝一家也很有些和睦融洽的意思。

但龙生九子，个个不同，皇子之间的差别还是很快就显现出来了。

先说老三杨俊。他是十一岁时被封为秦王的，翌年出任河南道行台尚书令，加右武卫大将军，领兵关东。伐陈时，任山南道行军元帅，完成阻断长江上下游陈军相互联络的战略任务，后转任并州总管二十四州诸军事，颇有治绩，曾被隋文帝专门下书嘉奖。

但人总是有弱点的，尤其是天下太平却又大权在握时，你不让他奢侈享乐他还能追求什么呢？大事有朝廷管着，小事有属下料理，年轻的秦王一门心思只想风流快活，为了增加财路，他放钱收息，结果被人告发。那次朝廷追查的结果是一百多人被抓，考虑到秦王的特殊身份，皇帝并没有动他，以为敲山震虎已经足够。不想秦王不知收敛，依然故我，盛修宫室，极尽奢靡。由于他整天泡在艺妓堆里，载歌载舞风流快活，惹恼了性妒如火的王妃崔氏，一怒之下，竟在瓜中下毒，略施薄惩，让秦王卧病在床，乖乖地处在自己掌控之中。不料此事被皇帝侦知，立即将他们召回京城，下毒的王妃被废赐死，秦王被免去所兼各职，成了一个空头王爷。

秦王病中遭谴，心怀畏惧，赶快向父皇悔过认错，文帝声色俱厉严词斥责：“我戮力关塞，创兹大业，作训垂范，庶臣下守之而不失。汝为吾子，而欲败之，不知何以责汝！”

此情此景像极了一个苦哈哈挣下偌大一份家业的家长面对不争气的败家儿子，真有一种恨不能剥皮抽筋食肉寝皮的痛恨，秦王自此一病不起。曾有大臣上表请求恢复秦王官职以示抚慰，文帝坚决不许，秦王终于在开皇二十年六月病殁。

那时候文帝正在谋划改立太子之事，听说秦王病死，只略哭数声，并吩咐将秦王生前所做奢丽器物尽皆焚毁，丧事从简，以为后世成例。对于为秦王请求立碑的要求，他也是一口回绝：“欲求名，一卷史书足矣，何用碑为？若子孙不能保家，徒与人作镇石耳。”

应当承认，这话说得颇有见地，出自帝王之口就更不容易。但若是考虑到这是父亲在说儿子，又难免让人觉得冷酷无情心生凄凉。

再看老四蜀王杨秀。比秦王还要小两岁的蜀王长期镇蜀，颇事经营，也就是很尽职尽责的意思。据记载，蜀王杨秀相貌堂堂，体格魁梧，美须髯，有胆气，武艺出众，甚为朝臣所忌惮。但不知为什么，就是不为文帝夫妇所喜欢。文帝很早就对独孤皇后预言道——

“秀必以恶终。我在当无虑，至兄弟必反。”

还有一次，文帝因为蜀王用人不当，颇加责备，并公开对群臣说——

“坏我法者，必在子孙乎？譬如猛兽，物不能害，反为毛间虫所损食耳。”

堂堂皇子，就这样成了毛毛虫，足见文帝对其成见之深。常说，手心手背都是肉，怎的到了隋文帝这儿，手心肉厚、手背肉薄，竟至如此？！

蜀王杨秀最终落难于太子杨勇遭黜之后，幕后罗织罪名的是杨广，公开构造冤狱的则是隋文帝自己。就因为自己假手父皇，取太子而代之，杨广担心四弟迟早会公开反对自己，于是来了个先下手为强，让杨素罗织杨秀罪状上呈文帝。

文帝原就多疑，加之早对蜀王怀有成见，当即将蜀王召还京师，下令将其交由相关部门治罪：“顷者秦王糜费财物，我以父道训之。今秀蠹害生民，当以君道绳之。”

据《隋书》记载，蜀王杨秀是相当残暴的。“性好奢侈”不说，“尝欲取獠口以为阉人，又欲生剖死囚，取胆为药”。同时又“渐致非法，造浑天仪、司南车、记里鼓，凡所被服，拟于天子。又共妃出猎，以弹弹人，多捕山獠，以充宦者。僚佐无能谏止”。所谓山獠，是当时对居于山中的少数民族的称谓。剖活人取胆、阉山民充太监，蜀王的行状可谓人神共愤，当然很有必要严加制裁。但问题是对蜀王的如此行状，隋文帝此前不可能不知道，可他却未见管束，直到此时才摆出一副为民除害的姿态，就不能不让人觉得背后另有隐情，也就不能不怀疑杨广在里边究竟起了什么作用。

有大臣不忍心看文帝家庭惨剧愈演愈烈，出来劝道：“庶人勇既废，秦王已薨，陛下儿子无多，何至如是？然蜀王性甚耿介，今被重责，恐不自全。”

文帝勃然大怒，差点就将那人的舌头割下来，群臣谁还敢再多嘴？

一通淫威，压下群臣，文帝还又来了一句——

“当斩秀于市，以谢百姓。”

老宰相高颎其时已被罢官，蜀王之案交由第一权臣杨素等人审理，其实也就等于交由新太子杨广来操办了。

杨广一心要置四弟于死地，暗中派人制作木偶人，写上文帝与五弟汉王杨谅的名字，并缚手钉心，埋于华山之下，再让杨素前往发掘，完完全全克隆复制了一回汉武帝时江充陷害太子的伎俩，当然是罪证确凿。而且，杨素还发现了所谓出自蜀王之手的反叛檄文，檄文宣称将统帅蜀中雄兵，“指期问罪”云云。杨秀就这样被废为庶人，幽禁于内侍省。而且，文帝还派酷吏赵仲卿“奉诏往益州穷按之。秀宾客经过之处，仲卿必深文致法，州县长吏坐者太半”。一时愁云密布，冤声四起，文帝却以赵仲卿办事干练，赏奴婢五十，黄金二百两。

蜀王杨秀被长期关押，直到大隋灭亡后，被宇文化及所杀。

下边该说说老大太子杨勇了。

大隋刚一立国，杨勇就以嫡长子的身份被立为太子，“军国政事及尚书奏死罪已下，皆令勇参决之”。可见文帝夫妇最初的确是对其寄予厚望着力栽培的。杨勇也颇为好学，性情“宽仁和厚，率意任情，无矫饰之行”，对一般人而言，光明磊落率性而为，无疑是很好的优点，但在波诡云谲的朝廷高层，且身处旋涡中心，再加上有一个擅长矫情饰貌蛊惑人心的晋王杨广，杨勇显然一开始就处于下风。尽管对于国家大事，他也能以太子的身份提出很好的建议，在某种程度上弥补了文帝苛酷为政的失误。

开皇初年，文帝因为山东之地屡遭动乱，百姓多游离于农业之外，户籍不实，决定遣使检括，把他们都迁徙到北方充实边塞。杨勇体谅民情，上书进谏，一席话全说在点上——

“窃以导俗当渐，非可顿革，恋土怀旧，民之本情，波迸流离，盖不获已。”

说完百姓苦处和难处，又指出造成现状的历史原因——

有齐之末，主暗时昏，周平东夏，继以威虐，民不堪命，致有逃亡，非厌家乡，愿为羁旅。加以去年三方逆乱，赖陛下仁圣，区宇肃清，锋刃虽屏，疮痍未复。若假以数岁，沐浴皇风，逃窜之徒，自然归本。虽北夷猖獗，尝犯边烽，今城镇峻峙，所在严固，何待迁配，以致劳扰。

说真的，这的确是一篇有理有据颇显见识难能可贵的好奏章，假如隋文帝能拿着这篇文章，当面问他喜欢的老二晋王杨广一句，这种文章你写得出写不出，杨广会怎么说怎么答呢？他要答写不出，那太子就该是杨勇的；若回答写得出，那善于察言观色的杨广还能成为杨广，还能像日后那样深得父母喜欢并且越来越喜欢吗？

道理极其简单，任何大权在握的人其实打心眼里都不喜欢别人对自己的决策说三道四指手画脚，尤其当那人是高高在上一言九鼎的皇帝的时候，就更是这样。

当然，杨勇提意见的时候还是隋文帝刚坐上皇位、励精图治的开皇前期，所以他的意见还能被部分地听进去。随着时间的推移，随着杨广在文帝夫妇心中地位的扶摇直上，不善于阿谀奉承溜须拍马的杨勇也就自然在父母心中黯然失色。

杨广处心积虑咄咄逼人，太子杨勇却未见警觉，依然率性而为纵情声色授人以柄。他明知母后独孤氏痛恨男人宠爱姬妾，却非要明目张胆地广纳美姬，还不到三十岁，女儿不算，光儿子就生了十个，且分别出自五六个女人，却唯独没有和父母为他张罗迎娶的名正言顺的太子妃元氏生下一男半女。单就这一点，和一辈子只生了四个儿子的老二杨广相比，太子就显然是只能让人摇头叹息了。更让杨勇大丢其分的还在于，出自北魏宗室的元妃门第十分高贵，单这一点文帝就要高看她一眼，再加上元妃和独孤皇后同属胡族后裔，婆媳关系十分融洽。对这么一个令公婆非常满意的媳妇提不起半点兴趣，这不是公然与父母作对又是什么?！还有，你再看看，贵为皇太子的他竟然将“在外私合而生”的云氏纳为姬妾，两人生子，还居然成了皇家的长房长孙，按立嫡以长的原则，那岂不是说，有朝一日，大隋的皇位将落入他人之手?！

如此家长里短，难道也能成为太子被废之由来？不是笔者信口开河信马由缰，事情还果真就是这样发展的，无奈之余，要怪也只能怪杨勇自己不知检点授人以柄了。

隋文帝开皇十一年，深得文帝夫妇喜欢却偏让太子看不上眼的皇太子妃元氏突然因心脏病发作而暴亡。文帝与独孤皇后都怀疑是杨勇做了手脚，不管杨勇如何解释，仍对其严加谴责。眼看着父皇母后都对元氏之死深表悲痛，杨勇却还不知收敛，反倒以为这下总算可以将自己最喜欢的那个叫阿云的女人扶上正妻之位了。此举更是惹得文帝夫妇大为恼火，于是对元氏的葬礼大加铺张，并专门与大臣们一起在文思殿举哀，显然是有意要给太子一个大大的难堪。而太子最终能否平安即位承嗣，也就成了画在所有人心中的一个大大的问号……

机会真的只是为那些早有准备的人准备的。早就在暗中算计的杨广明白太子已经失爱于父皇母后，便立刻抓住时机朝见母后，为的就是火上浇油，话里话外的意思只有一个，太子既然能对太子妃下手，恐怕对我这个当弟弟的也不会太客气。他的原话是这样的——

“臣性识愚下，常守平生昆弟之意，不知何罪，失爱东宫，恒蓄盛怒，欲加屠陷。每恐谗谮生于投杼，鸩毒遇于杯勺，是用勤忧积念，惧履危亡。”

一番话凄楚悲惨，好像他真是柔弱无力，只能任人宰割，随时都有可能死于太子之手。

早就对太子满腹怨怒的独孤皇后见老二受了如此大的委屈，忍不住对太子一番数落。越说越气的独孤氏到底袒露了最让自己寝食难安的忧虑：

“每思东宫竟无正嫡，至尊千秋万岁之后，遣汝等兄弟向阿云儿前再拜问讯，此是几许苦痛邪！”

那次谈话是在母子的抱头痛哭中结束的。

早在那样哭着的时候，后来的隋炀帝杨广就明白了：大事定矣！

皇天后土

灯下读史，每每有一种让人忍俊不禁乐不可支的感想，那就是别管历朝历代的御用文人如何给历朝历代的皇帝涂脂抹粉文过饰非，但人就是人，人都是人，除了那袭用各种手段得来的龙袍之外，他们也有那些叫张三李四王五赵六的普通百姓身上的各种缺点毛病、弱点特点。

把父皇母后当成能给自己带来一切的皇天后土，因而极尽巴结讨好之能事并最终大获成功的杨广就是这样。

给了杨广生命也给了杨广最想要的皇位的隋文帝杨坚也是这样。

在某种意义上，隋文帝杨坚可以说是靠着老婆独孤家族的势力才发迹起家的。

哪怕是成了大隋王朝的开国皇帝之后，杨坚也没忘了自己之所以能有今天，是和独孤家族密不可分的：父亲杨忠是追随独孤之父独孤信起家的，也就是说，没有老独孤信，就不可能有老杨忠，也就不可能有自己的今天。他当然没有理由不对自己出身贵族的夫人感恩戴德心存畏惧。

父辈情深，儿女相得，也算得上是珠联璧合。当年结婚的时候，两人还只是一对十几岁的少男少女。新婚之夜，杨坚曾对着老婆发过誓：这辈子决不和别的女人生孩子！也就是决不纳妾的意思。

那时候的杨坚没想到自己后来会当皇帝。

当了皇帝的杨坚后来对此懊恼不已却又无能为力。

虽然，按惯例，皇帝应有妃嫔姬妾，但当了皇后的独孤氏的妒忌之心非但未见收敛，反而愈发变本加厉，以致数十名嫔妃深居后宫，“莫敢进御”，竟是难见天日。

和当初劝丈夫篡周自立时所起的无与伦比的作用一样，在改立杨广为太子的事情上，独孤皇后也起到了非同小可一言九鼎的作用。

由于从隋朝草创到逐步强大的过程中，独孤皇后倾注了她毕生的精力与心血，堪称是一位见识不凡的贤德女主，所以杨坚对她又爱又怕“甚宠惮之”，说是言听计从也并不过分。

杨坚每次上朝，她必定与之相携同行，但又至殿阁而止，从不越雷池一步。有时，她也会让自己身边的宦官至朝堂听文帝杨坚处理政务，“政有所失，随则匡正，多所弘益”。待文帝退朝时，她又会在殿前迎接，同回后宫，同桌进餐，同床共枕。一帝一后，相对欣然，自然少不了谈及政事，而且意见往往相合，以致宫中将两人合称为“二圣”。（后来大名鼎鼎的武则天和李治也被大唐朝野合称为“二圣”，是不是后人对前辈的一次照猫画虎呢？）

当然，独孤皇后对权力和政治的热衷既不像后来的武则天，也不像从前的刘邦的老婆吕雉，独孤皇后对朝政的干预一般都是点到为止——前提是千万不能触犯皇后心中那根最不能触动的底线：女色！

出于女人皆有的嫉妒心理，独孤皇后一直对隋文帝杨坚看得很紧。为了防止杨坚见色起意，皇后甚至连宫女也都尽量选择那些又老又丑的。正当盛壮之年的皇帝身处皇宫却只能终日陪着一个老婆，想想也真是难为了他。

把老公管得如此之严还不够，皇后还深恶大臣纳妾，凡诸王及朝臣纳妾而有孕者，独孤皇后都要劝文帝斥退。

有过这样一件事：雍州长史厍狄士文的堂妹长得美貌动人，年纪很小就被北齐后主收入宫中为嫔，北齐亡后被赐予薛国公长孙览为妾。长孙览得此佳人，自然是呵护有加，天长日久，正妻郑氏反倒被冷落了。气恨交集却又无可奈何的郑氏求助皇后，状告丈夫纳妾并宠爱小老婆。独孤皇后果然下令命长孙览与厍狄氏离绝，不准往来。厍狄氏后来又被应州刺史唐君明礼聘为妻，唐刺史此时正在母丧期间，因此被御史弹劾，这次倒霉的除了两个当事人外，还有厍狄氏的堂哥厍狄士文，他也被免了官职。独孤皇后妒及臣子，后人称之为“奇妒”。她对朝政的影响，由此也可见一斑。

皇后性妒如此，一般人也就咬咬耳朵，发发牢骚罢了，毕竟，不让纳妾又不是不让娶妻，和头上的官帽比起来，孰轻孰重人们还是能拎得清的。而对那些别有用心的人来说，皇后的性格弱点则无疑是给他们提供了可以大显身手的舞台。

早就瞄准皇位，一心想要争宠夺嫡取太子之位而代之的晋王杨广就是这样做的。

既知母后“性忌妾媵”，父皇又好尚节俭，别有用心的杨广更加矫饰，一门心思只想博取父母的欢心。父皇只与母后相居，杨广表面上也就只与正妻萧氏居处，为了欺蒙父母，杨广对非正妻萧妃所生子女都悄悄弄死，以表示自己绝无私宠。父皇宫中宫女大多老丑，杨广身边的侍女也只用又老又丑的。而且，他还让那些又老又丑的侍女穿着没有绣花边的粗布衣服，贵为藩王，他屋内的屏帐甚至也不是色彩艳丽的绫罗绸缎，而是一般的粗布。虽然封国远在江都，但杨广从不放过任何博取父母欢心的机会。凡是父母派到江都来的使者，不论贵贱，杨广都与萧妃迎门接引，来时有接风宴，走时还有厚礼相赠，甚至就连奴仆也受到超规格的礼遇。如此这般，那些人回到宫中，怎能不在皇帝和皇后那里为杨广大唱颂歌呢?

杨广为夺嫡所下的功夫当然不只是这些，但就这些也可说明杨广为了扳倒太子下的是何等的功夫。众口铄金，有口皆碑，加之杨广又用的是阿谀奉承水滴石穿的慢功夫，久而久之，可不就成了大隋王朝上空冉冉升起的一颗耀人眼目的政治明星吗?

杨广的日子越滋润，太子的日子就越不好过。为了自保，杨勇一反过去奢侈靡费的生活习性，在府邸后花园建造了一个房屋低矮、简陋的庶人村，自己布衣草席，居住其中，以期能挽回点印象分。但此举并无成效，隋文帝不仅将东宫属官中有才能者统统调走，而且削弱东宫警卫，只留下些老弱供杨勇驱使；同时安排“候人”——也就是特务，严密监视杨勇的举动，又以图谋不轨的罪名杀了太子的千牛备身刘居士，大有咄咄逼人之势。

只是由于太子身为储君，废立之事牵扯甚广，除了暗中做些准备之外，隋文帝还不好有太过明显的动作。终于在开皇十九年的一天，文帝问大隋开国元勋、尚书左仆射高颎：“有神告晋王妃，言王必有天下，若之何？”

这已经是明目张胆地要另行废立了。老宰相立刻长跪于地，语气坚决地回答：“长幼有序，其可废乎！”

老宰相在朝中威望极高，坚持嫡长子继承制也是在捍卫礼仪法统，隋文帝只得默默而退。

高宰相此举无疑将自己置于皇后和许多帮杨广说话的人的对立面，所幸隋文帝那时对老宰相还是信任有加，独孤皇后等人尽管恨到牙痒，却也一时无从置喙。

隋文帝对独孤皇后当然是一往情深的，但再怎么说，他也是男人，而且是个当了多年皇帝的老男人，让他整日守着那个日渐衰老的皇后，难免有点索然无味。恰在此时，文帝在自己的皇家别墅仁寿宫无意间碰见一个风姿绰约楚楚动人的宫女，忍不住春心荡漾，“老夫聊发少年狂”。完事之后，还将她安排于别室，显然是要慢慢消受的意思。

人逢喜事精神爽，隋文帝那几天颇有些晚霞漫天意气风发不让朝阳的风采。面对突然间换了个人似的老公，独孤氏大感蹊跷，好在后宫原本就是她的天下，略一打探，那个诱惑了皇帝的小狐狸精就让她给揪了出来。皇后当然不好和皇帝老公撒泼大闹，但背着皇帝整死那小狐狸精不也是小菜一碟？罢朝回宫的皇帝兴冲冲地又要重温好梦，却发现美人早已香消玉殒。他当然知道是谁干的，可知道了的他又不能拿皇后怎么样。欲哭无泪，气恼交加的隋文帝窝了一肚子火，恰好有太监牵马路过，他就抓来骑上，一路狂奔出宫而去。接到宦官报告的高颎和杨素等闻讯大惊，急忙骑马追撵，终于在二十多里外的荒山沟谷间拦住了皇帝的马，苦苦哀求皇帝息怒回宫。文帝这才忍不住仰天长叹——

“吾贵为天子，不得自由！”

两位老臣左劝右劝，无非都是些天下国家的大说辞。事情是由皇帝春心不已、皇后争风吃醋引起的，高宰相便也直言不讳：“陛下岂以一妇人而轻天下！”

后来的结局就是帝后和好如初。这当然只是表面现象，经此桃色事件的打击之后，本已年老色衰的独孤氏深受刺激，越发显得衰老憔悴。人还在心不死的文帝下一次的春心荡漾是在独孤氏驾鹤归天之后了。史书记载，独孤皇后逝世之后，得到解放的隋文帝最为宠爱的是宣华夫人陈氏和容华夫人蔡氏。

那次事件还导致了一个结果，那就是皇后对老宰相高颎更加怀恨在心。高颎原是她家门客，因为人品才干出色和忠心耿耿，被她推荐给文帝，终于成了朝中重臣。可就是这个自己一手提拔起来的家伙，竟敢在背后极其无理地称自己为“妇人”，是可忍孰不可忍？而且，明知我们“二圣”都不喜欢太子杨勇，有意黜之，他还不识好歹大唱反调，我倒要让他见识见识我这个“妇人”的厉害。

机会很快就来了。

就像老宰相曾是皇帝最信任、最倚重的大臣一样，老宰相的元配正妻贺拔氏也是皇后的密友。贺拔氏生病时，皇后曾亲派左右宦官前往慰问，贺拔氏病故后，独孤皇后对文帝说：

“高仆射老矣，而丧夫人，陛下何能不为之娶！”

对皇后言听计从的皇帝便把皇后的意思告诉了老宰相，老宰相婉言谢绝：

“臣今已老，退朝，唯斋居读佛经而已，虽陛下垂哀之深！至于纳室，非臣所愿。”文帝也就作罢。不久，老宰相的爱妾生子，文帝闻讯致以祝贺，独孤皇后却说：“陛下尚复信高颎邪？始，陛下欲为颎娶，颎心存爱妾，面欺陛下。今其诈已见，安得信之！”

不能信那就不信了，老宰相至此开始被皇帝猜疑并渐渐疏远。

再后来又是所谓将军王世积谋反案牵扯到老宰相。高颎眼看人头不保，倒是隋文帝自己也觉牵强，加之几年来大案连连，为顾及自己的名声，才免其一死，除名为民。

老宰相的下台为杨广夺嫡搬走了最后一块绊脚石，也标志着一个时代的终结。

二十多年后，唐太宗如此评价这段历史：“高颎有经国大才，为隋文帝赞成霸业，知国政者二十余载，天下赖以安宁。文帝惟妇言是听，特令摈斥。及为炀帝所杀，刑政由是衰坏。……隋文既混淆嫡庶，竟祸及其身，社稷寻亦覆败。古人云‘世乱则谗胜’，诚非妄言。”

唐太宗的评价自有其道理。只是，他自己恐怕也没有料到，说别人容易，真的事到临头，自己也成了别人的话柄。当然，这是以后了，以后的事以后再说。

杨勇被废，杨广功成

那是开皇二十年九月下旬的一天。

已在京师附近的扶风郡普润县避暑之地仁寿宫休养了不少日子的隋文帝突然如临大敌般回到京城大兴。一路上戒备森严，警卫重重不说，晚上睡觉也因为害怕意外，又从前殿搬到后殿，似乎在百倍警惕地防范着什么。

原来是高颎被罢免之后，“贵宠擅权，百僚震慑”，其势如日在中天的杨素加紧了和杨广等人的谋划，“舞文巧诋，锻炼成狱”，已使太子陷入百口莫辩之地；杨广还同时命令心腹段达私下贿赂杨勇的东宫幸臣姬威，让姬威监视太子，太子的一举一动都要向杨素密告，眼见时机成熟，更是直接胁迫姬威上书，诬告太子图谋不轨。

因为是密告加诬告，所以文帝自己紧张万分神经兮兮，好容易挨到天亮上朝，面对群臣张口就问：“我新还京师，应开怀欢乐；不知何意翻邑然愁苦！”

他的用意是要让群臣揭发太子谋反的罪状，但臣下不解，面面相觑，吏部尚书牛弘回奏：“臣等不称职，故至尊忧劳。”

这个回答文不对题，简直就是风马牛不相及，隋文帝马上拉下脸来，对着东宫属官先是一番斥责——

“仁寿宫去此不远，而令我每还京师，严备仗卫，如入敌国。我为下利,不解衣卧。昨夜欲近厕,故在后房恐有警急,还移就前殿,岂非尔辈欲坏我家国邪！”

然后喝令将太子左庶子唐令则等数人拘押付审，并让杨素当庭宣布东宫罪状。

杨素早有准备，自然不慌不忙，侃侃而谈，先说前年自己奉诏回京，令皇太子查核刘居士余党，而太子却“作色奋厉，骨肉飞腾”——也就是五官都气到变形挪位，而且还公然叫嚷说什么“居士党尽伏法，遣我何处穷讨！尔作右仆射，委寄不轻，自检校之，何关我事！”——这是抗旨不遵吧？杨素义愤填膺，又揭发说太子还拿当初北周禅让说事儿——“昔大事不遂，我先被诛。今作天子，竟乃令我不如诸弟。一事以上，不得自遂！”

如此大逆不道之言，自然让文帝火冒三丈，满朝大臣也都屏息凝神诚惶诚恐。

再也按捺不住的隋文帝终于说出了他早就想说的话：“此儿不堪承嗣久矣，皇后恒劝我废之。我以布衣时所生，地复居长，望其渐改，隐忍至今。”

桩桩件件，老皇帝越说越激动，从杨勇曾指着皇后身边侍女说这些都是他的女人，说到其心狠手辣毒死元妃，自己身为君父，对此稍加责怪，杨勇就咬牙切齿说要杀了元妃之父，这还不明摆着是无法加害于我只能迁怒于人吗?！说完元妃，自然要提到云氏，隋文帝当着满朝大臣的面，不顾国君人父的气度，公然宣称说自己怀疑杨勇与云氏所生长子杨俨恐非杨家血脉，皇家血统高贵无比，事关国家天下，岂容他人染指？最后，隋文帝郑重宣布——

“我虽德惭尧、舜，终不以万姓付不肖子！我恒畏其加害，如防大敌；今欲废之以安天下！”

皇帝与第一权臣一唱一和，满朝文武只有耳朵没有嘴，谁也不敢再说什么。

只有左卫大将军元旻挺身而出：“废立大事，诏旨若行，后悔无及。谗言罔极，惟陛下察之。”

继元旻之后，那天还有太子洗马李纲出来说了两句公道话：“今日之事，乃陛下过，非太子罪也。太子才非常品，性本常人，得贤明之士辅之，足嗣皇业，奈何使弦歌鹰犬之徒日在其侧？乃陛下训导之不足，岂太子罪耶？”

子不教，父之过，李纲的话的确是有道理的。不教而诛自然人心难服，但隋文帝已经什么都听不进去了——甚至几天之后文林郎杨孝政上书劝谏，却被文帝怒挞其胸——当时的文帝只是令早被杨广收买的姬威出来揭发，并鼓励姬威：“太子事迹，宜皆尽言。”

姬威应声而出，前面的内容无非就是杨勇大兴土木，不听劝谏，还扬言要杀秉公执法的朝官等。最后，姬威再爆猛料，揭发太子目无皇帝，对皇帝厌恶自己广置侧庶姬妾大为不满，经常发牢骚说什么高纬、陈叔宝都是嫡出，不也同样都是亡国之君吗？而且，太子还迫不及待想要抢班夺权，曾让女巫占卜，妄称皇帝的忌日快要到了，巴不得皇帝早死……

《隋书》记载，听到这里，文帝潸然泪下，感慨万分地说：“谁非父母生，乃至于此！……朕近览《齐书》，见高欢纵其儿子，不胜忿愤，安可效尤邪！”

言罢下令，将太子勇及其诸子一并禁锢，逮捕东宫属官，交由杨素严加审讯。

还应当补充的是，得罪了杨素的大隋名将史万岁就是那天被活活打死的。

杨素为了彻底将太子扳倒，也为了给那些同情太子的人看看颜色，很快就安排人诬陷元旻“曲事于勇，情存附托”，暗中勾结太子，密报皇帝行止，意在不轨。右卫大将军元胄当时该下值，怕元旻在皇帝面前辩诬，故意逗留不去，并诡称自己不下值是“为防元旻”，怕他发动左卫兵叛乱。文帝更被激怒，当即下令处死元旻。为表彰元胄，还赐他锦帛千匹。

太子被捕，东宫也被翻了个底朝天，查出“火燧”数千。此物既然可以来照明，当然也可以用于夜间行军打仗；另外，东宫藏药局还储存有好几斛引火用的艾绒，也被一并搜出，太子欲行不轨的嫌疑好像更大了。其实，那是前不久杨勇从仁寿宫请安回府，在路上偶然看见一棵很大的枯槐，遂听了卫士所说，让人做成火燧，准备分给左右使用。这些情况姬威知道得一清二楚，但卖主求荣的姬威唯恐太子不死，于是捏造事实，把火燧、艾绒与东宫有马千匹的事扯在一起，说是杨勇图谋围困仁寿宫的物证。

还有杨素从东宫找出的带有雕刻镂画的服饰玩器，也一并被作为罪证陈列庭中，命文武百官前往参观。

事已至此，哪怕浑身上下有一千张嘴，太子杨勇也辩解不清了。

到了十月九日，隋文帝派人传唤杨勇，是到了最后亮底摊牌的时候了。

皇宫武德殿甲兵布列，百官肃立于东，宗室肃立于西，隋文帝一身戎装，威风凛凛端坐正中，令人将杨勇及其诸子带入殿庭排列，由内史侍郎薛道衡宣读废皇太子诏书——

太子之位，实为国本，苟非其人，不可虚立。自古储副，或有不才，长恶不悛，仍令守器，皆由情溺宠爱，失于至理，致使宗社倾亡，苍生涂地。由此言之，天下安危，系乎上嗣，大业传世，岂不重哉！皇太子勇，地则居长，情所钟爱，初登大位，即建春宫，冀德业日新，隆兹负荷。而性识庸暗，仁孝无闻，昵近小人，委任奸佞，前后愆衅，难以具纪。但百姓者，天之百姓，朕恭天命，属当安育，虽欲爱子，实畏上灵，岂敢以不肖之子，而乱天下。勇及其男女为王、公主者，并可废为庶人。顾惟兆庶，事不获已，兴言及此，良深愧叹！

杨勇和他的儿女就这样被废为庶人，从高高在上的皇亲贵胄成了平民百姓。而且他还得拜谢父皇不杀之恩。也许是觉得冤屈，也许是觉得窝囊，也许真是被吓坏了，杨勇泪流满面，泪湿衣襟，按着当时的礼仪，跪拜谢恩舞蹈离去。

杨勇等人退下之后，隋文帝再颁诏书，宣称——

“自古以来，朝危国乱，皆邪臣佞媚，凶党扇惑，致使祸及宗社，毒流兆庶。若不标明典宪，何以肃清天下！”

于是就大开杀戒大杀所谓太子邪党——

太子左庶子唐令则、太子家令邹文腾等七人被推为罪魁祸首，处斩刑，妻妾子孙皆悉没官；

车骑将军阎毗、东郡公崔君绰等四人“皆是悖恶”，特赦免死，决杖一百，自身及妻子的资财、田产、宅院统统没官；

副将作大匠高龙义、率更令晋文建、通直散骑侍郎元衡皆令自尽。

至于其他受到牵连被罢官、降职的就更是难以计数。

被废为庶人的杨勇则由东宫迁居内史省，领五品官员俸禄，被软禁起来。后又被交由新太子杨广看管。

杨广被正式册立为太子是在当年的十一月初三。

尽管已经成了大隋王朝的储君，杨广也并没有得意忘形，为了显示自己的节俭，他特地向父皇请求，免穿太子礼服，东宫属官不对太子自称为臣。

隋文帝自然是欣然应允。

翌年正月初一，隋文帝下令改元“仁寿”，大赦天下。

一场危机似乎就这么过去了。

但真正的有识之士不这么认为，监察御史房彦谦早在废太子事件之前就偷偷对其密友说：“主上性多忌克，不纳谏争。太子卑弱，诸王擅威，在朝唯行苛酷之政，未施弘大之体。天下虽安，方忧危乱。”他的儿子，即后来在唐太宗李世民手下官至左仆射、成为贞观名臣的房玄龄更是语出惊人，告诉自己的父亲——

“主上本无功德，以诈取天下，诸子皆骄奢不仁，必自相诛夷，今虽承平，其亡可翘足待。”

大唐太子李建成

说了大隋王朝的太子废立，让我们再来看看大唐王朝的情形。

听过一种说法，说是历史和人一样，不能两次踏进同一条河流。笔者读书不多，又不求甚解，粗略理解这里边的意义主要在于区分时间，哪怕就是同一条河的同一个地段，人也是同一个人，但就在你过河的同时，你所蹚过的那条河就从你脚下流走了，所以你不能两次踏进同一条河流，所以才有了孔夫子临河而立千年不绝的慨叹——

“逝者如斯夫！不舍昼夜。”

时间就是这样诞生的。历史也就这样诞生了。

紧随大隋王朝之后建立的大唐王朝在某种程度上，其实就是大隋历史的延伸和继续，尤其是在一些并非无关紧要的问题上，就更是如此。

例如，对后世产生了深远影响的《唐律》。

例如，同样影响了后世上千年的科举制。

例如，李世民和李建成之间围绕储君之位的明争暗斗，是对大隋王朝在同样问题上的复制，也就活像是一个人不可思议地两次同时踏进了同一条河流。

首先要说的当然是大唐王朝名正言顺的太子李建成。

唐高祖李渊共有二十二个儿子，但为窦皇后（也称太穆皇后）所生的只有长子李建成、次子李世民、三子李玄霸和四子李元吉。其他十八个儿子都是别的嫔妃所生。尽管窦氏去世时李渊还没有当上皇帝，但窦氏的正妻地位是不可摇撼的。根据差不多已成铁则的“立嫡以长不以贤，立子以贵不以长”的原则，李建成当之无愧是李唐王朝的第一继承人。由于李玄霸早死，接下来的排位顺序是李世民、李元吉。

可偏偏就是这个铁板钉钉的没跑的大唐第一代太子不但没当稳储君，还连自己和四弟李元吉以及儿子们的脑袋也一并让人给砍了，而那个人偏偏就是他一母同胞的亲二弟李世民！

砍了李建成和李元吉脑袋的李世民还同时砍掉了本该留在历史中的许多记录，以至于建成、元吉两人在太原起兵前的行状竟是无处寻觅。显然，要不是起兵后的李建成和李元吉做了许多事情，实在是不能不说，否则便无法自圆其说，依着李世民的本意，他会让自己的兄弟干脆来个人间蒸发，就像压根就没有过他们一样——要是真能如愿，尉迟敬德和秦叔宝这两个门神当然也就无从说起了。

但玄武门血案毕竟还是发生了，那我们就还得说。

据说李建成比李世民大十岁，也就是说，在兵荒马乱的大隋大业末年，当李渊带着十九岁的李世民前往山西就任太原留守时，被留在河东看家的李建成已经快三十岁，当然可以独当一面了。可李渊为什么不带上比李世民还小得多的老四李元吉呢？

《新唐书》有载：“初，元吉生，太穆皇后恶其貌，不举，侍媪陈善意私乳之。”

这让人不得不想起隋文帝和他的独孤皇后。不就是因为她不喜欢老大、只喜欢老二，不断给隋文帝大吹枕头风，结果导致大隋王朝换了太子亡了国，连李世民也批评隋文帝“惟妇言是听”的吗？现在，又有了个不被大唐国母所喜的皇子，好在国母那时还不是国母，而老三也不是老大，但就因为李渊与其妻窦氏颇为恩爱，窦氏对李渊的起步发迹也大有帮助，就像现在人们爱说的那样——一个成功的男性背后，肯定有一个伟大的女性——那么，肯定的，窦氏不喜欢的儿子，李渊也不可能喜欢。就因为不喜欢元吉的长相，窦氏就连奶也不肯给他喂，要不是李府帮工的陈姓老妈子心地善良，李元吉只怕那时就呜呼哀哉了吧？

那一年同时被留在河东的，还有万氏（后被封为贵妃）所生的老五智云。老五不是嫡出，不为李渊所喜就更是极其正常的事了。

终于决定起兵了，李渊派人召李建成、李元吉赶赴太原，兄弟两人居然把时年十四岁的智云丢在河东不管不顾，结果智云被逮，押解长安后被隋将阴世师所杀。奇怪的是，兵马未动就先丢了个儿子，倒未见李渊发火，李建成和李元吉也未见受到什么责怪。也许，当初太原赴任只带老二不带别人，就是出于偏爱？也许，在李渊那里，除了老二李世民才堪大用外，以老大李建成为首的其他兄弟都属于帮忙勉强、帮闲凑合的可有可无的人物？这样说话有些刻薄，那就让我们换种说法，除了老二，别人无论是谁都用着不顺手、不舒服、不痛快！这当然只是我们的揣测推断，并不影响当时的现实与事实。

事实是，一旦起兵造反，那就无异于虎口拔牙，打虎亲兄弟，上阵父子兵，平日居家时的诸种龃龉都成了鸡零狗碎鸡毛蒜皮，只有父子同心同舟共济才是中心的中心，重点的重点，一切的一切。

事实也果然如此：自晋阳起兵至攻克长安，李建成的战功几乎与李世民一样。作为父亲的李渊对老大、老二的任用也完全是按照通常的伦理原则，也就是兄在前而弟在后，没有职务的时候，两人都没有职务——所以有段时间军中以大郎和二郎称呼他们。

兄弟俩联手并肩打的第一仗是攻取西河之役。那实际上是李氏父子起事后的开山亮相之作，意义自然非同小可。临出征前，李渊是这样告诫兄弟二人的——

“尔等少年，未之更事。先以此郡，观尔所为，人具尔瞻，咸宜勉力。”

兄弟俩异口同声，回答得铿锵有力：

“儿等早蒙弘训，禀教义方，奉以周旋，不敢失坠。家国之事，忠孝在焉。故从严令，事须称旨。如或有违，请先军法。”

首战大捷，如同吃了定心丸的李渊更加坚定了攻取关中的信心，这才建大将军府，以李建成为陇西公、左领军大都督，以李世民为敦煌公、右领军大将军。当时的规制是，左为上为尊、右为下为卑。

后来是霍邑之战，两人依然是难分高下。

再后是西渡黄河，分兵两路：一路由李建成、刘文静等率军数万，屯永丰仓、守潼关，防备东方之敌；另一路由李世民、刘弘基等率军数万，从渭水以北向西发展。

差别好像就是从此开始的：李建成要防备的东方之敌分别是河东的隋军屈突通和正在中原一带混战的瓦岗军与王世充。屈突通当时自顾不暇，无力西进，而瓦岗军和王世充又无意西进，所以李建成尽管责任不轻，却无法施展，也就失去了一次发展势力、罗织人才、扩大影响的大好时机。与此同时，李世民却由渭北而西又渡渭而南，沿途会合了平阳公主、李神通等部，大大扩充了队伍实力，屯兵阿城时部众已达十三万之多。后来，李建成也到达长安城外，屯兵于长乐宫，但队伍并没有扩大多少。

有论者说这是李渊的有意安排。

但李建成几乎是立刻就扳回一局。

长安攻坚之战，李建成部负责从东、南两面攻城，李世民部负责西、北两面。最后还是李建成所部军头雷永吉等从皇城东门的景风门附近率先突破，攻入城内，夺得首功，也显示了李建成并不输于李世民的指挥才能。

占领长安之后，李渊成了唐王，李建成成为世子，也就是法定的接班人。李渊日后称帝，李建成也将顺理成章地成为太子。

《旧唐书》说：李渊为唐王时，“世子建成为抚宁大将军、东讨元帅，太宗为副，总兵七万，徇地东都”。

《资治通鉴》载：“唐王以世子建成为左元帅，秦公世民为右元帅，督诸军十余万人救东都。”

两者虽有差异，但所记载的内容无可争辩：两者旗鼓相当，建成略高于世民。

后来就是李世民南征北战东西杀伐威名赫赫，但也有马失前蹄举措不当以致功亏一篑事倍功半的教训，例如刘黑闼的卷土重来。

那次残局是李建成出面收拾的，虽然初衷只是制造政绩、捞取资本，与李世民一决高下，但那一仗软硬兼施文武兼备，不仅平定了叛乱，也收取了人心，显然又比李世民技高一筹。不仅如此，那一次山东之行还让李建成培植了一批自己的势力，例如隋末自称幽州总管的罗艺和后来的幽州大都督庐江王李瑗。还有更重要的，那就是与四弟李元吉结成政治联盟，以共同对付日渐崛起令人不安的李世民。

新、旧《唐书》以及《资治通鉴》中有关于李建成无德无才的描述，“建成残忍，岂主鬯之才”“资简弛，不治常检，荒色嗜酒，畋猎无度，所从皆博徒大侠”“建成、元吉，实为二凶”等，实为不实之词，此节其实是在替大唐太子李建成辩诬。

功高难赏的李世民

“功高难赏”云云最早的出处是李世民自己。《旧唐书》记载他的原话是这样的——

“武德六年以后，太上皇有废立之心而不之定也，我当此日，不为兄弟所容，实有功高不赏之惧。”

根据我们前边的经验，所谓“废立”之说，十有八九是自我辩护，所谓“功高不赏”也不是实情，准确的说法应该是“功高难赏”，你总不能让皇帝把自己座下的龙椅让给你——哪怕那个人是你亲老子吧？道理反过来也一样，其实简单到不能再简单，要说李世民自己连这一点都不明白，可能吗？

武德四年七月，平定了王世充、窦建德，取下洛阳之后，李世民前呼后拥旌旗蔽日班师回朝，那种超规格的仪式其实就是一种奖赏。而且，就在那年十月，唐高祖李渊就“以自古旧官不称殊功，乃别表徽号，用旌勋德”的理由，特置“天策上将、陕东道大行台，位在王公上”。既然是因人设岗，这个天策上将自然就非李世民莫属，而且还领司徒、陕东道大行台尚书令，增邑二万户，仍开天策府，置官署，甚至还特批李世民可以自己设炉制钱——用现在的话说，就是可以自己发行钞票——这清楚地表明，除了经济上的巨大好处之外，李世民享受的政治待遇也远在一般王公大臣之上，只低于皇帝和太子。

后来更有让李世民东去洛阳，“自陕以东皆王之。仍命汝建天子旌旗，如汉梁孝王故事”的举措。所谓“梁孝王故事”，是西汉景帝加封在平定七国之乱中立有大功的梁孝王之事。但梁王和景帝是兄弟，且很得当时还在世的母亲窦太后喜欢。李渊如此效仿前人，大概是想要个心理平衡，也是要让功高盖世的儿子不要再七想八想。

但是已经晚了，李世民并不满足。这没办法，从来都是屁股决定脑袋，到了那个份上，尤其是有些从前看来高不可攀遥不可及的东西，现在只是唾手可得的时候，谁还能如老僧入定心如止水波澜不惊呢？

李世民的天策府里设有长史、司马、录事、记室、参军等官职，实际上就是他的军事参谋机构。除了尉迟敬德、秦叔宝等武将功臣外，李世民还以“海内浸平”为由，收罗四方文士，以“锐意经籍”“讨论文典”的名义收拢了著名的“十八学士”，组成了政治上的思想库、智囊团和咨询局。而且，他所罗致的这些人，不管是武将还是文士，对他都唯命是从竭死尽忠，甚至到了只知有秦王，不知有皇帝，秦王的指示能得到迅速贯彻，而高祖的诏敕反倒可以置之不理的程度。

这样的秦王和天策上将难道能不让人心存疑虑乃至担心担忧心惊胆战吗?!

“秦王恃有大勋，不服居太子之下。”大臣封德彝一针见血地这样说。“此儿典兵既久，在外专制，为读书汉所教，非复我昔日子也。”李渊面对自己的亲信颇为无奈地慨叹。但李世民的今非昔比，哪里只是文学馆那些文士教导的功劳呢?

据载，早在文学馆还没有公然亮出旗帜，也就是还在平定王世充的时候，李世民就和秦王府记室房玄龄微服私访了一个能掐会算的道士。那道士在不知来人是谁的情况下，张口就问:“此中有圣人，得非秦王乎?”

李世民据实以告。

道士又说:“方作太平天子，愿自惜也。”

李世民听了以后，念念不忘，牢记在心，“眷言风范，无忘寤寐”，就是梦里也在惦记着！记载了这件事的《旧唐书》作者本意是想说李世民当天子乃是天命，但如此直言不讳，不是也把李世民躁动不安的夺嫡之心告诉了人们吗?

李世民咄咄逼人，直接感受到威胁的不是别人，正是大唐太子李建成。

早在开国建号不久，李建成其实就已经感受到了来自秦王李世民的越来越大、越来越现实的威胁。为了对付这种威胁，就要剪除秦王日渐丰满的羽翼，刘文静首当其冲。

刘文静是秦王李世民的心腹，同时还是大唐开国初年只有裴寂可比的最大功臣。李渊晋阳举兵之时，刘文静是晋阳令，掌管民政，裴寂则为晋阳宫监，掌管财物，两人既是患难朋友，同时又都是晋阳举兵时发挥了巨大作用的人物。尤其刘文静，曾出使突厥，功莫大焉。到长安后论功行赏，两人获得的赏赐比其他人都重，都赐予了恕二死的特权。但也正是从进入长安开始，李渊对二人显得不那么一碗水端平了：裴寂除了做大丞相府长史，进封魏国公外，还赐给良田一千顷和一片上等宅院，并给食邑三千户；刘文静却只是转成大丞相府司马，封鲁国公，不见有什么额外的赏赐。

后来的差距更是越拉越大。大唐建国后，裴寂成了尚书右仆射，也就是领班宰相。而且皇帝还跟他亲密无间，不仅经常宣他一同进餐，而且还每天派人送御膳给他。裴寂打了败仗，皇帝也只是轻描淡写地数落几句，亲近程度丝毫不减。

但对刘文静就不一样了，建国后刘文静当的是门下省纳言，虽然也是三省宰相之一，但品级比裴寂低不说，实权也比裴寂小。后来又被派到李世民的西讨元帅府做长史，再加上代李世民指挥作战失利，被削官除名，直到后来和李世民一起平定了薛举势力后才恢复了爵位，却远离了权力中枢，地位更是不能再和裴寂相提并论。刘文静自然愤愤难平，每次上朝议事，总是要与裴寂钩心斗角一番，两人之间的疙瘩自然也是越结越大。

恼怒之余，刘文静不止一次拔刀击柱，恨恨连声。仕途不顺，受制于人，刘文静归咎于家宅不宁，请了法师来家中作法驱邪，难免有些言及他人。不料却被自己身边一个失宠的小妾添油加醋加以告发，成了一桩惊动了皇帝的大案。

按唐律，以杀人为目的的法事邪术，罪行轻于谋杀，可判死罪。此事可大可小，由于李渊早就对刘文静不待见了，故而派人严审，参与审案的就有裴寂。

由于是老相识、新下属，李世民比较理解同情刘文静。

由于刘文静是秦王属下，李建成支持裴寂除掉刘文静。

刘文静的申辩倒是快人快语不藏不掖："起义之初，忝为司马，计与长史（指裴寂）位望略同；今寂为仆射，据甲第，臣官赏不异众人，东西征讨，家口无托，实有觖望之心。"意思很明白，皇帝赏罚不公，我是发了些牢骚，但没有谋反。

李世民也帮着说情："昔在晋阳，文静先定非常之策，始告寂知，及克京城，任遇悬隔，令文静觖望则有之，非敢谋反。"

但裴寂的说法刚好反了过来，坚持认为不除刘文静将后患无穷。

领有"恕二死"特权的刘文静到底还是被处死了。时间是武德二年九月。

这其实只是一个信号，预示着朝廷上层围绕着人事问题的明争暗斗不可避免并将愈演愈烈。差不多就在同时，礼部尚书兼太子詹事李纲针对太子李建成"疾秦王世民功高，颇相猜忌"的现状，"纲复上书谏太子饮酒无节，及信谗慝，疏骨肉；太子不怿，而所为如故。纲郁郁不得志，是岁，固称老病辞职"。

看出端倪的老臣已经走了，留下的也未必没有看出名堂，但打了江山当然就要坐江山，尤其是功高难赏的李世民，于此更是理所应当。

“高鸟尽，良弓藏，故不虚也。”据说这是刘文静临刑前的悲叹。鸟尽弓藏、兔死狗烹已是并无新意的前人余唾，更何况那其实只是问题的一个方面，同样都是大有功于大唐的人物，裴寂不就依然红红火火风风光光吗？

还是对刘文静有些惺惺相惜之意的李世民不平则鸣，“任遇悬隔”一说，多少道出了些不为外人所知的苦涩辛酸。他有没有借题发挥，为太子不是自己而耿耿于怀呢？

别看都是首义之臣，但“任遇悬隔”，刘文静吃了败仗，遭遇“除名”，而裴寂惨败，李渊却多方安慰，还叫他镇抚河东。也许，这只是帝王驾驭群臣的一种天高难问的手法？

李建成和李世民也是高祖的臣子。别看是兄弟，但日后一个南面为君，一个只能殿下称臣，早已有“功高不赏”之惧的李世民能没有些别的想法？能吗？

还有唐高祖李渊，他究竟是怎么想的呢？对臣下能赏罚以驭，那么，对儿子们呢？

手心是肉，手背也是肉

听过一件真事，一个老太太对着埋怨她不公平、不能平等对待儿子和姑娘的女儿，伸出自己的手，先揪揪手心、再揪揪手背，然后才慢腾腾地说：“看见了吧，虽说都是肉，可手心的肉就是比手背厚，这没办法。”

民间老太太都能机灵如此，身居皇位的唐高祖李渊自然也有解决难题的高招。

对于已经在朝野引起广泛关注的三个嫡亲儿子，李渊当然是了解的，而且也真的是心存偏见。他曾经很喜欢、很信任颇有才华、熟知兵法、带兵打仗的确是一把好手的二郎，所以才让二郎始终跟着自己。但那是在太原起兵之前，说到底，自己那时候只是个在全国棋盘上并不太显眼的棋子。为了自保，为了凡事有个商量，他也需要一个足智多谋、跟自己贴心贴肺的儿子寸步不离地跟在身边。但后来情况就不一样了，尤其是面对都能独当一面的大郎和二郎，为了早日功成名就，他也得一碗水端平了，“兄弟一心，其利断金”的道理谁还不懂?

所以他开始大搞平衡。

先让兄弟俩共同领兵，一左一右，也就是一正一副，弟弟听哥哥的。兄弟俩各自统兵之后，从将佐兵卒到职衔名号都不偏不倚，儿子都听老子的。

等到自己也位登九五面南为君之后，更是注重均衡制约，那可是为了宗庙社稷江山永固。

老大是太子，身居东宫，龙在潜邸，名正言顺；

老二封秦王，为尚书令，“掌典领百官”，处群臣之首。

就连还是个顽劣少年的老四元吉，不仅被封齐王，还被当成一块并非无足轻重的砝码，被李渊左右把玩调来遣去，忽而追随秦王历经战阵，忽而紧跟太子讨伐叛逆，甚至就在秦王因功勋卓著被封为天策上将、领司徒的同时，李渊又特将齐王李元吉任为司空，几乎与秦王并驾齐驱。

如此煞费苦心，自然是有不得不如此的苦衷。

由于以国为家家国合一，所谓的“皇家无私事，皇家无私情”就这样得到了最充分的展现。

“听哲妇之言，惑邪臣之说，溺宠废嫡，托付失所。灭父子之道，开昆弟之隙，纵其寻斧，剪伐本枝。”这是唐初的人们对当年隋文帝更换太子，结果导致杨勇、杨广、杨俊、杨谅等诸王失和，最终形成大祸的看法。几乎是踩着表弟隋炀帝杨广的尸首登上大唐皇位的李渊，面对诸子纷争的局面，前朝的几乎就是发生在眼前的悲剧让他不得不百倍警觉小心翼翼。

李世民被封为天策上将、领司徒，李元吉也同时成了司空，是武德四年十月的事。同年十二月，因刘黑闼起兵，李渊再次命令李世民与李元吉前往讨伐，次年四月，战事刚一平息，李渊就命令李世民“驰传入朝，乃以兵属齐王元吉”。如此迫不及待地要将将兵之帅与所将之兵分隔开来，皇帝究竟是在忌讳什么呢？

后来又是刘黑闼东山再起卷土重来，李建成主动请缨，深知太子心思的李渊当即照准，并让齐王李元吉随同出征。这是武德五年（622）十一月的事。

也就是那次出征的时候，太子与齐王结成联盟，以共同对付李世民。如此结盟，当然不是出于一母同胞的手足之情，而是双方各有盘算另有所图，这才一拍即合。

李建成是要除掉强敌，巩固自己的储君地位。

李元吉则是耳闻目睹了兄长间的明争暗斗之后，开始有了非分之想。在他看来，“但除秦王，取东宫如反掌耳”。为了尽快达到自己的目的，他不但劝太子早除秦王，甚至还表示自己愿赤膊上阵："当为兄手刃之！"说到做到，有一次李世民随父皇来到其王府，他竟然派了刺客准备暗杀。太子到底还是比他有些脑子，加之"性颇仁厚"，坚决制止，李元吉的阴谋才没有得逞。李元吉恼羞成怒，埋怨李建成："为兄计耳，于我何有！"

李渊却自以为高明，依然沉浸于意在平衡的游戏之中。

武德六年（623）七月，为了防备突厥入侵，李渊派遣太子将兵屯北边，以备原州之寇；同时令秦王屯并州，备朔州之寇。

同年九月，太子班师；十月，诏秦王还兵。

如此一视同仁不偏不倚，皇帝做出的姿态可谓高明，用意也极其鲜明：三兄弟各安其所，不得如前朝那般骨肉相残。眼见李世民军功越来越大，他从此再没让秦王率军征战，自然也就让秦王没了再建功勋的机会。"观汝兄弟是不和，同在京邑，必有忿竞"，正是出于这种担心，哪怕只是要去仁智宫避暑，李渊也要带两个留一个，将三兄弟分开,以免他们闹事。曾经被臣下誉为"决神机而速若疾雷，驱豪杰而从如偃草"的大唐开国皇帝已经神神叨叨快成了个老太婆了，但让他担心不已的事还是发生了：就在他带着秦王、齐王去仁智宫避暑，留下太子在京城看家的时候，庆州都督杨文干起兵造反了！

据说事情的起因是，太子李建成为了对付秦王李世民的势力，私自招募各地骁勇两千余人为卫士，分别屯守东宫左右的长林门，号称"长林兵"。杨文干曾经宿卫东宫，与太子关系密切，所以太子就趁皇帝率秦、齐二王避暑之际，私下叫杨文干"募健儿送京师，欲以为变"。结果此事被揭发，杨文干就举兵反叛，攻陷宁州。后来就是秦王军至宁州，三下五除二就将杨文干的叛乱部队镇压下去。

由于是阴谋诡计，加之牵涉李世民，就像此前此后所有与李世民争位有关的活动记载总是前后矛盾纠缠不清一样，这件事究竟是谁告发的？又是出于什么目的？太子究竟与杨文干造反有没有实际关联？有多大的关联？这些问题竟成了一团乱麻，众说纷纭，那就让我们先看事变之后的实际结果——

事前，李建成是太子，事后还是太子。

按大唐法律，谋反是十恶之首，“为子为臣”必须“惟忠惟孝”，如有叛逆之心，“而害于君父者，则必诛之”。李建成如果真要抢班夺权，加害父皇，他那颗脑袋还能长在自己脖子上吗？能吗?!

据《资治通鉴》记载，发兵平叛之前，李渊和李世民有过一段对话——

李世民：“文干竖子，敢为狂逆，计府僚已应擒戮；若不尔，正应遣一将讨之耳。”

李渊：“文干事连建成，恐应之者众，汝宜自行，还，立汝为太子。吾不能效隋文帝自诛其子，当封建成为蜀王。蜀兵脆弱，他日苟能事汝，汝宜全之；不能事汝，汝取之易耳！”

果真是太子有罪，秦王有功，也果真是以有道伐无道的稳操胜券。大军未动，皇帝已经想好了如何处置太子，那为何太子事后不但安然无恙，而且依然是太子呢？

《资治通鉴》说：李世民率军出发以后，由于李元吉和嫔妃为李建成说情，加上大臣封德彝的说情，皇帝最后改变主意，仍以建成为太子，“复遣建成还京师居守。惟责以兄弟不睦，归罪于太子中允王珪、左卫率韦挺、天策兵曹参军杜淹”，并处流放。

这才真叫虎头蛇尾呢。最初说李建成谋反而且矛头直接对准李建成的是高祖本人，现在又稀里糊涂成了“兄弟不睦”，究竟是哪个嫔妃有这么大的能量，能在如此重大的问题上让皇帝做出如此重大的让步？难道是窦皇后复活了不成?！道理反过来讲也能成立，既然是“兄弟不睦”，那是不是说皇帝又发现了什么证据？否则为什么太子还是太子，秦王还是秦王，皇帝难道不怕已经率军在外的秦王也反了?！

就这样，一场事变最终风息浪止，不管是被诬者，还是诬人者——要找出诬告者其实很简单，那就是看谁将在此次事变中收益最大，大家又暂且相安无事。

一波未平，一波又起，就在此时，突厥侵入并州，李渊急忙驾返京师。有人提议说因为京师富庶，广有美女金帛，所以突厥才屡次来犯，如果迁都并一把火烧了旧都长安，突厥自然不会来了。太子建成和齐王元吉还有最受高祖宠信的宰相裴寂也纷纷赞同，只有秦王慷慨进谏——

戎狄为患，自古有之。陛下以圣武龙兴，光宅中夏，精兵百万，所征无敌，奈何以胡寇扰边，遽迁都以避之，贻四海之羞，为百世之笑乎！彼霍去病汉廷一将，犹志灭匈奴；况臣忝备藩维，愿假数年之期，请系颉利之颈，致之阙下。

秦王豪言壮语志气非凡，太子却举出汉初樊哙的例子加以嘲笑。

李世民毫不客气，予以驳斥——

“形势各异，用兵不同，樊哙小竖，何足道乎！不出十年，必定漠北，非敢虚言也！”

其实，所谓的迁都之争，涉及的依然是皇位之争：李建成等人怕的是李世民乘机独揽兵权，无法制约；而李世民也想通过对外作战的胜利，重振秦王府雄风。

最后皇帝否决了迁都之议，委派李世民和李元吉共同督军出兵，抵御突厥。

这又是一件折中平衡意在缓和儿子们之间冲突的事情，如此部署，既采纳了抗战主张，又可防止秦王独揽兵权。

要不是皇帝太过自信了，要不就是皇帝真的老了，他难道不知道同出一门的亲兄热弟早已经剑拔弩张不共戴天，一个个虎视眈眈，不管自己如何调解平衡，他们都要……

你磨刀，我也磨刀

“敌人磨刀，我们也磨刀”，用它来形容一千多年前发生在李建成、李世民以及李元吉兄弟之间围绕皇位的明争暗斗，恰如其分并无不妥。

那是一场在觥筹交错灯红酒绿掩饰下的比实力、比胆量、比谋略，甚至还要比耐心的争斗。争斗是漫长的，既满是机遇又危机四伏不无曲折。

武德五年以前，李世民因为军功卓著，他的秦王府要比太子的东宫和元吉的齐王府气派得多！面对太子，秦王的不服之意就是想压也压不住。所以曾是东宫太子洗马的魏徵才在刘黑闼二次反叛时，极力撺掇太子出兵以便与秦王争功。当时的形势正如魏徵分析的那样:“秦王功盖天下，中外归心，殿下但以年长，位居东宫，无大功以镇服海内。”

但后来的情况就渐渐不一样了。很可能是秦王咄咄逼人的不平之气让皇帝意识到了些什么，更加留意在兄弟诸王之间大搞平衡，所以在以后几年的时间里，秦王李世民颇感失落，不仅没有新的征战建功的机会，还屡遭一兄一弟的联手打压，对方成双成对，自己只能单打独斗，此消彼长，渐渐就处于下风了。

既然是擦枪磨刀磨刀霍霍，最先比的，就是各自的军事实力。由于唐代实行的是全军皆农的府兵制，平时军队都在自己的屯种之地从事农业生产，同时进行军事训练。遇有战事，则由朝廷调派，战事结束后，兵归于府，将归于卫，谁也无权调动。这就使得不管是屡建战功的秦王李世民，还是齐王李元吉，甚至贵为太子的李建成，谁也无法直接染指军队，所谓各自的军事实力，就是各家王府的宿卫人员了。东宫加齐府，私募骁勇多达数千人，而秦王府“蓄养勇士八百余人”。李世民处于劣势。

再说政治地位和政治影响，太子就是太子，每当皇帝外出，留守京师的总是他。尽管大家都在喊“皇上万岁万岁万万岁”，但谁都知道没有不死的人，哪怕是皇帝也不例外。这样，身为储君的太子自然就是依附者众。李世民又不占优势。

据说，太子李建成曾经扬言，要是让秦王“留在京师制之”，不过是“一匹夫耳”。

据说，为了扭转自己的被动和劣势，李世民曾经想先发制人，去找灵州大都督李靖和行军总管李勣商量，两人因顾虑重重而不愿意干，就是被李世民引为心腹的房玄龄、杜如晦开始也“不敢奉命”，以致李世民勃然大怒，要尉迟敬德拿佩刀“斩其首持来”。可见大家都认为李世民大逆不道犯上作乱，弄不好就是在玩火自焚。

但李世民是铁了心要放手一搏的。因为曾经担任过陕东道大行台尚书令，所以他也没忘了在河南一带聚集势力，以形势险要的洛阳作为据点，以便“一朝有变，将出保之”——此举与杨广当年将江都当作夺嫡不成的后路的做法如出一辙——他还委派将领张亮到洛阳，“统左右王保等千余人，阴引山东豪杰以俟变，多出金帛，恣其所用”；同时命令温大雅坐镇洛阳，因地制宜审时度势，温大雅“数陈秘策，甚蒙嘉赏”，显然是卓有成效。

李建成则根据魏徵的建议，利用彻底平定刘黑闼叛乱的有利时机，广泛“接纳山东豪杰”，培植自己私人的地方势力。除了庆州都督杨文干外，还秘密派遣将领可达志跟燕王李艺联络，从那里征发幽州突骑三百，增补东宫诸坊的屯守部队。同时利用燕王李艺以及都督李瑗的关系，在河南发展自己的支持力量。

地方势力值得重视，朝中大臣更是不容忽视的另一股力量，双方都为此做了大量工作，使得朝中形成壁垒分明的两大阵营。

李建成最重要的支持者是当时朝中深受高祖信任的大宰相裴寂，还有个见风使舵“潜持两端，阴附建成”的封伦封德彝。此人先是看好军功显赫的秦王，曾数次献计对付东宫，后又变了主意，力保太子。据说有段时间“高祖将行废立，犹豫未决，谋之于伦，伦固谏而止”。只是事属机密，直到封德彝死后数年，此事才被李世民所知。

支持李世民最有力的朝臣是萧瑀、陈叔达等人。和裴寂一样，萧瑀此人也深得唐高祖李渊的信任，尽管是隋炀帝的妻弟，但投诚之后，萧瑀立刻就被封为民部尚书、宋国公。但李世民上台之后，裴寂很快失势，萧瑀却因当初力保秦王，被李世民大加赞誉为“不可以厚利诱之，不可以刑戮惧之”的“真社稷臣也”。甚至还有诗相赠：“疾风知劲草，板荡识诚臣。”在太宗一朝，他先后任晋州都督、左光禄大夫兼领御史大夫，与宰相参与朝政，又被画影图形成为凌烟阁二十四功臣之一，死后陪葬昭陵。

除了各自在大臣中寻找支持者以外，太子也好，秦王也罢，又都没忘了千方百计打击或者收买对方的属下。

秦王府猛将程知节为太子所忌，太子便通过皇帝把他调为康州刺史。太子还试图以金银器帛收买秦王身边的尉迟敬德、段志玄、李安远等，因遭拒绝，又设法把秦王身边的得力肱股房玄龄、杜如晦等逐出秦王府。

你磨刀，我也磨刀，秦王李世民也同样在东宫官属中进行策反，先后成功地把太子手下将领常何、王晊等拉了过来。

我们曾经说过，后宫的强力支持是大隋晋王杨广夺嫡成功的一个极其重要的原因。而唐高祖晚年也是内宠多多嫔妃成群。太子由于长期留守京城，与后宫关系密切，其用意自然在于“内结妃御以自固”。同样的，李世民也少不了利用自己在外杀伐征战掳掠多多的条件，班师回京后也要去后宫走动并有所贡献，自然也是“醉翁之意不在酒，在乎山水之间也”。

但有一次却惹了麻烦。李世民先因军功赐给淮安王李神通几十顷良田美地，但被李渊宠爱的张婕妤之父凭借裙带关系，硬要李渊下敕给他。但李神通却不买账，认为秦王府的“令”比宫里的“敕”早，也应该有个先来后到。就这样，张婕妤、尹德妃等后来全部倒向太子一边。但西方不亮东方亮，黑了南方有北方，加上秦王多年用兵，攻城略地，有的是钱，后宫里除了吃吃喝喝就是争风吃醋，又有哪个是不爱银子的？贿赂宫掖，曲事嫔妃，对秦王来说，还不是小菜一碟?！另外，别忘了秦王还有个贤惠得很的长孙王妃呢。人家本来就“孝事高祖，恭顺妃嫔，尽力弥缝，以存内助”，亲自出马帮自己的老公活动活动不也是顺理成章天经地义?！

就这样，双方你来我往斗智斗勇，直杀得难分难解。谁也不比谁更高尚，谁也不比谁更卑鄙，可谓半斤八两难分伯仲。只是可惜了一心想当个好皇帝、好父亲的唐高祖李渊的一番心血。

那真是一场令人不寒而栗的血雨腥风。

事件的起因与数万突厥骑兵入塞侵边有关。按以往的惯例，又差不多该让秦王统兵御敌了，但由于他已经成了某些人的敌人，所以太子提议由齐王李元吉和燕王李艺出征，目的还是要防止军权落入秦王之手。早就蠢蠢欲动的齐王抓住这千载难逢的机会，要调秦王府将领尉迟敬德、秦叔宝等一同出征，此举无异釜底抽薪，待秦王成了孤家寡人，要杀要砍难道还能由得了他自己?！齐王和太子密谋，秘密却被太子身边的率更丞王晊所知，早被收买的他立刻就报告了秦王李世民。

接到情报后的秦王立即开始与长孙无忌、尉迟敬德等亲信和心腹密商对策，打算先发制人。但此举又实在是非同小可，闹不好就是人神共愤，冒天下之大不韪，李世民难免有些踌躇，尉迟敬德却鼓动说——

“王今处事有疑，非智也；临难不决，非勇也。”

也许是即将发生的一幕实在是太过血腥，以至于司马光要在《资治通鉴》里说秦王李世民“既而为群下所迫，遂至喋血禁门”。

又是置事实于不顾的饰美之词。同室操戈煮豆燃萁骨肉相残忠义两亏犯上作乱，这种天大的大逆不道之事，也有人能胁迫？谁敢胁迫？谁能胁迫？!

事情真的是太过重大，所以李世民一直有些犹豫不决。但紧接着又有了太子夜召秦王饮酒，结果因酒中有毒，李世民心痛而归的事情。李渊想让李世民去洛阳就是在这时候，但李世民根本不愿意考虑离开权力中枢的建议；而对立的李建成、李元吉也担心一旦真的到了洛阳，那里的“土地甲兵”都为李世民所用，也极力反对，此议暂且搁置。

该发生的，终于就这样发生了……

玄武门之变

那一天是大唐武德九年（626）六月四日。

地点是大唐皇宫宫城北门——玄武门。

时间和地点都是秦王一干人等经过周密策划后定下的。

《旧唐书》记载，就在即将开始行动之前，李世民“遣卜者灼龟占之”，其幕僚张公谨“自外来见，遽投于地而进曰：‘凡卜筮者，将以决嫌疑，定犹豫，今既事在不疑，何卜之有？纵卜之不吉，势不可已。愿大王思之。’太宗深然其言”。

这也就是说，玄武门之变绝对是李世民自己的决策，并没有谁在胁迫和强迫。

六月三日，李世民完成了政变的所有部署后，再次进宫，向高祖密奏建成与元吉“淫乱”后宫——也就是给皇帝戴绿帽子的意思，并且陈述：“臣于兄弟无丝毫所负，今欲杀臣，似为世充、建德报仇。臣今枉死，永违君亲，魂归地下，实亦耻见诸贼。”一番述说，既为诬告，也是辩解，算是为即将发生的一切埋下了伏笔。

第二天就是六月四日。李渊先召集裴寂、萧瑀、陈叔达、封德彝、宇文士及等人商量办法，然后才命人将几个儿子叫来问话。在等三个儿子到来之前，李渊还颇有雅兴地同臣子们一起在太极宫中“泛舟海池”。他们谁也没有料到，此时的李世民已经通过玄武门守将常何的关系，亲自率领长孙无忌、尉迟敬德、公孙武达、侯君集、张公谨等十人伏兵于玄武门，一场杀戮即将爆发。

后宫张婕妤探知到秦王异动，立刻派人向太子报告。建成找到元吉商量，元吉认为：“宜勒宫府兵，托疾不朝，以观形势。”但李建成太过大意，以为“兵备已严，当与弟入参，自问消息”。而且曾经是自己部下的常何在玄武门，根本不会发生什么事情。两人就这样未做任何防备一起进宫入朝。直到觉得有些反常，正想勒马返回，随着李世民一声大喊，伏兵四出，李建成死于李世民箭下，李元吉则被尉迟敬德射杀。

东宫和齐王府的兵将闻听事变，立即集合冲向玄武门，双方围绕着玄武门展开了一场激战。张公谨死守关门，秦王妃长孙氏和她的舅舅高士廉也都出现了，秦王“方引将士入宫授甲”，长孙氏“亲慰勉之，左右莫不感激”；高士廉则“率吏卒释系囚，授以兵甲，驰至芳林门，备与太宗合势”。玄武门久攻不下，进攻部队又转而攻打秦王府邸，剑走偏锋，势单力薄的秦王府将士惊恐不已，尉迟敬德提着太子和齐王的人头亮相人前，这才令东宫和齐王府的军队兵无斗志，溃散而去。

战斗临近结束，尉迟敬德又奉秦王之命，“擐甲持矛，直至高祖所”。按规制，尉迟敬德敢这样出现在皇帝面前，是可以按叛逆罪斩首的。但李世民显然就是要吓唬自己的父皇，李渊果真大惊失色地问道：“今日作乱是谁？卿来此何也？”

尉迟敬德对曰：“秦王以太子、齐王作乱，举兵诛之，恐陛下惊动，遣臣来宿卫。”

李世民就这样将父皇控制在自己手中，然后便开始借皇帝之口发号施令。

萧瑀、陈叔达乘机进言：“建成、元吉本不预义谋，又无功于天下，疾秦王功高望重，共为奸谋。今秦王已讨而诛之，秦王功盖宇宙，率土归心，陛下若处以元良，委之国事，无复事矣！”

事已至此，李渊还能怎么办？他只好按着尉迟敬德传达的李世民的意思，写下一道“令诸军并受秦王处分”的敕令，“于是内外遂定”。

仗是不打了，但血腥的杀戮也开始了。不仅李建成、李元吉身首异处，他们的后代也惨遭杀戮，建成五子、元吉五子全部被杀，而且还“寻诏绝建成、元吉属籍”。

曾经的大唐太子和齐王殿下算是好好品尝了一番家破人亡人头落地的滋味。

李元吉的齐王妃也被李世民纳为妃。

这一切都活生生地发生在唐高祖的眼皮底下。这个自打当了皇帝以来就一直在儿子们中间左右平衡、上下调和，此时刚年满花甲的老人，眼见儿子们人头落地，爱孙们血流成河，心如刀绞的他难道真能闭上自己的眼睛吗?!

清人赵翼有论:“谋反者族诛，秦、汉、六朝以来皆用此法。太宗为秦王时，杀建成、元吉，不过兄弟间互相屠害，其时太宗尚未为帝，不可以反论也。……是时高祖尚在帝位，而坐视其孙之以反律伏诛，而不能一救，高祖亦危极矣。”

果然，仅仅在三天之后，也就是大唐武德九年六月七日，李渊再下诏书，正式立李世民为大唐皇太子——

皇太子世民，夙禀生知，识量明允；文德武功，平一宇内；九官惟叙，四门以穆。朕付托得人，义同释负，遐迩宁泰，嘉慰良深。自今以后，军机、兵仗、仓粮，凡厥庶政，事无大小，悉委皇太子断决，然后闻奏。

这就是说，皇帝已经有名无实，所有的权力全部都在皇太子手里了。

悠悠中华，历朝历代，谁曾见过这样的皇帝和太子？

后人们总爱说李世民千古一帝，是否也考虑到这样的空前绝后呢？

已经两次经历过前后两个朝代以次夺嫡事件，并曾经对前隋事变有过极其精当论述的房玄龄，怎么就能把自己亲身参与的后一场事变说成是“遵周公之事，外宁区夏，内安宗社，申孝养之礼”呢？如果真是这样大义凛然，那他开始时为什么还要推三阻四畏首畏尾，以致杀气腾腾的李世民要解下自己的佩刀，交给同样杀气腾腾的尉迟敬德，要取房玄龄的人头？究竟哪一个房玄龄说的是真话？还有，真话究竟能不能说，想不想说，方便不方便说？！

事情还没有完呢，仅仅一个多月之后，李渊无奈传位给新太子李世民，自己成了所谓的太上皇，李世民正式登基。

什么叫利欲熏心迫不及待抢班夺权？这就是了。

第四章
殊途同归：两位高祖的夕阳晚景

又有了新年号

据记载，新太子杨广的继立仪式是在一个风雪交加、四处地震的日子举行的。由于此前此后朝廷进行了规模不小的政治清洗，不仅原太子杨勇的同党、死党、余党被杀被罢牵连无数，朝中大臣也是动辄得咎无辜受累，隋文帝杨坚的心里也是惴惴不安疑虑重重。按说呢，罢免老宰相也好，改立太子也好，甚至是株连甚广的大清洗也好，所有的一切都是按照他的意志进行的，但他为什么感觉不到胜利的快乐喜悦呢？杨勇是自己的嫡亲儿子，早在开国之初就被立为太子，连他都胆敢搞阴谋诡计反对自己，那就证明自己的政治清洗是正确的和必要的，可为什么越清洗敌人越多呢？还有，偏偏就是在新太子正式册立的原本该是喜气洋溢的日子里，天不作美，地震连连，朕替天行道却反而天怒人怨，究竟是为什么呢?

令隋文帝胸中郁闷之气一扫而光的是乖巧的太史令袁充所呈的一份乖巧的奏章。奏章煞有介事地宣称，说自从大隋建国以后，就开始“昼日渐长”，黑夜渐短，就拿黑夜最长的冬至来说，“开皇元年，冬至之景长一丈二尺七寸二分；自尔渐短，至十七年，短于旧三寸七分”。最后的结论是“伏惟大隋启运，上感乾元，景短日长，振古希有”。

既然祥瑞如此，隋文帝向满朝文武发出最高指示：“景长之庆，天之祐也。今太子新立，当须改元，宜取日长之意以为年号。”

有人对此不以为然也不以为意，如占卜打卦颇为灵验的术士庾季才。当皇帝兴致勃勃地向他求证袁充所说吉兆时，他竟然不识好歹，答以袁充荒谬。隋文帝当即拉下脸来，免其官职，念在他是开国元勋的分上，赏他一半俸禄，打发回家养老去了。

剩下的聪明人自然不会再说什么了。

“仁寿”年号就这样诞生了。那一年是公元601年，也是农历辛酉年，更重要的意义在于那一年是皇帝的本命年。金鸡啼晓，六十花甲，太子新立，万象更始，吾皇当然仁寿!

皇帝的年号其实也和商家的字号一样，既是标榜也为祈福。和大隋初创时虎虎有生气的“开皇”年号相比，“仁寿”透露出的信息是安享尊荣的自我陶醉，而且暮气沉沉。

曾经呕心沥血殚精竭虑焚膏继晷夜以继日的隋文帝杨坚真的是老了，一反壮年时关注民生力戒奢靡勤政谨慎的为政之风，变得耽于享受并且乐此不疲。这种蜕变当然不仅仅是杨坚个人的悲剧，有多大的权力就该有多大的享受，至高无上的权力必然伴随着至高无上的享受。

按《隋书》记载，曾经内修制度，外抚戎狄，“一日之内，酬答百司，至乃日旰忘食，夜分未寝”的隋文帝自己也曾说过——

“所以昧旦临朝，不敢逸豫，一日万机，留心亲览，晦明寒暑，不惮劬劳，匪曰朕躬，盖为百姓故也。王公卿士，每日阙庭，刺史以下，三时朝集，何尝不罄竭心府，诫敕殷勤。”

被视为历朝为政者必读书目的《贞观政要》也对此有过记录：“太宗问萧瑀曰：‘隋文帝何如主也？’对曰：‘克己复礼，勤劳思政，每一坐朝，或至日昃，五品已上，引坐论事，宿卫之士，传飧而食，虽性非仁明，亦是励精之主。’”

尽管自视甚高的唐太宗对此并不以为然，认为隋文帝“性至察而心不明”“至察则多疑于物”“不肯信任百司”，所以才事必躬亲，但并没有否认隋文帝的勤政。

但正如唐太宗自己所说，这只是问题的一个方面，由于曾经担任过地方官，隋文帝对官场的取巧舞弊之风颇多了解，所以才不依赖公文了解下情。有一次，关中闹饥荒，文帝亲遣左右出宫探视民间生活，并带回百姓用以度日的豆渣杂糠。深自咎责的文帝泪流满面，将之拿到朝堂，让百官传视，并不食酒肉将近一年。还有一次也是关中饥荒，文帝率百姓到洛阳“就食”。皇帝与百姓同行共处，许多人被挤进皇帝的仪仗卫队中间，卫士们紧张万分，唯恐皇帝发生意外，谁知皇帝毫不在意，不但不许卫士驱赶百姓，而且遇到扶老携幼的赶路者，自己先引马避在路边，对百姓也是温言慰勉；到了山路狭隘处，更是令左右上前扶助挑担负重者。你当然可以说隋文帝这是在作亲民秀，但这起码说明他眼中心里还有百姓，所以也才需要作秀！想想刚刚结束的南北朝时期的那些昏君暴君，百姓们自然会对隋文帝心怀好感称颂不迭了。

而且，隋文帝的俭朴在历史上也是极为著名的。平时吃饭，只有一道荤菜，六宫都穿浣洗的衣服。他自己每天上朝乘坐的舆辇也是一修再修，不肯换新。有一次，有关机构送干姜进宫，恰被文帝看见，认为用布袋盛干姜实属浪费，心疼不已大加斥责。不料该机构不以为戒，下次进香时，竟以毡袋装裹，勃然大怒的皇帝把那些官员抓来一顿痛笞，才算是让他们明白了些什么。这显然不仅仅是在作秀，原太子杨勇要不是骄奢淫逸不知收敛，怎么会连已经到手的太子之位也给丢了？同样，晋王杨广要不是矫情饰貌，又怎么能连连得分位居东宫？升沉浮降当然不全是鸡零狗碎，却起了极大的作用，恐怕谁也不能否认吧？

但后来情况就不一样了。民间对此有极为精辟的经典之论：当了皇帝想成仙。同样也是皇帝的唐太宗李世民对此有自己的看法——

“朕观古来帝王，骄矜而取败者，不可胜数。不能远述古昔，至如晋武平吴、隋文伐陈已后，心逾骄奢，自矜诸己，臣下不复敢言，政道因兹弛紊。”

接下来就是一大段自诩之辞，暂且不论，继续说隋文帝。

前边说过，隋文帝是在立杨广为太子，自己也年满花甲时改元“仁寿”。而早在七年之前的开皇十三年（593）他五十三岁的时候，就大兴土木，在长安西面的岐州修建了一座行宫，名字叫仁寿宫。

皇帝果然是志得意满踌躇满志功成名就只想人间赛天堂，凡人比仙人了。

《资治通鉴》载，之所以会在那一年大兴土木，是因为前一年据财政部门报告，当时所有的国家仓库都已经装满了，装不下了，有好多东西都堆在院子里、走廊中。

因生性俭朴而广修仓库大加储存是文帝一朝的风格，国富民穷也一直是大隋朝几十年一以贯之的痼疾。隋文帝当政时，储存的粮食足可供朝廷五六十年之用，即使这样，真遇荒年，还是舍不得赈济灾民。如此极力囤积，不仅为后来上台执政的杨广提供了大兴土木、大动刀兵的充裕的物资保证，也为后来兴起的各路反隋武装提供了后勤仓库。例如，占据洛口粮仓的李密、占据洛阳帛库的王世充以及占据关中府库的李渊父子，种种情况实在是让人哭笑不得。

但隋文帝杨坚当时对于仓库满载的反应却是先惊后喜，惊的是国库充盈如此，甚至超过当年西汉的文景之治，那是两代皇帝好几十年的积累，而自己只用了短短十来年的时间；喜的是如此追比前贤，自然就会名垂青史。于是，就有了“河北、河东今年田租三分减一，兵减半功，调全免”的诏令，也同时有了修建仁寿宫以颐神养寿的决策。

工程由堪称奢侈好手的尚书右仆射杨素主持。杨素又推荐当时有名的建筑专家宇文恺检校将作大匠，并举其堂妹夫封德彝为土木监。

两年之后的开皇十五年三月，依山筑殿，高台亭榭层叠而起，金碧辉煌的仁寿宫拔地而起。

以当时的技术条件，能在如此短的时间里完成如此浩大的工程，负责施工的民夫的苦不堪言自然可想而知。《隋书》载，隋文帝令高颎前去视察。高颎视察后上奏称，“颇伤绮丽，大损人丁”，文帝不悦。

宫殿修好，文帝大 怒，说杨素“殚百姓之力，雕饰离宫，为吾结怨于天下”。在此之前，杨素已经因为工程过于铺张华丽，害怕皇帝生气而悄悄找过独孤皇后，说:“帝王法有离宫别馆，今天下太平，造此一宫，何足损费！”意在请皇后能在皇帝面前为自己开脱。此时皇帝果然发火了，但杨素并不怎么担心，况且还有身为工程土木监的封德彝在一旁劝解:“公勿忧，俟皇后至，必有恩诏。”

果然是千穿万穿，马屁不穿。第二天杨素奉召进宫，与皇帝并坐高位的皇后对他大加赞扬:“公知吾夫妻年老，无以娱心，盛饰此宫，岂非孝顺。”杨素并因此受赐钱百万，锦绢三千段。

自此以后，隋文帝及独孤皇后每年开春后，都要来到舒适非常的仁寿宫，一住就是好几个月，直到秋高气爽为止。最长的一次是在开皇十九年，一直从二月住到第二年九月。

天子以天下养，这当然不是什么大事，但也清楚地表明，以勤政节俭著称的大隋开国皇帝和他的皇后一起，已经耽于安乐，喜欢享受浮华生活了。

我们也许不能武断地将隋文帝归结为祸国殃民，越老越糊涂、越老越混账的那一类民贼独夫之列，但他晚年的确是越老越专权，大权小权人权物权，全都紧抓不放。这似乎成了一个怪圈，越是沉迷于权力带来的享受，就越是深陷于权力可能失去的恐惧，也就愈发地贪权揽权，更何况隋文帝本身就敏感多疑呢？

敏感多疑的另一面又表现为对所谓祥瑞之兆的喜欢和迷信。上有好者，下必甚焉，尤其又是在皇帝的所谓功业隆盛之时，对皇帝的歌功颂德逐渐演化成一场造神运动，而文帝在内心深处也差不多真拿自己当神仙了。

那时候还不是太子的晋王杨广呈献一只象征长寿的毛龟，就能让他开心不止。

晋王杨广再率百官上表请求封禅，当然更是深得父皇喜欢。

在仁寿宫静养之时，有鹿群自山间跑出，一直跑到宫门前徘徊不走。仁寿宫本来就在山中，山中又不乏野鹿，此景就算少见吧，也并不太过稀奇。但深知皇帝脾气的百官哪里肯放过这送上门的拍马屁的良机，纷纷上表庆贺。隋文帝自己也兴奋不已，下诏称庆——

“朕自受灵命，抚临天下，遵行圣教，务存爱育，由王公等用心，助朕宣扬圣法，所以山野之鹿，今遂来驯。”

骄矜如此，开皇末年的政坛和朝局可想而知。

更何况现在还又改“开皇”为“仁寿”了。

一个仁寿宫不够，还要再来个仁寿年，皇帝好像是要表明，从此以后，自己和皇后的全部目标就是竭尽全力尽可能长、尽可能久、尽可能风光无限地活着。为了这个最高的终极目标，祈福于天、拜神拜佛自然就成了重中之重。改元之年也就成了以追求“仁寿”为根本的仁寿之年。皇帝真的是一门心思地只想……

求仁得仁，求寿得寿

《剑桥中国隋唐史》对隋文帝仁寿元年（601）是这样说的——

随着文帝夫妇日趋年迈，他们作的佛事越来越频繁和讲究。做法事，赐斋，分赏僧侣礼物和向寺庙捐献的次数更多了。佛事活动的高潮出现在601年。在这一年，杨坚有意识地模仿印度伟大的阿育王的行动，实现了一项精心制订的计划，即同时在全国祀奉放在特制的佛骨瓶内的舍利。有名的高僧及其随员携带由文帝亲手装在宝瓶内的舍利分赴三十个州治。在全国同时祀奉时，文帝在京师召见三百六十七名做佛事的僧人，然后为他们和文武官员大摆斋宴。皇后当然参加这一大典的隆重的宗教仪式。

其实，作为那一年里重中之重的送佛骨舍利活动的必要铺垫和准备，为了真的能求仁得仁、求寿得寿，隋文帝还做了一系列热身动作。

在宣布改元的元旦朝会上，隋文帝同时宣布大赦天下和任命杨素为尚书左仆射，取代被罢免的高颎；起用苏威复任尚书右仆射，改封新太子的长子河南王杨昭为晋王，任内史令兼左卫大将军。这算是干部组织工作。

隋文帝专门就阵亡将士造墓祭祀发布诏书，着意强调开皇初年就提出的以孝治国的方略："君子立身，虽云百行，唯诚与孝，最为其首"，虽说是老调重弹，但也不乏凛凛然的肃杀之气。这算是舆论宣传工作。

惯于见风使舵的御用文人开始纷纷出动，借着皇帝六十大寿的机会，开始了新一轮的粉饰太平神化皇帝的运动，最先跳出来的是王劭和我们上一节刚讲到的袁充。

袁充将皇帝的生平与阴阳律吕对比详参，发现两者竟有六十多处相合，赶忙向皇帝报喜："皇帝载诞之初，非止神光瑞气，嘉祥应感，至于本命行年，生月生日，并与天地日月、阴阳律吕，运转相符，表里合会。此诞圣之异，宝历之元。今与物更新，改年仁寿，岁月日子，还共诞圣之时并同，明合天地之心，得仁寿之理。故知洪基长算，永永无穷。"

如此吹捧，皇帝自然是龙颜大悦，厚加赏赐。

那个叫王劭的比他还能吹。王劭此人不仅能圆梦测字，还擅长引经据典诠释图谶。他把隋文帝的生平事迹与道家经书细加对照，诸条道来，竟如天衣无缝丝丝入扣，仿佛这些经书存在的目的，就是为了验证隋文帝真是天神下凡。

被他用来举例的是《河图皇参持》中这样几句——

"立皇后，翼不格。道终始，德优劣。帝任政，河曲出。协辅嬉，烂可述。"

参照开皇末年改立太子的政治事件，王劭依次解释为：原太子本为皇家后嗣，但辅翼之人不能至于善也；前东宫道终而德劣，新太子则道始而德优。至于第三句，那更是说皇帝亲自主持了这件事，这才天降祥瑞，河滨出石。于是群臣合心辅佐，以兴政治，灿然可记。最后的结论自然是“所以于《皇参持》《帝通纪》二篇陈大隋符命者，明皇道帝德，尽在隋也”。如此说来，谁能不信?!

至于那两块因为纹理怪异被当作祥瑞进呈以邀赏的石头，在他口中，这是天神地祇，那是风伯雨师，还有皇帝如何面南而坐，“杨”字如何排在“万年”之字之前,“隋”字恰巧又与“吉”字相并，正是长久吉庆之兆也！如此口吐莲花点石成金不算，他还把石头上的花纹纹理组成文字，作诗二百八十首奏呈。

如此祥瑞纷呈颂歌盈耳，隋文帝就是想不认为自己是神仙都不可能!

袁、王两人因拍马有道，也有术，在《隋书》中都有传留存。

时间越来越临近隋文帝六月十三的诞辰，他先是在十天前派遣多位使者去各地巡省风俗，访察政绩，然后在自己诞辰那天宣布废除中央及地方学校,只保留国子学七十二名学生。此举颇让人费解，难道他真是对早在刘汉时代就受到无比尊崇的孔门儒学没了兴趣，要不然他干吗要废除用来传道授业解惑的各级儒学？还是说皇帝以为自己可以代替孔圣，因而才按当年孔子门下贤人之数，留下颇具象征意义的七十二人？都说是为王不为圣，为圣不为王，皇帝却合二为一，真拿自己当了前所未有的圣王明君？也就是在宣布废学的那一天，皇帝为庆祝自己诞辰而举行的向全国三十州颁赐佛骨舍利的压轴好戏终于闪亮登场了。

如此大张旗鼓欢声雷动，隋文帝的最终目的当然还是神化自己。

此事不说也罢，但有一点却不得不提——

根据隋文帝在那一天颁发的诏书，在这场声势浩大的敬佛运动中，不仅各地要造舍利塔，而且要由僧尼做够七日道场，并设斋会，所需费用，由百姓自愿“布施”，但“不得过十文”，不足者由官仓支出。

六十年前降临人间的护法金刚，终于凭借手中无人制约的权力，完成了自己的人间使命，同时也为自己周身涂抹上一层来自上天的七彩神光！

那次颁赐舍利的范围并不仅限于国中，“高句丽、百济、新罗三国使者将还，各请一舍利于本国起塔供养，诏并许之”。可以说是进行了一次国际交流。直到杨广登基后的大业三年，与高句丽三国关系密切并也曾遣使入隋的倭国再遣使者入隋，目的就是“闻海西菩萨天子重兴佛法，故遣朝拜，兼沙门数十人来学佛法”。这算不算是日本拜中国为师的先声呢？

仁寿元年那次轰轰烈烈大张旗鼓的礼佛造神运动一直延续了好几年，全国投入了巨大的人力物力，光指定修建的寺塔就有一百一十多处。话扯远了，拉回来，继续说隋文帝——

从仁寿元年以后，步入老年的隋文帝屡次下诏，以崇佛礼佛、“奉送舍利”、“皆起灵塔”的名义，要各地“更请大德”“为武元皇帝、元明皇后（杨坚父母）断屠”，实际上就是为自己和独孤皇后营造福田、祈求长寿的意思。

但事与愿违，旷日持久劳民伤财的佛事活动并没有带来预期的安定祥和，反而让百姓不堪重负怨声四起，一些远离京师的偏远之地也不断有人揭竿而起。

自仁寿元年蜀地资州山獠人作乱之后，与之相邻的嘉州也爆发了颇具规模的夷、獠动乱，朝廷不得不派步骑两万前往镇压。后来因为西南地区的动乱涉及面越来越广，隋文帝不得不再派自己的心腹将领郭荣，领八州诸军事行军总管，率兵征讨，前后耗时一年有余；另外还有岭南各地趁乱而起，朝廷也不得不发兵征讨。

边地民变四起，京中朝堂也未见祥和气象。

杨广虽然已经成为太子，但京中不比藩邸，更何况隋文帝虽已年过花甲，依然大权在握，而且依然目光如炬。一举一动都在父皇母后的眼皮底下，凡事自然得小心谨慎，以防忙中出错功亏一篑。不管有多么焦急迫切，杨广也只能写写文章、念念佛经，做出一副无所事事的样子。一句话，在公开的政务层面，他实际上等于把自己冷藏起来了。

而顶替高颎把持朝政的杨素及其族人则互相攀缘、威权愈盛，以致“朝臣有违忤者，或至诛夷；有附会及亲戚，虽无才用，必加进擢；朝廷靡然，莫不畏附”。

隋文帝身边执掌机要的柳述，因为娶了文帝特别钟爱的兰陵公主而身为驸马，便“暴于驭下，又怙宠骄豪，无所降屈”，为所欲为。

此二人都算是隋文帝晚年非常倚重的大臣，但两人又都看不惯对方的飞扬跋扈专制揽权，加之政见不合，杨素为新太子上台出了大力，柳述却一直对废太子心存好感，两人之间明争暗斗，互不买账、互不服气，经常给对方难堪。当时柳述为吏部尚书（后为兵部尚书），判事有不合杨素意者，杨素传令柳述改正，柳述则告诉杨素派来的人说：去告诉仆射，就说我柳尚书不愿意。杨素恨之入骨，却也无可奈何，后来更是势同水火。

管中窥豹一叶知秋，可见当时朝政究竟是一种怎样的情状。

皇帝眼皮底下的朝堂都是如此，地方吏治就更加不堪。有一个现成的例子——

燕荣和元弘嗣都是当时有名的酷吏，都爱以折磨人取乐。尤其是燕荣，隋文帝自己在朝堂上实行廷杖不够，还授权上级可以杖打部下，燕荣因此越发凶狠，看左右不顺眼，抓来便打。外出时专门察看路边荆棘，发现枝条粗壮者，立刻取来做成刑具，在部下身上试用。隋文帝突发奇想，让这两人凑成搭档，成了幽州的正、副总管。这玩笑让元弘嗣浑身哆嗦，不敢就任，文帝却安慰他大胆赴任，并敕令燕荣凡杖打元弘嗣超过十下，必须奏闻。燕荣也够绝的，每次杖打元弘嗣，绝对在皇帝规定的数字以下，但一天能打好几次，就这样把元弘嗣折磨了几年。后来燕荣干脆将其关进监狱，不给送饭，打算将其饿死了事。元妻眼看大事不妙，赶紧到京师叩阙喊冤。后来的结果是燕荣以性情暴虐、贪污受贿、名声败坏的罪名被赐死。从牢里出来的元弘嗣独当一面，其苛酷更甚，杖打犹嫌不足，又发明鼻孔灌醋等花样百出的刑法，却被称为“能吏”。

就这样，从皇帝到大臣，从中央到地方，进入仁寿年间的大隋王朝如同病马拉着的破车，摇摇晃晃地行驶在崎岖不平的山路上，谁知道等待它的会是什么呢?

仁寿仁寿，显然是因仁而寿，但若是仁者不寿或者寿者不仁，谁又能奈何得了呢?!

独孤皇后，孤独先行

还记得前边说过的隋文帝难耐寂寞偶尔花心的事件吗？那大约是开皇十八年的事情，那一年隋文帝五十八岁，独孤皇后也应该是五十四五的人了。

五十四五的人，而且守着的又是按规制也该妻妾成群的皇帝，但皇后依然醋海翻腾，甚至对大臣纳妾之事也要干涉，可见其妒心之强之烈。那次皇帝偶一为之的“感情走私”很快就被皇后发现，但独孤氏内心的创痛却再也无法平复了。虽然她狠狠地报复了她的对手，但在内心深处，她还是避免不了那种极其强烈的因年老色衰而无法专宠后宫的失落和悲伤。虽然隋文帝还是经常陪伴在她身边，可宫女们还是明显地感觉到皇后“自此意颇衰折”。

仁寿二年（602），开春后再次来到仁寿宫，独孤皇后感到身体不适，可是心病没有心药，太医们也束手无措，只能眼睁睁地看着皇后的身体一天天衰弱下去。转眼到了八月，独孤皇后病情陡然加重，到了二十四日夜里，撒手归西。

《剑桥中国隋唐史》是这样说独孤皇后的：

她死于602年，一位宫廷史官立刻宣布她成了菩萨。文帝苦苦思念，对其妃嫔的动机产生怀疑；当他患病时，他悲痛地说：“使皇后在，吾不及此。”杨坚的夫妻关系在中国历史中很可能是独一无二的。一个后妃在君主的大部分执政期间对他有如此强烈和持续的影响，这实在少见。

那位在皇后死后“立刻宣布她成了菩萨”的宫廷史官就是我们前边说过的王劭。一直很会窥测帝意、吹牛拍马已是炉火纯青的王劭眼看皇帝心神俱疲五内大恸，很快就赶着写出一篇奏文，用他解说图谶的特殊本事,又来了一次化悲为喜指人为神的表演,以“佛说人应生天上，及上品上生无量寿国之时，天佛放大光明，以香花妓乐来迎之。如来以明星出时入涅槃”为例，说明刚刚升天的皇后“圣德仁慈，福善祯符，备诸秘记，皆云是妙善菩萨”，而且一再举证——

八月二十二日（皇后升天前两天），“仁寿宫内再雨金银之花”；

八月二十三日（皇后升天前一天），“大宝殿后夜有神光”；

八月二十四日（皇后升天当日），“卯时，永安宫北有自然种种音乐,震满虚空”。而皇后也正是在这之后才“至夜五更中,奄然如寐,便即升遐，与经文所说，事皆符验”。

独孤皇后就这样被证明是“妙善菩萨”。

身为大隋开国国母，身后又成了菩萨，当然要选术士、卜吉日、择吉地。隋文帝选中的是术士萧吉。杨广闻讯后特意派亲信宇文述前去致意，请萧吉一定要选一块能保佑自己早日登基的风水宝地。萧吉自然乐于效劳。

皇后死了，也埋了。一直对自己“贵为天子，富有四海，后宫宠幸，不过数人”耿耿于怀的隋文帝一下就没了管束，他同时宠幸上了两位后宫嫔妃，两位绝色的南国美女——宣华夫人陈氏和容华夫人蔡氏。这显然是一种力比多（精神分析学派用语。指人类生而具有的驱使个体寻求性欲快乐的力量）长久压抑之后的猛烈喷发。考虑到此时的隋文帝已经是六十出头的老人，加之老妻新亡，将此举解释为在死亡气息催逼下产生的反弹，或者干脆就说成是最后的疯狂也并不过分吧？应当承认，疯狂也是一种痛苦，甚至可以说是以一种极端方式表现出的极端的痛苦。看起来是扑在别的女人身上，但隋文帝其实还是想在失去皇后的空虚痛苦中转移视点，他想找的，可能是与皇后在一起的那份充实和融洽，他可能是寄希望于能有另外的女人填补皇后离去留下的缺憾。这当然很难或者压根就不可能如愿。就是在这样的过程中，皇帝的希望一次次落空不说，身体也虚弱不堪了。病入膏肓之后，隋文帝才算明白过来，也才不无悔恨地说出一句“使皇后在，吾不及此”。

老皇帝显然是后悔了。除了后悔自己年过花甲却在女色上用力过勤，以致一病不起之外，还有没有其他什么令原本就敏感多疑的他捶胸顿足后悔不迭呢？我们刚刚引用的《剑桥中国隋唐史》里的那句“对其妃嫔的动机产生怀疑”又究竟是什么意思呢？

我们早就知道，大隋曾经的晋王、现在的太子杨广心机颇深，既会不露声色等待时机，也能目光炯炯发现时机，一旦机会真的出现，哪怕是电光石火稍纵即逝，他也能不失时机奋身一跃，大隋帝国太子的位置就是这样到手的。但这只是走完了第一步，太子要当天子，一直在为这个终极目标忍辱负重韬光养晦还又摩拳擦掌跃跃欲试的杨广，难道这一次会错失良机，没有发现随着母后的升天，后宫和朝廷的局势已经发生了微妙的变化吗?!

《隋书·后妃传》里有提及宣华夫人，里边这样写道："晋王广之在藩也，阴有夺宗之计，规为内助，每致礼焉。进金蛇、金驼等物，以取媚于陈氏。皇太子废立之际，颇有力焉。"

这说的是夺太子位之前的事。那时候杨广任扬州总管，远在江都之时都能将工作做进京城宫中，更何况这时候他已经安居京师，东宫与皇宫仅咫尺之遥!

独孤皇后逝世之后，为了加强对废太子杨勇的监管，隋文帝索性将他交给新太子杨广幽禁。一心要为自己辩解洗冤的旧太子频频上书请见父皇，但都被杨广搁置一边。无可奈何的杨勇只好爬上大树，对着皇宫方向大声呼喊，希望父皇听见后能够接见自己，场面不无凄惨。还真是"苦心人，天不负"，隋文帝还果然就听见了，但杨素轻轻松松一句话便让旧太子所有的希望成了泡影。对于皇帝的问话，杨素是这样回答的:"勇情志昏乱，为癫鬼所著，不可复收。"

结果就成了"上以为然，卒不得见"。

但这并不意味着新太子真的就可以高枕无忧了。且不说旧太子只要人还在，心就不死，也不要说三弟蜀王杨秀已经被他借父皇之手废黜，甚至也不要说时任并州总管、领有五十二州精兵的四弟汉王杨谅随时可能的威胁，单是来自驸马妹夫柳述的挑战，杨广就不会更不敢掉以轻心。正是由于柳述等人不断在隋文帝面前进言反对，大权在握的杨素竟也被皇帝渐渐疏远了。后来皇帝更是下了一道敕令，以外示优崇，实则削权的手法，剥夺了杨素主持朝廷全面工作的大权，当然了，皇帝的话说得极其客气："仆射国之宰辅，不可躬亲细务，但三五日一度向省，评论大事。”

杨素本人被猜忌，他的羽翼也开始被剪除。先是他的弟弟杨约被外任为伊州刺史。接着是他的叔叔杨文纪也被逐出朝廷，迁荆州总管。甚至连因才华深得文帝欣赏的内史侍郎薛道衡也被逐出了朝廷，去了襄阳。按文帝自己的说法，薛道衡可以说是他的左膀右臂，“今尔之去，朕如断一臂”，即使如此，也要割爱，原因就在于薛道衡与杨素友善，而皇帝又不愿意让杨素知道得太多。这才叫“城门失火，殃及池鱼”呢。

随着杨素等人的失势，起而代之的就是与旧太子有过密切关系的驸马柳述和黄门侍郎元岩——这个元岩并不是那个曾在蜀王杨秀处任长史的元岩，那个元岩那时已经死了好几年了。柳述在禁中办事，成了实际上的宰相，而元岩则在朝掌政。

非常时期，人事骤变，杨广的储君之位摇摇欲坠，他除了进一步拉拢皇枕之侧的陈、蔡（主要是前者）两位夫人，以为“内助”，还能不能有什么别的办法呢?

时间就这样到了仁寿四年（604）正月，隋文帝在大赦天下之后，按惯例又准备前往仁寿宫避暑，留太子杨广监国。如此安排对杨广当然有利，而对以柳述为首的同情杨勇的势力则相当不利。为了阻止皇帝前往仁寿宫，同时恐怕也是冥冥之中真有感应，曾为杨勇效力的术士章仇太翼出来谏止，力加劝阻，至于再三。但文帝坚持不纳，章仇太翼这时说出了最犯忌的话:“臣愚岂敢饰词，但恐是行銮舆不反。”

他是说皇帝此行有去无回。隋文帝勃然大怒，把章仇太翼抓进大牢，并声言等自己从仁寿宫返回，证明章仇太翼纯属胡说八道后，再将其斩首示众。

章仇太翼后来没有死，死了的是隋文帝自己。据说死前他曾将太子杨广召至床前，交代一定要放了非比常人的章仇太翼，原因就在于其人“前后言事，未尝不中”。

事关生死，类似天人感应的记叙，旧史中屡见不鲜，姑妄言之，也就姑妄听之。转述于此，还是因为隋文帝之死，后来正史、野史版本颇多，且绘声绘色渲染有加，章仇太翼之说也算是前兆之一吧。

前兆还非止一端——

正月二十七，隋文帝起驾去了仁寿宫。

正月二十八就有诏令，命将国家大小政务统统交由皇太子处理。这可是前所未有之事，从来揽权不放的皇帝难道真的预感到了什么吗？

四月，隋文帝病重的消息就传了出来。尚书左仆射杨素、兵部尚书柳述、黄门侍郎元岩等人入阁侍疾，太子杨广则入居仁寿宫大宝殿，显然是以防万一的意思。

但所有的人都无疑是在奉诏行事，这能有什么疑问吗？从隋文帝临死之前还在命太子杨广赦免章仇太翼的举动看，直到最终咽气前，他还是清醒的。正因为神志清醒，所以皇帝虽然卧病在床，但一切都按部就班有条有理——

六月，再次下诏大赦天下，文帝显然还对康复抱有希望，所以才有此祈福之举。

但人算不如天算，进入七月，文帝终于无奈认命，于初十将文武官员召来床前，“与百僚辞诀，并握手歔欷”，再三天后，崩于大宝殿，时年六十四。

这是《隋书·高祖纪下》的记载。那就是说，隋文帝疾甚而崩，显然不是非正常死亡。

但接下来的说法就有些众说纷纭了。尤其是那些流传甚广的野史小说，更是极尽渲染极力铺排，将杨广说成是个强暴父皇宠妃于前，弑父夺宫于后的淫棍加恶棍。这种说法流传至今，有些后世所谓正史也采信不疑。

这很低级，也很无聊，但又并非完全是以讹传讹空穴来风，原因倒也不难理解——

就是因为大隋亡于此后登基的隋炀帝杨广之手，取而代之的大唐君臣自然要对他大加挞伐，而《隋书》《北史》等又是大唐贞观朝所成的官修正史，既要厚今薄古，又要以史为鉴，如果杨广真是顺理成章继承大位，那又置抢班夺权的李世民于何地？以李世民为首的贞观君臣将置于两难之境，正是因为他们自己接班的过程大有阴谋太过血腥，所以不愿意在这个问题上让隋炀帝太像是自己一伙的前辈先生，那留给隋炀帝的可不就只有在帷幄之间闪展腾挪的方寸之地了？但前隋毕竟刚落下帷幕，所以无法瞒天过海欺人太甚——再到后来，宋人司马光撰《资治通鉴》时就没了这种顾虑，笔下也就难免闪烁其词，也就有意无意为后人的曲解乃至演义式的臆测提供了广阔的天地——对后世影响极大的传奇不就是发轫于大唐吗？

“说尽前朝总是怨。”对被自己推翻的前代王朝，取而代之的胜利者总是要大肆泼污，否则便不能说明自己一方是在替天行道。这已经成了惯例和通例。唐太宗一伙在这一点上也未能免俗，只是由于杨隋一朝实在太过短命，而李唐王朝又国运绵长，此种情形才显得格外严重。李世民及其臣下也就通过这样的方法，将被自己在马背上打得落花流水尸骨无存的大隋末代君王又在纸张笔墨间重又杀死了一回，并借助后人的推波助澜将隋炀帝牢牢地钉在历史的耻辱柱上。

哪怕真的只是无意之举，推波助澜最有力的，也是宋人司马光。《资治通鉴》成书的目的本来就是要写“历代君臣事迹”，以为后世帝王治世提供借鉴，删减增补无不大有深意，正书之外，还有考异。因为顾忌到正史与野史的区别，司马光充分利用了正书与考异的不同，在有关隋文帝之死的地方，不仅以散见于《隋书》各处的零星材料为蓝本，同时还将唐人有关的野史小说收进考异，以一种看起来客观公正存疑备考的态度，让谬说得以堂皇面世，为后世尤其是明清时代的文人大加编排提供了仿佛是来自正史的依据。

说来说去，所谓隋炀帝弑父淫母大逆不道的有关说法，根源还在于所谓的贞观史臣。

前辈学者于此已有辩诬，这里笔者也就不全是在自说自话信口开河。既然通过前边的讲述，我们已经对杨广其人的心机心计以及善于掩饰的性格有了相当的了解，当然也就不会人云亦云地认为当年仁寿宫里真有一场由宫闱秽事演变而成的夺位骤变。直白地说，变故是有的，也部分地与女人有些关联，但那绝不是一场让无数后人津津乐道的男女之事，宫廷绯闻，也就肯定不会……

又是力比多惹的祸

那时的人们当然不知道力比多是个什么东西，但也并不影响他们动不动就拿力比多说事儿，尤其是在牵扯到隋炀帝的时候，就更是这样。灭陈之后，围绕着陈后主的宠妃该不该杀，又是谁主张杀，谁反对杀，已经有过一次拿杨广的力比多说事的先例了，现在又是如此。“力比多”其实是个外来词汇，其来源是大名鼎鼎的精神分析学说的创始人弗洛伊德。按他的说法，力比多指的是各种下意识的，以极其简单的快乐为满足、为原则的动物本能，例如饿了吃、渴了喝、困了睡。其中最重要和主要的则是原始的情欲。

单凭开皇年间为了一个太子之位，杨广就能“矫情饰行”达二十年之久，那他哪里就那么简单，会是一个只顾下半身一时之快，不管上半身身首异处的亡命之徒？！更何况还是在父皇病危、继统在望的关键时刻，换了你，能让自己二十年的心血毁于一旦？能吗?!

肯定的，纵观杨广一生，他的确是被一个始终纠缠着他的情结或者说心结所左右，以致不能自拔，后来，那个心结更是成了将他和他的大隋拖入万劫不复的深渊的死结——此事后文会有专节论述，故不赘述——但那不是女色，肯定不是，绝对不是!

再说那个旧史中差点被杨广以下犯上强行非礼——古时称之为“烝”——的宣华夫人陈氏，既然早在杨广还是江州总管时两人就有交往，为杨广谋太子位出力颇多，那她为何又要在文帝已病入膏肓行将就木，而太子眼看就要成为新君的时候，不仅不主动投怀送抱，反而还要在新君揽其入怀之时，推开这明摆着可以献媚取宠的大好机会？她是南陈后主的亲妹妹，却成了家国仇人隋文帝的小妾，要说不忠，她早已是大大不忠了，就算她守贞节，不愿被杨广非礼，那也没必要非要告发不可呀，她难道还真要给一个行将就木的糟老头子殉葬尽节不成？或许她另有隐情，但即便告状，也是项庄舞剑，意在沛公。道理同样简单得不能再简单，如果那时候人们的贞节观、守节观和伦理观真是那么中规中矩，那几十年之后的武则天又怎能先给李世民当才人，同时又与皇太子李治交欢，后来更理直气壮毫不脸红地成了高宗皇后?!

隋文帝死前死后的情形究竟是怎样的？曾是杨广谋太子之位的助手之一的宣华陈夫人究竟扮演了一个怎样的角色？要知道，在独孤皇后去世之后，新太子杨广在宫中最强有力的支持者就非她莫属了。

杨广没有料到，就是这个当初和独孤皇后一起，无条件支持自己的女人，居然在皇后去世之后，开始脚踏两只船，一边对自己虚与委蛇，一边开始寻找新的靠山，悄悄转向新近得势的柳述一伙，在父皇枕畔吹起了另一股风。谁不知道柳述的后边是兰陵公主，公主和驸马可都是直接能和皇帝说得上话的人呢！还有那个似乎已经被人遗忘了的天元皇帝的遗孀杨丽华，北周灭亡后，身为北周皇后的她又被父亲杨坚封为乐平公主，因为不肯改嫁，所以就一直留在宫中。两位公主加一位驸马，也许以前对远在江都且深受父皇母后喜欢的老二杨广并不反感，但他夺嫡前后对太子和蜀王的陷害又激起了这些人的反感和担忧，为了报复和自保，他们宁愿父皇百年之后承继大统的是杨勇而不是杨广。女人和女人对话总是容易的，加之杨广最坚强有力的靠山独孤皇后也已经不在了，那她们干吗不联手一处奋力一搏？既然杨勇可以立而被废，他杨广也活该被以其人之道还治其人之身。宣华夫人就这样加入进来，一个和皇帝有特殊关系的特殊的利益集团日夜在皇帝面前进言，杨广的日子当然不会那么好过。这些应该说是当时的背景材料。

还有一个背景就是皇帝的病显然是痊愈无望。正是因为有病在身，且越来越重，皇帝才一直下不了再次废立的决心，那毕竟不是小动作，上次废立引起的震荡至今余波未平，如果再次雪上加霜火上浇油，后果是谁也无法预料的。

考虑到上述两方面的因素，哪怕仅仅是为了预备皇帝的后事，身为太子负有监国之责的杨广也不能不有所动作以防万一。《隋书·杨素传》记载——

时皇太子入居大宝殿，虑上有不讳，须豫防拟，乃手自为书，封出问素。素录出事状以报太子。宫人误送上所，上览而大恚。所宠陈贵人，又言太子无礼。上遂发怒，欲召庶人勇。太子谋之于素，素矫诏追东宫兵士帖上台宿卫，门禁出入，并取宇文述、郭衍节度，又令张衡侍疾。上以此日崩，由是颇有异论。

既是“颇有异论”，自然就给后人留下了广阔的想象余地，也就有了后世越传越神秘、越传越邪性、越传越血腥的杨广“弑父烝母”的绘声绘色的演义。小说最初之所以在中国艺术史上地位不高，被视为“街谈巷议”“引车卖浆者流”，跟它的传奇出身、演义前科有没有关系？如果有关系，又有多大的关系呢？

据说导致隋文帝“血溅屏风，冤痛之声闻于外”的直接凶手是左庶子张衡。他后来死于杨广之手。那时当了皇帝的杨广要修建汾阳离宫，他进谏以为不可，理由是：“比年劳役繁多，百姓疲敝，伏愿留神，稍加折损。”结果招致疏忌，到底以谤讪朝政之罪被赐死于家中。大唐建国后，唐高祖李渊“以死非其罪，赠大将军、南阳郡公，谥曰忠”。点出这一点并非毫无意义，因为张衡如果真是弑君凶手，哪怕就是改朝换代后的君主，也没人敢给他平反，更不用说还给他个“忠”的谥号了。原因很简单，要是有人照猫画虎也把自己的性命夺走了呢？昏君暴君都是君，这可是丝毫不能马虎的关乎国本的原则问题。

我们一再辩诬说杨广没有弑父，只是为了揭示事情的本来面目，并不是要替他掩饰什么。事实是对行将就木的杨坚实在没必要再下杀手，只要停医停食就可以让他一命呜呼，杨广何苦要冒天下之大不韪？还有个事实是，伴随着隋末义军四起的状况，还有浪浪相叠、一浪高过一浪的讨伐声浪，如果隋炀帝真有弑父之举，他的政敌们谁会放过这现成的人神共愤的说辞，当时何以竟会无一人提及?!

没有弑父，并不是说杨广真就心慈手软，真就是在举国欢庆一派祥和中即位登基的。

只是由于双方实力实在太过悬殊，狐假虎威的柳述尽管与两位公主、一位嫔妃和一个黄门侍郎元岩互为应援，但在如狼似虎的东宫卫士面前，他们除了束手就擒之外并无良策。稳住了宫禁中枢之后，杨广依然秘不发丧，恰好杨素之弟杨约到仁寿宫入朝，此人在杨广被立为太子的过程中出力甚多，早被杨广引为心腹，杨广当即派他和郭衍赶回京城，撤换了留守者，诈称文帝诏命，赐前太子杨勇死。杨勇拒绝服毒，杨约即将他活活勒死，然后陈兵集众，控制京城，这才发布了隋文帝去世的消息。

隋文帝是仁寿四年七月十三日驾崩的，杨广在八天后的二十一日，在仁寿宫为其发丧，并于灵前即位。

八月初三，杨广扶先帝梓宫回到京城；十二日在皇宫正殿大兴前殿隆重举行丧仪，同时将柳述和元岩除名，发配岭南边地。还命令兰陵公主与柳述离异，公主誓死不从，再不朝谒，并上表请求免除公主名号，要求与夫君一道流放岭南。杨广当然不能容许对自己天子权威的挑战，大怒不从，公主忧愤而死，年仅三十二岁。

骨肉相残的悲剧自此当然还不算完。因为不放心坐镇并州、领有精兵的四弟汉王杨谅，杨广命车骑将军屈突通带着伪造的文帝诏书征杨谅入朝，却被杨谅看出破绽，立即起兵而反。杨广派杨素前往镇压，杨谅兵败被擒，除名绝籍，幽禁而死。

“五子同母，可谓真兄弟也”，这是文帝生前总爱挂在嘴边的话，得意之情溢于言表。但就是这同父同母的五个“真兄弟”，却有四个在骨肉相残的争斗中被废被黜，或关或杀，隋文帝实在负有不可推卸的责任。在他二十多年的统治时间里，前后相比，真让人有判若两人之慨。

文帝执政之初，“自强不息，朝夕孜孜，人庶殷繁，帑藏充实。

虽未能臻于至治，亦足称近代之良主”。后期则由于“天性沉猜，素无学术，好为小数，不达大体，故忠臣义士莫得尽心竭辞。其草创元勋及有功诸将，诛夷罪退，罕有存者。又不悦诗书，废除学校，唯妇言是用，废黜诸子。逮于暮年，持法尤峻，喜怒不常，过于杀戮”。

《隋书》对他的这种评价其实也是唐太宗李世民君臣对他的说辞，可算是公允之论，并且对后人影响深远。

“隋无德而有政，故不能守天下而固可一天下。以立法而施及唐、宋，盖隋亡而法不亡也。”这是大名鼎鼎的清代学者王夫之在他的《读通鉴论》里的说法。

人亡而国在，国亡而法在，尽管被讥为“不学无术”，隋文帝杨坚也当得起谥号里的一个“文”字。只有文而化之，才能传而久之，这是不是也是一条治世之道呢？

隋文帝杨坚于仁寿四年十月十六日被葬于太陵，与先他而去的独孤皇后异穴同坟。据说那是他自己的遗愿。由于是开国皇帝，所以他的庙号是——高祖。

人比人，气死人

说完隋高祖杨坚之后，我们该说一说唐高祖李渊了。

尽管都曾经是一言九鼎言出法随生杀予夺的王朝帝君，尽管都是趁势而起顺天应人一统寰宇的开国之主，尽管两家又是沾亲带故说远不远说近不近的亲戚，但不一样就是不一样，尤其是他们人生大戏的最后一幕，更是风格迥异大相径庭。虽说人人都有一死，拥抱死神是我们所有人逃无可逃的最后结局，在这样令人颇感无奈的终局面前，所有人都是平等的——“殊途同归”这个成语就是在这样的意义上也是成立的——但走向这个终局的过程却千差万别，有时候说成是风马牛不相及也并不过分。杨坚、李渊都是皇帝，他们的死按正规的说法都叫“崩”，也就是山呼海啸天崩地裂的意思。但不一样就是不一样，用老百姓的话说，那就叫人比人，气死人！

说唐高祖李渊是被活活气死的也一点都不过分。

玄武门之变是大唐武德九年六月四日发生的。

三天后，也就是六月七日，李渊下诏立李世民为皇太子。

再五天后，新太子的东宫班子成员任命发布，其成员大都或明或暗地在几天前的玄武门之变中有上上的表现。

距玄武门之变仅一个月零两天之后，太子东宫就有了侍中（高士廉）、中书令（房玄龄）、左仆射（萧瑀）、吏部尚书（长孙无忌）、兵部尚书（杜如晦）等完全是朝廷中枢才应该有的职官设置。接下来的设置便越来越全，什么中书舍人、中书侍郎、御史大夫，还有左卫将军、骁卫将军、右领军将军、右监门将军、领左右军将军等全体亮相，显然是一副另立朝廷、另立中央，与当时还是皇帝的李渊分庭抗礼的架势。而且一切就发生在京城，就在当朝皇帝李渊的眼前！尽管李世民可以用自己被立为太子的同时，就有军国庶事无论大小，“悉委太子处决”的父皇诏令来解释，但他咄咄逼人得寸进尺迫不及待抢班夺权的行径却也无从掩饰大白天下。

肯定的，李世民甚至压根就不屑掩饰与解释。玄武门之后，皇帝——哪怕那是他的亲爹呢——已经有名无实形同摆设，那他当然可以颐指气使为所欲为。

既然皇帝都已经拿自己的儿子没办法了，那别人自然也没办法了。

皇帝也许是咎由自取，但曾经的秦王、现在的太子真的就不能哪怕稍稍客气一点、谦和一点，稍稍顾忌一下我们这个从来都视与朝廷分庭抗礼为大逆不道的礼仪之邦的优良传统吗？他难道真的就不能稍稍耐心一点，耐心地走完必要的程序，再名正言顺地去投身已经非他莫属的治国安邦的宏图大业吗？他难道就不怕后人照猫画虎如法炮制吗？如果政治真的只是一场凭实力说话的角逐，那岂不是说在这里所有的阴谋都不是阴谋，所有的血腥都不是血腥，从而也就所有的规矩都不是规矩？！不问是非，只论成败，胜者王侯败者贼的观念慢慢渗透社会生活的方方面面，导致几千年封建社会发展停滞不前。

宫廷政变喋血都门，李世民当然不是第一例，也不是最后一例，但一想到至今都让人们激赏不已赞不绝口的贞观盛世居然是这样的来历，总难免让人心里有些不舒服。也许我们是有些苛求先人了，但千年以前的李世民都知道以史为鉴、以人为鉴，那我们不是更应该鉴之戒之谨之慎之吗？！

话扯远了拉回来，继续说李渊、李世民。

面对李世民的咄咄逼人步步紧逼，大权旁落真正成了孤家寡人的唐高祖终于在那一年的八月八日正式传位于太子，第二天李世民就在东宫显德殿即位，正式成了大唐第二代皇帝。

李渊的大权与其说是交出去的，不如说是被儿子抢走的，大唐王朝的开国皇帝能是心甘情愿心悦诚服的吗？能吗？但他也只能接受既成事实，窝窝囊囊地当起了太上皇。

而之前成了大隋高祖的杨坚却一直大权独揽，皇帝也一直当到闭眼咽气撒手人寰为止。甚至就是在大行之前，还让杨广又胆战心惊地经受了一次有惊无险的煎熬。

这也叫不怕不识货，就怕货比货，也就是两位高祖之间“人比人，气死人”的第一层含义。

现在我们可以下结论了，如果说杨广的皇位是骗来的话，那么李世民的皇位就是抢来的。一骗一抢一文一武一软一硬，不但让当事人自己感受不同，同时也让旁观者褒贬不一，这自然又是一层区别了。

杨广即位是疑案悬案。

李世民则是血案公案。

公平地说，儿子们的不同做法其实都是父亲们逼出来的。两相比较，以笔者个人的看法，两位高祖可以说都曾经是好皇帝，但作为父亲来讲，受骗上当的隋高祖杨坚其实远不如晚景凄凉的唐高祖李渊。

唐高祖李渊当皇帝的时间并不长，连头带尾也不到九年。但若没有这九年打下的底子，也就不可能有后来李世民的贞观之治。就算唐太宗李世民真是可圈可点彪炳史册的历史巨人，托起他丰功伟业的辉煌形象的，也是父辈的尸骸与身躯。

当年占据长安之后，李唐王朝之所以没有成为偏安西北一隅的小朝廷，除了李世民兄弟等人的东征西战南讨北伐，关键还在于身为开国皇帝的李渊的决策英明措施果断用人得当。我们说他是大唐王朝的隋文帝也并不过分。

在长时间、大规模的战乱之后，身为皇帝的唐高祖李渊一反隋炀帝随心所欲任意征敛的暴虐，拨乱反正励精图治，着力于恢复和发展经济，重新颁布均田制和租庸调法，促进生产；又轻徭薄赋，安定人心，让人民安居乐业休养生息，使唐朝初年就开始有了人口增加、经济繁荣的初步景象，为后来的贞观之治奠定了良好的基础，也就成了贞观之治事实上的奠基人。《新唐书》有一段他对自己的评价——

“隋为无道，主骄于上，臣谄于下，下上蔽蒙，至身死匹夫手，宁不痛哉！我今不然，平乱责武臣，守成责儒臣，程能付事，以佐不逮；虚心尽下，冀闻嘉言。”

应该说这种自我评价显然是一种不骄不矜的持平之论。

《剑桥中国隋唐史》对他也有说法——

唐高祖举兵反隋时尽管已年过五十，上了年纪，他仍然不失为一个有雄心壮志而又生气勃勃的和干练的领袖人物。有充分材料可以证明，他具有不凡的抱负，而且毫无疑问，恰恰是他策划了太原起事，并胜利地引导唐军进抵隋都。他对李密和东突厥人的外交攻势使得唐军能夺取大兴城，并且使得唐军能组织和加强在陕西的力量而无虞敌军的阻碍。后来，他的大赦、封官许愿和大加赏赐的政策，再加上李世民在战场上的胜利，有助于使新王朝取得很多必要的支援，并且促成了全国的重新统一。也正是唐高祖其人建立了初唐的制度和政治格局。武德之治，从任何现实标准来衡量，都算得上取得了突出的成就；从其结果来看，唐王朝已经打下了坚实的行政、经济和军事基础。总而言之，唐高祖为他儿子的辉煌统治奠定了必不可少的基础。

这也算得上是公允之论。外国人说中国史尚能不偏不倚，那自己说自己不就更应以历史为根据，以事实为准绳，有一说一有二说二吗？但问题偏偏就出在这里，表面上的原因在前边的叙述中有所涉及，但表象背后真正重要的动机到底是什么呢？为尊者讳、为亲者讳、为贤者讳是传统，也是不得不如此的需要。不是只有外来的和尚才会念经，而是本地和尚不敢也惹不起方丈以及施主！事实上正是由于不满意史书对唐高祖的诋毁，《剑桥中国隋唐史》的作者才有了刚才所引的那段辩诬之言，他们认为——

可以毫不夸张地说，唐高祖是中国一切史书中最受贬低的一位君主。他的声誉之所以蒙受损失，第一是因为事实上他的统治时期很短，而且是夹在中国历史上两个最突出的人物的统治期的中间：他前面的统治者是大坏蛋隋炀帝，他后面的则是被后世史家视为政治完人的唐太宗。第二，已如上述，是因为他建立唐王朝的功绩被他的接班人精心地掩盖了。

“掩盖”而且“精心”，还是被他的“接班人”，这中间究竟有着怎样的历史渊源和现实斟酌呢？李世民对自己父皇的不满究竟缘何而起、缘何而生？又缘何孜孜念念始终无法释怀，以致不顾人伦天纲，生前迫其退位，死后还要不依不饶极尽羞辱？

父子之间骨肉相连，就算皇家无亲情，贞观天子李世民是不是也太过分了呢？

前面说过“人比人，气死人”，还说过唐高祖李渊其实是被唐太宗李世民气死的，这究竟是不是信口开河胡说八道呢？

新权威论

“权威”者，以权生威因权生威、二者相辅相成相得益彰互为因果之谓也。这也属于人人皆知的常识，不说也罢。值得一说的，倒是那种曾经位高权重执掌权柄的人，在失去权力之后的不无微妙的心态和感觉。

一千多年前，中国唐朝的第一位皇帝李渊，在被人从皇帝的宝座拉下来之后，不止一次地经受过类似或严重得多的挑战与羞辱，而那个人不是他的政敌，而是他的接班人和儿子。将心比心，李渊究竟会有一种怎样难言的滋味呢？

据记载，当上皇帝以后不久，尤其是全国局势大致稳当、海晏河清的局面开始初现端倪的时候，唐高祖李渊也开始耽于纸醉金迷声色犬马的享乐，生活上的贪图安逸，必然导致政治上的暮气沉沉无所作为。几乎一天到晚被众多嫔妃包围着的唐高祖是在进入人生暮年的五十岁之后才当了皇帝的，想抓紧时间享受一番也情有可原。

大权在握的唐高祖对这一点深信不疑：皇位自己这一辈子是坐定坐稳了，儿子们要争要抢就让他们去闹好了，只要别太出格，自己这个皇帝老子就总会有办法摆平他们兄弟间的不和。这样想了之后呢，他也真就这么做了，除了朝中那些非他点头表态不可的大事，再就是在太子、秦王还有齐王之间抹抹稀泥、搞搞平衡之外，其他的事情差不多都交给令他深信不疑的老朋友、老宰相裴寂去料理，自己只顾抓紧时间享受生命享受生活。

他曾不止一次地和众多的嫔妃一起，摆起浩浩荡荡的銮舆车驾，携带着珍馐宝器，来到裴寂的宅邸，“宴乐极欢，经宿而去”。

甚至还有一次在和裴寂喝酒的时候，颇为感慨地说过这样的话：“公为台司，我为太上，逍遥一代，岂不快哉！”

那是武德六年的事，那时候他还是皇帝。他没想到仅仅三年以后，当初的一句笑言就真的成了现实。也就是在真的当了太上皇之后，他才痛心疾首地发现——

太上皇的滋味真是不好受！

无人问津门可罗雀的滋味真不好受！

说了不算，甚至还不能想说就说的滋味真不好受！

受制于人，被人——尤其是被儿子——含沙射影屡屡指责的滋味真不好受！

而这一切的不好受就在于失去了至高无上的权力，失去权力无权无威一落千丈的滋味真是不好受！

和没有当过一天太上皇的隋文帝相比，唐高祖李渊的经历无疑要更丰富一些。当然，要是他自己能选择的话，他肯定不会要这种令自己痛苦万分的选择。

痛苦不是他一个人的，甚至还牵连到深受他的宠爱、信任的宰相裴寂。

裴寂此人，我们此前屡有提及，裴寂由于早在太原起兵之时就参与密谋，属于拥有“佐命之勋”的首义功臣，所以在武德年间一直崇贵无比。

但他一直和李世民搞不到一块儿。

晋阳起兵，他们就多次发生战略分歧。

唐朝建国后，又在刘文静事件上尖锐对立，一个要保，一个要杀，最终裴寂占了上风，刘文静人头落地。这笔账李世民一直给他记着，一直记到了贞观年间。

后来，在储君之位的激烈争夺中，裴寂也一直站在原太子李建成一边。

也许真是预感到自己陷入皇家是非太深的缘故，早在武德五年，裴寂就向当时还是皇帝的唐高祖提出了告老还乡的要求，因为唐高祖真情挽留，裴寂这才留了下来。

后来就到了李世民当皇帝、李渊为太上皇的贞观年间。从表面上看，裴寂还是受到尊重的，食邑比唐太宗所有的功臣都多，达一千五百户，位列第一，但实际参与政事的权力被剥夺了。贞观三年（629）正月，因有“沙门法雅，初以恩幸出入两宫，至是禁绝之”。这说的是有个叫法雅的和尚因受宠信，可以自由出入宫廷，但到了贞观年间这种特殊待遇没有了，和尚不满是肯定的，但不知怎么又成了案子，而且还与裴寂有牵连。裴寂力辩无效，受到撤职、削食邑一半、放归老家的处分。

堂堂宰相能受一个小小和尚的牵连，以裴寂的聪明能不明白这其中蕴含的信息？但早就有意归乡的裴寂不知怎么此时却犯了糊涂，竟“乞住京师，久而不去。太宗大怒，长安令王文楷坐不发遣，令笞三十”。

李世民的鞭子看起来是打在小小的长安令的身上，但鞭梢所向、鞭锋所指谁还看不出来？笔者也因此认定，在朝中高层任职有年的裴寂之所以此时留恋京城，盘桓不去，实在不是糊涂，而是心里放不下过去的皇帝、现在的太上皇。人与人之间真该有点超越功利的温情，否则，人活得不是太苦、太难、太没有意思了吗？

那一次裴寂还被唐太宗恶狠狠地奚落了一顿：“计公勋庸，安得至此！直以恩泽为群臣第一。武德之际，货赂公行，纪纲紊乱，皆公之由也，但以故旧不忍尽法。”

指鸡骂狗指桑骂槐，裴寂明显是在代人受骂。唐高祖听见了也只能假装耳背。

紧接着，京中又有人扬言“裴公有天分”——也就是有当皇帝的天命的意思，这才真是明知皇帝不爱听什么偏要让皇帝听什么——裴寂本来就惶恐不安，听到此言既不敢上奏，又不甘授人以柄，竟然唆使他人去杀之灭口。于是，唐太宗以四条罪状要处裴寂死罪——

“位为三公而与妖人法雅亲密，罪一也；事发之后，乃负气愤怒，称国家有天下，是我所谋，罪二也；妖人言其有天分，匿而不奏，罪三也；阴行杀戮以灭口，罪四也。”

但这几条如果细究起来，也实在经不起推敲，于是最后的处置是：“我杀之非无辞矣。议者多言流配，朕其从众乎。”

还是谁官大谁嘴大，怎么说都是说。只是不知道当年想怎么说就怎么说的皇帝，如今却不能这样做的太上皇知道后又会怎么说?!

当然，就像李渊当初剥夺过别人的发言权那样，他自己的发言权也被人剥夺了。

早就被剥夺了。

尴尬的太上皇

据《史记》记载，“皇帝”一词是秦始皇的发明，“太上皇”这个词也是他的专利。第一个把皇帝叫作皇帝的他不仅幻想“朕为始皇帝。后世以计数，二世三世至于万世，传之无穷”，同时也对已形成套路的“子议父，臣议君”的“中古有号，死而以行为谥”的做法大为不满，“朕弗取焉”，金口玉牙追尊其父庄襄王为太上皇。

第一位活着享受了一番“太上者，无上也”“皇者，德大于帝”的太上皇风光的，是汉高祖刘邦从乡下来到皇宫的老父亲。曾是乡中泼皮无赖的刘老三虽说当了皇帝，但也依然拿父亲当父亲对待，隔几日去看一看，“如家人父子礼”，父子之间谁也没觉得有什么不对。但偏有“太公家令说太公曰：‘天无二日，土无二王。

今高祖虽子，人主也；太公虽父，人臣也。奈何令人主拜人臣！如此，则威重不行。'”。问题如此严重，本来心安理得的刘老太爷这下坐不住了，下次儿子再来，便也跪拜相迎；刘邦被父亲吓了一跳，赶紧又去扶父亲。中国人是最讲究礼法规矩、讲究名正言顺的，刘老太爷坚持不能让身为人主的儿子“乱天下法”，于是刘邦“乃尊太公为太上皇”。而那个劝说老太爷不要在皇帝面前摆老子架子的家令也让刘邦很是喜欢，“心善家令言，赐金五百斤”。

关于这个问题，刘邦还特意下诏说：“人之至亲，莫亲于父子，故父有天下传归于子，子有天下尊归于父，此人道之极也。”

完全是儿子的缘故，刘老太爷就这样成了太上皇，说是天上掉下个馅饼偏就砸中了他也一点都不过分。刘老太爷自然也就满心欣喜，一门心思在儿子富丽堂皇的皇宫里养鸡喂狗养花种菜地过起了自己的乡土生活。

同样也成了太上皇的李渊的情况却大不相同。他自己就曾经是“命为‘制’，令为‘诏’，天子自称曰‘朕’”的皇帝，大唐江山也是他带着儿子们打出来的，却突然被儿子先是迅速架空，继而赶下皇位，成了受人摆布无权无威的太上皇，那日子真可以说是要多窝心有多窝心，那感觉要多尴尬有多尴尬。

武德九年十月，刚登上皇位两个月的李世民就在朝堂上对李渊时期的政治举措进行公开抨击。针对李渊为了“强宗室以镇天下”，滥封宗亲，甚至封到高祖父一代的远亲，以致“虽童孺皆为王，王者数十人”的局面，李世民问道：“遍封宗子，于天下利乎？”

当今皇帝有此一问本身就足以说明问题了，来自臣下的回答自然也就不难预料："前世唯皇子及兄弟乃为王，自余非有大功，无为王者。上皇敦睦九族，大封宗室，自两汉以来未有如今之多者。爵命既崇，多给力役，恐非示天下以至公也。"

李世民立即表态："然。朕为天子，所以养百姓也，岂可劳百姓以养己之宗族乎！"紧跟着采取的举措就是"降宗室郡王皆为县公，惟有功者数人不降"。

此种抨击和改正自然并无不当，但太上皇李渊会不会有一种被人当众羞辱的感觉呢？

这当然只是个开始，类似的事例简直举不胜举。

贞观元年（627）正月，贞观天子大宴群臣，席间命人奏起了为自己歌功颂德的《秦王破阵乐》，并于大庭广众间公然说道："朕昔在藩邸，屡有征伐，世间遂有此歌……功业由之，致有今日，所以被于乐章，示不忘本也。"

秦王雅乐歌一曲，劳苦功高是世民，这也太有点贪天之功了吧？

后来又是贞观三年的裴寂事件。

也是在那一年，大将军李靖大破突厥的消息传到朝廷，朝中自然是一片庆贺之声，贞观天子更是借题发挥，来了一段抑父扬己皮里阳秋的演说："昔国家草创，太上皇以百姓之故，称臣于突厥，朕未尝不痛心疾首，志灭匈奴，坐不安席，食不甘味。今暂举偏师，无往不捷，单于款塞，耻其雪乎！"

李世民虽然不愿意承认当初与突厥的关系其实是一种以屈求伸的策略，但总算给了李渊一个解释，当然他的目的依然在于两相比较，突出自己“暂举偏师，无往不捷”，替大唐一雪前耻的功绩。

一年后，四夷君长尊贞观天子为天可汗，突厥颉利可汗也成为俘虏被押往长安。据说，听到消息后的太上皇心悦诚服连声叹息：“今我子能灭突厥，吾托付得人，复何忧哉！”接下来自然就是欢欣鼓舞欢歌笑语普天同庆的场面。《资治通鉴》记载：“上皇召上与贵臣十余人及诸王、妃、主置酒凌烟阁，酒酣，上皇自弹琵琶，上起舞，公卿迭起为寿，逮夜而罢。”

这样父子置酒与群臣同欢的场面在贞观七年（633）年底又出现了一次。事情依然是和突厥颉利可汗等人有关，地点则是在当时还保留着的西汉未央宫。饮酒时，太上皇李渊命突厥颉利可汗起舞，又命南蛮酋长冯智戴咏诗，自己则笑道：“胡、越一家，自古未有也！”接着就是贞观天子李世民奉觞上寿道：“昔汉高祖亦从太上皇置酒此宫，妄自矜大，臣所不取也。”

《资治通鉴》中两次浓墨重彩描绘的欢庆场面其实主题只有一个，那就是为执掌朝政的贞观天子歌功颂德。总是自吹自擂自说自话难免让人生疑生厌，这才有了这样不露痕迹便尽得风流的春秋笔法。因为太上皇实际上是“命”不了皇帝的，所以第一次是太上皇弹琵琶，皇帝自己“起舞”尽欢；而第二次则是太上皇“命”已经归附中央政府的突厥可汗“起舞”、再“命”南蛮酋长“咏诗”，太上皇当政时期可是曾经向突厥称过臣的，如今连这样的太上皇都可以扬眉吐气颐指气使了，当今皇帝的功高盖世前无古人可不就是“自古未有”?！

提起汉高祖刘邦与其父亲也是大有深意。谁不知道刘邦少时因游手好闲不置产业而屡被责骂，当了皇帝后他得意扬扬地问父亲，看看吧，我如今挣下的是一份多大的家业?！那一段父子龃龉，已经成为一段流传久远的佳话啦。贞观天子旧事重提，无疑还是在借古喻今，将自己比作志向高远的汉高祖，而将自己的父亲比作那个鼠目寸光因循守旧糊糊涂涂捡了个太上皇做的刘老头啦！

这种比喻的弦外之音太上皇李渊能听不出来？能吗？别忘了他可是在大隋官场历练已久，自己还曾做了好几年皇帝的人呢！当初隋炀帝一句“阿婆面”的揶揄就曾让他郁闷颇久耿耿于怀，如今，面对来自儿子更为恶毒的攻讦，就算他表面上波澜不惊神色如常，心里难道真能安之若素无动于衷？能吗？

如果说以上事例更多的是一种两代皇帝之间的心理交锋，那么还有更能说明问题的所有人都真真切切看到了的事实。

其中最明显不过的大概是贞观三年四月的那次从太极宫往弘义宫的搬迁。

所谓太极宫就是太上皇李渊当皇帝时的听政之所、所居之处，自然也就是整个皇宫的中心。在它的东边，就是太子所居的东宫，西边则为掖庭宫，既是宫女的住处，也是犯官家属配没入宫劳动改造的地方。位于太极宫正中的是太极殿，由大隋大兴殿改名而来，是皇帝每月初一、十五视朝的地方。它后边的两仪殿则是皇帝日常听政视事的场所。

玄武门之变后，太子李建成被杀，李世民从自己住的弘义宫入主东宫，虽然说不免仓促，但也算名正言顺。但很快他就成了皇帝，而老皇帝虽说成了太上皇但还活着，新皇帝总不便公然将他强行迁出吧？就这样，李世民的登基典礼是不无别扭地在东宫显德殿举行的。东宫当然也是秦王李世民曾经朝思暮想的地方，但那是当太子之前，现在都当了皇帝了却还要偏居东宫，李世民心里当然窝囊得很。但这其实只是问题的一个方面，另一个方面的问题就远不是窝囊一词所能解释得了的：这里曾是原太子一家生活的地方，而那一家又全部死在自己刀下！哪怕已经当了皇帝，李世民其实还是挡不住内心深处无法与人言说的愧疚和恐惧，尽管没有任何史料佐证我的这一说法，但我还是要这样说、这样想。真的，在所有的皇帝都是人间尊神，只要当上皇帝，除了生老病死的自然法则之外，人间所有的律法对他都没了约束与效用的情况下，皇帝真要不怕天不怕地、不怕鬼也不怕神地为所欲为，天下苍生能奈其何?！所以我宁愿想象曾经让李世民日思夜想到头都疼了的东宫，真正住进去之后，那里实际上也是让他寝食难安的煎熬之地。就是为了这个，他也想能早一点、再早一点地从那里搬出，以求取得心灵的安宁！太上皇李渊是不是也看出或者猜出了新皇的心思，有意无意要与新皇憋一口气呢？否则，以他当初极其识相地就将皇位拱手出让的聪慧与世故，他为什么不尽快主动地从太极宫迁出，该住哪儿住到哪儿去呢？

父子俩就这样不动声色地僵持了三年，直到贞观三年四月，太上皇李渊才迁往自己还是皇帝时，为表彰秦王“有克定天下功，特降殊礼”而下令为秦王修建的弘义宫。按《唐会要》里的记载，太上皇李渊是自愿搬迁的，搬迁的理由是：“高祖以弘义宫有山林胜景，雅好之。至贞观三年四月，乃徙居之，改名大安宫。”

这条理由显然缺乏说服力。从皇宫搬到昔日的秦王别宫，按朝廷礼制，那弘义宫不但比皇宫低一级，还要比太子东宫低一级。别说是享惯尊荣富贵的皇帝了，就以普通百姓的习性出发，房子谁不想越住越大、越住越好？按现代人的话讲，房子也好，工资也好，都属于只能上、不好下的事涉民生的刚性福利。老百姓都是这样，更遑论曾经的皇帝、现在的太上皇？

果然，贞观六年（632）正月，有监察御史马周上疏道：

臣伏见大安宫在宫城之西，其墙宇宫阙之制，方之紫极，尚为卑小。臣伏以东宫皇太子之宅，犹处城中，大安乃至尊所居，更在城外。虽太上皇游心道素，志存清俭，陛下重违慈旨，爱惜人力；而蕃夷朝见及四方观听，有不足焉。臣愿营筑雉堞，修起门楼，务从高显，以称万方之望，则大孝昭乎天下矣。

这是从国际影响和群众舆论两方面给皇帝做工作，建议将大安宫修整一番，以符合太上皇的身份，也让皇帝在天下人面前显示一番天子之孝。

听话听声，锣鼓听音，皇帝的孝行既然需要“昭乎天下”，那是不是说已经有了皇帝不孝的民间传闻呢？

皇帝和太上皇父子俩究竟怎么了？太上皇究竟哪里又是因为什么惹恼了皇帝，以至于皇帝不能哪怕仅仅是出于胜利者特有的好脾气和好心情，多少显示一下自己的风度和气量呢？

李世民的心结

人生在世，不论你是达官贵人还是草民百姓，大都会有自己难解的心结——如果总也解不开，那就成了死结。这种死结有时会是致命的——例如，我们以后将会讲到的导致隋炀帝万劫不复的死结。李世民也有自己的心结。玄武门之变就是他解开自己心结的一次努力。玄武门之变是成功了，但让李世民始料未及的是，他为解开心结所做的努力，却导致了新的更大更难解的心结，也就成了登上皇位、当上皇帝的李世民终生难解的死结。

“若事成，则天下皆汝所致，当以汝为太子。”据《资治通鉴》所说，这是决定晋阳起兵的时候，后来的唐高祖对更后来的唐太宗说的。客气点说，这是不是有些像两个猎人还在窝棚里擦枪准备打猎的时候，就开始为打下的不知是山鸡还是野兔究竟该烧烤还是该清炖而开始的算计呢？据说，李世民当时就“拜且辞”。

这当然只是开始，后来与此有关的说法便是不绝于耳不绝于书——

后来他们打下了长安。作为当皇帝的准备与过渡，李渊先成了唐王，“将佐亦请以世民为世子，上将立之，世民固辞而止”（《资治通鉴》）。

“世民功名日盛，上常有意以代建成。”（《资治通鉴》）

“大王功盖天地，当承大业。”（《资治通鉴》）

“德星守秦分，王当有天下，愿王自爱。”（《旧唐书》）

后来的说法又有变化，变得更直接、更露骨，而且更多的是贞观天子李世民自己在说。当然，那是在曾经的皇帝、后来的太上皇终于成了唐高祖，也就是当事人一方已经大行西去死无对证以后了——

“武德六年以后，高祖有废立之心而未定，我不为兄弟所容，实有功高不赏之惧。”(《资治通鉴》)

“朕观古先拨乱之主皆年逾四十，惟光武年三十三。但朕年十八便举兵，年二十四定天下，年二十九升为天子，此则武胜于古也。”(《贞观政要》)

就这么一番说辞，整个大唐从兴兵举义到开国定都再到政通人和就全是李世民的文治武功皇皇大业，不要说李建成、李元吉等人了，就是老李渊也压根不见了踪影。尽管话说得气冲牛斗理直气壮，但心里毕竟又疑神疑鬼无法坦然，尤其是关于玄武门之变，更是心中挥之不去的阴影和魔障。若不能在有生之年给个说法，难保后人不说三道四胡说八道，尽管那时候还没有决议议案之类的东西，但国史之类的东西还是有的，当朝帝王实录更是其中不可或缺的部分，于是便调阅查看，并下达指示——

“昔周公诛管、蔡而周室安，季友鸩叔牙而鲁国宁。朕之所为，义同此类，盖所以安社稷、利万民耳。史官执笔，何烦有隐？宜即改削浮词，直书其事。”(《贞观政要》)

现在我们总算明白了，李世民所有的心结全都纠缠于此！

围绕着太子之位，他曾经和李建成、李元吉等亲兄弟展开了一轮又一轮的明争暗斗，不管老皇帝心里到底是怎么想的，究竟说没说过要改立劳苦功高的秦王为太子的话，哪怕仅仅是为了制造舆论，李世民也得假他人之口说出自己的所思所想所欲所望，目的只有一个，那就是让父皇早下决断。但父皇那里总是首鼠两端犹豫不决，随着形势越来越紧迫，李世民终于抛弃了对父皇的期望，也就没有了合法过渡和平演变的幻想，终于有了玄武门的刀光剑影鲜血淋漓。李世民才不想理会父皇有什么难处呢，他认定就该自己接班当那个皇帝，应该而不能实现，他自然对父皇又怨又恨怨恨交织恨多于怨。他认定是父皇把自己逼上了那条杀人喋血英名受损的不归之路，自己的声誉和形象从此将在世人眼中大打折扣，怎能不是千古之憾千古之痛千古之恨?!

李世民就这样成了一国之君，也因此而对父皇抱定了决不客气决不原谅决不宽恕的态度，也就因此才有了即位后对老皇帝的种种不恭不孝以至连臣下都看不过去的举动——

贞观六年，贞观天子想去九成宫避暑，却压根没想到春秋已高的太上皇。监察御史马周上疏道:“臣又伏见明敕，以二月二日幸九成宫。臣窃惟太上皇春秋已高，陛下宜朝夕视膳而晨昏起居。今所幸宫去京三百余里，銮舆动轫，严跸经旬，非可以旦暮至也。太上皇情或思感，而欲即见陛下者，将何以赴之?且车驾今行，本为避暑。然则太上皇尚留热所，而陛下自逐凉处，温清之道，臣窃未安。然敕书既出，业已成就，愿示速返之期，以开众惑。”

即便有如此尖锐的批评，贞观天子依然不顾父子之间的温情之礼，自顾自地走了。

第二年依然如故。

第三年开始的情形还是如此。贞观天子是那年三月去的九成宫，到了七月，却突然“屡请上皇避暑九成宫，上皇以隋文帝终于彼，恶之”。看起来好像是皇帝终于想起太上皇了，而太上皇自己反倒扭捏起来。实际的情况是，儿子请老子避暑之日，正是老子得“风疾”之时，李世民正是在此时来了一次孝顺秀！

还有更绝的，贞观七年，“冬，十月，营大明宫，以为上皇清暑之所”。由于太上皇已经抱病，结果自然是“未成而上皇寝疾，不果居”。

大唐太上皇就这样于贞观九年（635）五月，以七十高龄辞世归西，葬于献陵。

修陵的时候皇帝还有诏令：“依汉长陵故事，务存崇厚。”也就是高抬深埋，以尽孝道的意思。

给太上皇的谥号是太武皇帝，庙号高祖。

唐高祖李渊就这样走完了他最后一段不无苍凉的黄昏岁月，至死都没能得到儿子的谅解，甚至死后儿子对他也是冷淡异常。有过这样一件事——

贞观十年（636）六月，贞观天子的文德皇后去世，十一月葬于昭陵。贞观天子“于苑中作层观以望昭陵，尝引魏徵同登，使视之”。魏徵故意说看不见，皇帝以手指引，魏徵旁敲侧击来了一句：“臣以为陛下望献陵，若昭陵，则臣固见之矣。”

老父不如老婆，并且毫不隐讳，这在那个视父母为恩人、视兄弟如手足、视妻子如衣服的年代也算是惊人之举了吧？李世民心结之深，由此可见一斑！

其实，让儿子误解如此之深，李渊也实在是身不由己己不由人人不由心。还是清初学者王夫之看得明白。他说：

太原之起，虽繇秦王，而建成分将以向长安，功虽不逮，固协谋而戮力与偕矣。同事而年抑长，且建成亦铮铮自立，非若隋太子勇之失德章闻也，高祖又恶得而废之？故高祖之处此难矣，非直难也，诚无以处之，智者不能为之辩，勇者不能为之决也。君子且无以处此，而奚翅高祖？

所以结论斩钉截铁："建成以长，世民以功，两俱有可立之道。"

现在的人可以一言以蔽之：全是制度惹的祸！

英国人罗素在《权力论》里是这样说的："君主政体有一些极大的弊病。如果它是世袭的，统治者未必总是有才能的人；如果继承法靠不住，就会发生王朝内战。在东方，新统治者登基后的第一件事通常是将他的兄弟处死；但是，如果他们当中有一人幸免于难，他便会提出王位的要求，以作为免遭处决的唯一机会。……另一方面，如果君主政体不是世袭的，甚至更有可能发生内战。"

值得庆幸的是，李世民胜利了。

而且没有内战。

尽管他因此有了一个始终纠缠着自己的心结死结，也正是由于这个心结死结，他才一定要当好这个皇帝，以便在天下人面前证明自己绝对是配得上这个位置的。

这是不是贞观之治得以成为现实的一个不容忽略却偏偏被忽略的原因呢？

是——不——是?!

卷三

大业、贞观纪事（上）

第五章
大业宏图：杨广的执政生涯

新皇新都新气象

早在杨广登基之前，随着原太子杨勇的被废黜幽禁，朝廷高层有了一次排队划线的政治清洗，已经是人心惶惶流言涌动；现在，他又是在父皇不明不白地驾崩，几个兄弟也都或关或杀，分封在外的幼弟汉王杨谅领军叛乱、全国震动的情况下登上大位的。即使周围亲信都知趣地不会多说什么，就算杨谅的叛乱很快就被杨广派出的杨素像砍瓜切菜一样，三下五除二就解决了，但刚刚登上皇位的杨广内心依然是忧虑多于喜悦，忐忑不能张扬，渴望展翅高飞大展宏图大建功业之志远甚于抱残守缺因循守旧只求苟全之心，目的极其简单：让全天下所有的人都看看，我杨广既然能龙登九五，那就一定上合天道，下孚人望，就一定能成为不让秦皇、不输汉武的千古一帝!

大业天子真是这样开始他的执政生涯的。

被认为是历史上少有的混蛋皇帝之一的杨广其实并不是个混蛋，起码那时候不是。

仁寿四年七月二十一日，他在父皇灵前即位；

紧接着就是汉王杨谅的叛乱，结果“月余而败”；

同年十月十六日，杨广将父皇安葬于太陵，庙号、谥号一应俱全；

半个月之后的十一月初三，他就大驾光临洛阳，并于十多天后发布了营建东京的诏令，开始了他执政后的第一个大动作。

这首先是出于一种政治考虑。

声势浩大的杨谅叛乱被平定后，除杨谅被“屈法恕死”，除名为民、绝其属籍，不承认其为皇家血脉之外，官吏臣民受株连获罪被处死和流放的有二十余万家，其中大部分被强令迁徙到洛阳附近，以便集中监视控制。

类似大规模的迁徙流放在杨广之前和杨广之后都算不得新鲜，当时叫作“迁虏”和“谪戍”。例如秦始皇就有过“山东迁虏”，也就是将在统一战争中抓获的六国俘虏迁往蜀地，又将内地数十万曾经逃亡过的贫民、罪犯还有商人迁往南越之地的举措；后来李唐王朝的前期也曾将数十万高句丽人迁往内地。但为什么杨广要选择洛阳，而且还要在那里营建新都?

修纂《资治通鉴》的司马光在这里又一次用了春秋笔法，放着信史收录的原件不用，却另采野史《大业杂记》传闻，把杨广此举归结为迷信图谶之说，使得杨广刚一上台就显得昏聩颟顸贻笑大方，注定是个天生的昏君王八蛋。按司马光的说法，还是那个当初曾力谏隋文帝不该再去仁寿宫，否则将有去无回、“銮舆不反”的章仇太翼做的怪。

面对新皇，章仇太翼这次是这样说的：“陛下木命，雍州为破木之冲，不可久居。又谶云：‘修治洛阳还晋家’。”

结果就是“帝深以为然。十一月，乙未，幸洛阳”。

事情当然不是这样，或者不只是这样。

坐落在黄河中游中原腹地的洛阳早就有王城之谓，西周时周公姬旦的首都是镐京（长安），东都就是洛阳；到东周时成为王朝都城。就像杨广大规模强行移民其实并不是他的独创一样，实行两京制，在他之前和之后也都是前有古人，后有来者。东汉是长安、洛阳两京制，李唐王朝除了京师长安，在东都洛阳也有一座“东京宫”，大名鼎鼎的武则天不就是在洛阳坐朝、君临天下的吗？明朝后来也是北京、南京两京制，清朝则是北京、盛京两京制，那为什么杨广营建东都就成了昏暴之举呢？

尽管本意也许真的只是将杨广之“炀”强调到无以复加，以使后人有所警戒，但司马光毕竟不能一手遮天。杨广营建东都的诏令，《隋书》全文有录，所以杨广营建东都的必然性与合理性，依然能在后世许多学者那里得到阐释，也使得我们明白，即位之初的新皇亮相的第一个大动作里，究竟有着怎样深远的考虑——

那首先是出于政治与军事的需要。由于京师在长安，作为国家军队的府兵大多集中在京畿关中一带，遇有内乱，“关河悬远，兵不赴急”，由长安调兵，往返费时，不利于迅速做出反应。刚刚平定的杨谅之叛对刚刚即位的新皇的刺激实在是太大了，直到三年后的大业三年杨广北巡河北时，依然对此念念不忘：“自蕃夷内附，未遑亲抚，山东经乱，须加存恤。”地大物博的山东之地实在是关乎整个帝国的安危，当年秦始皇焚书坑儒，主观上想的也是王朝永固，但实际效果却是“坑灰未冷山东乱，刘项原来不读书”。奈何?！正是意识到了这一点，一心要当个好皇帝的杨广才在营建东都的诏令中这样说道：

乾道变化，阴阳所以消息，沿创不同，生灵所以顺叙。若使天意不变，施化何以成四时，人事不易，为政何以厘万姓！《易》不云乎：“通其变，使民不倦”；“变则通，通则久。”“有德则可久，有功则可大。”朕又闻之，安安而能迁，民用丕变。是故姬邑两周，如武王之意，殷人五徙，成汤后之业。若不因人顺天，功业见乎变，爱人治国者可不谓欤！

大业天子在这里引经据典，表露的也是作为施政者的拳拳之心，总不能因为他最后事与愿违死于非命，我们就闭上眼睛连这一点也不肯承认吧？因为是出于公心，向往的是天下长治久安，他又进一步具体阐释了自己要重建饱经战火摧残的洛阳的款款心曲：

然洛邑自古之都，王畿之内，天地之所合，阴阳之所和。控以三河，固以四塞，水陆通，贡赋等。故汉祖曰：“吾行天下多矣，唯见洛阳。”自古皇王，何尝不留意，所不都者盖有由焉。或以九州未一，或以困其府库，作洛之制所以未暇也。我有隋之始，便欲创兹怀、洛，日复一日，越暨于今。念兹在兹，兴言感哽！

公告天下的上皇诏令能与百姓交心到如此程度，所凭借的，哪里只是一支生花妙笔？洛阳自古就是形胜之地，哪里只是到了大隋才让人如此割舍不下？既然我大隋如今九州一统、府库充盈，难道还不该付诸行动吗？既然已经谈到了经济原因，那就索性再就经济问题多说两句：

夫宫室之制本以便生，上栋下宇，足避风露，高台广厦，岂曰适形。故《传》云：“俭，德之共；侈，恶之大。”宣尼有云：“与其不逊也，宁俭。”岂谓瑶台琼室方为宫殿者乎，土阶采椽而非帝王者乎？是知非天下以奉一人，乃一人以主天下也。民惟国本，本固邦宁，百姓足，孰与不足！今所营构，务从节俭，无令雕墙峻宇复起于当今，欲使卑宫菲食将贻于后世。有司明为条格，称朕意焉。

大业天子在这里表明的，是对未来东都的设计和营造理念的原则要求。他要求有关人员要本着“民惟国本，本固邦宁”的先王之教，要听从宣尼公孔子的注意节俭的要求，“务从节俭”“明为条格”，如此才能“称朕意焉”。

东都洛阳的正式营建开始于改元后的大业元年（605）三月。并组成了一个由尚书令杨素、纳言杨达、将作大匠宇文恺等宰相重臣参加的权力很大的工作班子，这几乎就是当初为隋文帝杨坚修建仁寿宫的原班人马。这些人也算是摸透了为皇为帝者的心态，早在修建仁寿宫时就搞得富丽堂皇极尽奢华，以致隋文帝面色不快，但隋文帝很快又在独孤皇后的劝说下，欣然笑纳并对有关人等大加赏赐。这次他们也是这样，尤其是作为新都建设的总设计师的将作大匠宇文恺，更是不相信自己马屁能拍到马腿上，结果就是——

“揣帝心在宏侈，于是东京制度穷极壮丽。帝大悦之……”

大业二年（606）正月，东都洛阳的营建工程正式竣工，前后历时十个月，创造了一个奇迹。

由于宇文恺此前就有修建隋都大兴城的经验，又有仁寿宫建成后大获皇帝奖赏的实践，东都洛阳的确是一座精心设计、规模宏大的城市。据后来的考古发现，新都洛阳虽然比京师大兴小三分之一，却是明代西安城的七倍。而且，新都洛阳的城市布局大体与长安大兴城相仿，也是由郭城、皇城和宫城三部分组成，同时又更突出了皇城和宫城的庄严，显示了皇权的至高无上，体现了大隋王朝包容天下的气势。

为使新都尽快繁盛起来，工程完工后的第二个月，新皇就下诏令，“徙豫州郭下居人以实之”，同时还“徙天下富商大贾数万家于东京”。

大业二年五月，又令江南诸州科上户“分房入东都住，名为部京户，六千余家”。

大业三年十月，再令河北诸郡送工艺户“陪东都三千余家”。

皇权就是律法，如此不容置疑雷厉风行，如此全国一盘棋、全国总动员，骂声肯定是有的，不满乃至星星点点的反抗也在所难免。但在新皇建造新都，并很快就使之追撵京师，以至两京并存，整个国家似乎都焕然一新的新气象之中，绝大多数的人都欢天喜地乐此不疲，肯定也是真的。

那是一座怎样的都城啊！抛开宫殿林立金碧辉煌的宫城和衙署齐备警卫森严的皇城不说，单就看看遍布着百官府邸和百姓街坊被称作郭城或者罗城的东京城区吧——

有贯通南北的被叫作天津街或干脆就叫天街的大街。街宽一百四十余米（按现在的标准不知是几车道），长约四千米，是全城中轴线上的主干道。两旁种有樱桃、石榴、榆树和柳树，不仅夹道成荫，而且流水成渠。

那条叫洛水的河穿城而过，将洛阳分为南北两个区；为连接南北，在洛水上建有天津桥、通济桥、利涉桥等桥梁。城内除洛水外，还引瀍水、伊水入城，并开凿几条漕渠，使得洛阳新城的水陆交通远比京师大兴更为方便。既然是傍着可以行船的河渠，还有可以卸货的码头，于是又有了南、北、西三个商贾云集，人流熙熙攘攘的市场。据记载：北市“天下之舟船所集，常万余艘，填满河路，商贩贸易，车马填塞”，周围还有众多的酒店旅馆，可以说是繁华洛阳的繁华之所；南市则“其内一百二十行，三千余肆，四壁有四百余店，货贿山积”。

在上春门外，还修建了诸郡邸百余所，是接待各郡长官朝见天子的住所；建国门外则有四方馆，以接待外国和少数民族使者。

那时候的欧洲还在干什么？《马可·波罗游记》的作者意大利人马可·波罗是在几百年以后的元代来的中国，记载的自然也是元朝的景况，可即使那样，马可·波罗笔下神话般的中国还是让欧洲人大跌眼镜，以致认为写书的那家伙八成是个骗子。

要是他们知道早在他们看到那本书前几百年，在古老的中国就有个皇帝的年号叫大业，还有个城市叫洛阳，并且如此繁华，他们又会说些什么呢？

置民心国力于不顾，一味求大求全，一味大干快上，一味拼死拼活，力求面面俱到，实则面面俱失，最终好事变成坏事，可以说是杨广一朝最大的失误所在。执政之初，大业天子就表现出好大喜功急于求成的端倪，这种端倪在以后的日子里愈演愈烈，终于导致大隋如同一只长势强劲全线飘红的股票，突然一下就头朝下，倒栽葱，来了个全面崩盘。但恶果当时并没有显现，后来的事情不要说别人，就是杨广自己也无法预料。当时的他只是一味沉浸在自己为大隋勾勒的宏伟蓝图里，一边津津有味地欣赏着，一边不时被如同电光石火般涌出的灵感驱使着，这里那里添加着，描抹着，目的是要使自己的大业宏图更加完美。

和东都新城同时兴建的，还有规模大大超过长安皇家禁苑大兴苑的新的皇家禁苑——西苑，也叫会通苑或显仁宫。关于显仁宫，《隋书·食货志》记道："苑囿连接，北至新安，南及飞山，西至渑池，周围数百里。课天下诸州，各贡草木花果、奇禽异兽于其中。"

除营建东都之外，大业天子还在全国许多地方修建离宫别苑——包括对前朝行宫离院的修缮扩建，如北齐的晋阳宫、中山宫、汾阳宫，北周的同州宫、长春宫、蒲州宫等，在数年内建立起以洛阳为中心的宫殿群。据记载，那时候全国各郡有宫室二十六所，还有一个数字说是四十余所。这些当然都可以看作是营建东都的配套工程，也是杨广好大喜功的例证。

前边刚刚说过，兴建东都洛阳的工程是在大业元年三月开始的，就是在工程已经开始之后，杨广下诏论政刑得失、考课虚实等事时，还又一次提到兴建东都的目的："关河重阻，无由自达。朕故建立东京，躬亲存问。"

躬亲庶政、好做巡游一直是杨广的执政风格和特色。他在这里强调的是洛阳的地理优势，从洛阳出发，或西走关陇，或东达海岱，或北通燕赵，或南至江淮，距离都大体相等。也就是说，在杨广看来，经营洛阳实际上也是在经营天下，他是拿这里当他的永不沉没的航空母舰啦。果然，由洛阳出发，分别向东、西、南、北四个不同的方向巡视，几乎成了杨广年年必做的功课。他实在是太喜欢在大隋国土上走来走去看来看去现场办公了，以至于无法理解南北朝时期成年累月泡在后宫女人堆里的陈后主一伙人，纳闷地问自己的大臣：

"自古天子有巡狩之礼；而江东诸帝多傅脂粉，坐深宫，不与百姓相见，此何理也？"

他得到的回答是"此其所以不能长世"。

既然如此，就是为了大隋江山能传世久远，大业天子也不能不更加乐此不疲兴致勃勃。

说到这里还应该有个补充，南陈亡国之君陈后主是在杨广登基的仁寿四年的十一月中旬死的。杨广追赠他为大将军，封长城县公，赐谥号曰“炀”，充分表达了杨广对荒淫无度，只知诗酒风流，于国家全无建树的昏君陈叔宝的无比蔑视。

但天道无常，正像元朝人胡三省后来在《资治通鉴》有关条目上所做的批注那样：“谥法：好内怠政曰炀。帝（指杨广）谥陈叔宝曰炀，岂知己不令终，亦谥曰炀乎！”

这才真叫是重蹈覆辙呢！

此种现象按唐代诗人杜牧的话说就成了这样令人痛心疾首的感慨：“秦人不暇自哀，而后人哀之；后人哀之而不鉴之，亦使后人而复哀后人也。”

堑壕驰道与长城

与大兴土木营建东都洛阳一样，堑壕驰道以及长城都是颇能说明杨广大业年间执政实绩的颇有影响的工程项目，体现的也依然是杨广“有德则可久，有功则可大”的治理家国天下的理念。

大理念自然是大手笔。

大境界自然是大事业。

在后来成了隋炀帝的杨广当时的构想里，筑长城也好，修驰道也好，甚至还包括开凿大运河，其实都是统一国家的整体部署整体战略的一部分。

作为这个战略的第一步，早在仁寿四年十一月，就有了大业天子杨广即位后的第一个大工程，“发丁男数十万掘堑，自龙门东接长平、汲郡，抵临清关，度河，至浚仪、襄城，达于上洛，以置关防”。

不难看出，这又是一项意在拱卫东都的浩大的国防工事。这里被称作“堑”的，其实就是用来阻断交通——也就是阻隔来自北方的游牧民族铁骑——的长沟。这条动用了数十万民夫挖出的壕沟绵延数千里，横跨如今的山西、山东、河北数省，可谓惊世骇俗匪夷所思，说成是古代中国的马奇诺防线也是可以的吧?

即位伊始，又是挖沟又是修墙，大业天子杨广显然是重在防守，并没有想着要对外扩张，这无疑又和他执政后期三征高句丽形成了极其鲜明的对比，而后者则成了导致他丧家失国死于非命的直接诱因。找出这种前后矛盾的变化中的蛛丝马迹，对于我们真正深入深刻地理解杨广其人，当然是很有意义的工作。但杨广三征高句丽并终至亡国是以后的事情，那就让我们以后再说。

堑壕挖好了，但毕竟作用有限，再说这条用来给敌人制造障碍的壕沟同时也给自己制造了一定的麻烦，那就需要再开驰道。

大业三年四月，杨广下诏“巡省赵、魏”，也就是在这次长达两年的巡幸过程中，大业天子于同年五月“发河北十余郡丁男凿太行山，达于并州，以通驰道”，这是要从太行山横截开出一条从河北到并州太原府的驰道，目的既是让皇帝巡行的车驾通过，也方便战时调兵，当时汉王杨谅不就是在这一带举起反旗的吗？据记载，参与这项工程的有黄河以北十几个郡，按平均每两户抽一丁计，参与人丁在百万人左右，费时约三个月。

修建道路的工程哪里就是仅此一项？还有与上述工程有关的穿越太行山通往河内（今河南沁阳）的九十里直道；连接洛阳与长安（也就是崤山与函谷）之间，对原有“峻阜绝涧，车不得方轨”的旧路改造后修成连接东、西两京的新国道；修大运河时在运河岸边修建的御道；再加上大业六年所修的西起榆林，北至突厥牙帐，东达蓟（今北京城西南）的长达三千里的御道……工程总量与所耗人力物力无疑又是一个让人瞠目结舌的天文数字。

专制统一的极权国家，又恰逢政令通畅的黄金时代，显而易见的好处就是皇帝的旨意可以得到迅速而彻底的执行，而这种顺畅又会极大地刺激专制君王更加专制，以为自己的意志真的就是天下人的意志，以为自己顺天应人真的可以为所欲为而永远不会有天怒人怨的那一天。当年的大业天子正是这样，一门心思想要让大地山河听从自己的调遣，在适合开河的地方他下令开河，不宜开河的地方他又下令修路，为的就是在全国形成一个四通八达畅通无阻的交通网，让自己的政令和旨意不折不扣地得到贯彻执行。

修筑长城，就是在这样的通盘考虑中被提上大业天子的议事日程并付诸实施的。

众所周知，万里长城最早是和秦始皇的名字联系在一起的，灭六国、天下一统之后，为了抵御北方游牧民族的侵扰，秦始皇将从前秦、赵、燕三国的长城连接起来，西起陇西临洮、东到辽东，筑起一条长达万里的防御工事，万里长城从此便成了华夏古国延续千年的一道亮丽雄浑的风景。车同轨、书同文，还有万里长城，是秦始皇的大事业和大手笔，也是他留给后人泽被久远的遗产。尤其是长城，更是成了历代中原王朝薪火相传的接力棒，成了世界奇迹，人类登上月球之后，甚至还有传言说长城是少数可以在太空看见的人类建筑物之一。

但当时修长城的人们可没有想要创造什么奇迹，他们只是想安安稳稳地过日子。具体到后来被称为隋炀帝的大业天子杨广，修筑长城的目的也是抵御防备突厥、契丹、吐谷浑等北方游牧民族的掳掠。隋文帝在位期间曾五修长城，但规模都不大，征召的民工少则三五万，多不过十余万。大业天子杨广却是另外一种典型的带有鲜明个性的风格，虽说他执政期间修筑长城的次数只有两次，但两次都兴师动众——

一次“发丁男二十余万筑长城，自榆谷而东”；

另一次则“发丁男百余万筑长城，西距榆林，东至紫河，一旬而罢，死者十五六”。

“城上一掊土，手中千万杵”，百万民工以死伤过半的代价，用十天左右的时间修筑二百多里的长城，考虑到当时的施工条件和设施，如此速度，实在不能不说是个奇迹。但古语早就说过，“足寒伤心，民怨伤国”，地理上的长城就这样矗立起来了，人心也能随之而凝聚一处吗？能吗？由于修筑长城时周边各郡恰逢旱灾，此时被征服劳役，而且是“发卒百余万”的大动作，导致的后果之一就是《隋书》所说的“百姓失业，道殣相望”，一片凄惨。孟姜女哭长城说的是秦始皇时代，隋炀帝时代的“孟姜女”肯定也少不了，肯定也是哭声一片。

那两次大修长城的时间分别是在大业三年七月和大业四年（608）

七月。

大业天子亲自前往塞北，亲自督促，显得相当重视，好像果真已经火烧眉毛了似的。难道真是突厥或者契丹再或者是吐谷浑又一次兴兵犯境，大隋之地已是狼烟滚滚？实际情况当然不是这样，作为西域霸主的突厥早在隋文帝时期就已被分化瓦解为东、西两部，东突厥已然降服，西突厥当时也没有侵扰之事，至于契丹或者吐谷浑单凭自身之力更是不敢也不能轻举妄动。联系到第二次大修长城前后，大业天子曾派使者经略西突厥部和派兵深入吐谷浑之地的举动，可以理解为这其实是身为一国之君的大业天子在软硬兼施未雨绸缪防患未然。

但有人却不这么看。《贞观政要》载，唐太宗李世民后来就此批评说:“隋炀帝性好猜防,专信邪道,大忌胡人……筑长城以避胡。”

这就有点不厚道了。而且，就像李世民总爱贬低父皇来突出自己一样，在这里他用的还是抑人为了扬己的老套路，尽管他看起来是在表扬自己的手下大将:“隋炀帝不能精选贤良，安抚边境，惟解筑长城以备突厥，情识之惑，一至于此。朕今委任李世勣于并州，遂使突厥畏威遁走，塞垣安静，岂不胜远筑长城耶？”

当然不能说李世民没有道理。唐一代因国力强盛，只是后期才有边患，所修长城也只是沿袭隋长城而已，所以李世民可以这样说。但就皇帝说皇帝，历朝历代哪个君王真正把百姓利益置于所谓的国家利益之上，真正做到以民为本？皇皇几千年的王朝史，不从来都是朕即国家、朕即天下、朕意不容置疑，其他所有人都是皇帝家国天下这个庞大无比的机器上的小小的螺丝钉吗？更何况杨广早就直言不讳有言在先，天子大兴土木是为了天下，“非天下以奉一人，乃一人以主天下也”。

当时的大业天子真是得意扬扬意气风发。早在还是晋王的时候，他就不止一次前呼后拥地到过边关，也不止一次地以前敌统帅的身份领军征伐，但只有在成了皇帝之后，他才切实感受到自己作为一个庞大帝国的心脏的不容置疑的分量，也就真正尝到了言出法随一言九鼎的滋味儿。长城完工之后，借着亲祠恒岳，巡幸河东、河北一带的机会，他还写了一首名为《饮马长城窟行》、副题“示从征群臣”的诗。这首诗一扫先前为太子时所作的出塞诗里弥漫的那股怨妇情怀，大气磅礴气势豪迈，堪称佳作——

肃肃秋风起，悠悠行万里。
万里何所行？横漠筑长城。
岂台小子智？先圣之所营。
树兹万世策，安此亿兆生。
讵敢惮焦思，高枕于上京？
北河秉武节，千里卷戎旌。
山川互出没，原野穷超忽。
摐金止行阵，鸣鼓兴士卒。
千乘万骑动，饮马长城窟。
秋昏塞外云，雾暗关山月。
缘岩驿马上，乘空烽火发。
借问长城候，单于入朝谒。

浊气静天山，晨光照高阙。

释兵仍振旅，要荒事方举。

饮至告言旋，功归清庙前。

诗是好诗，不但《乐府诗集》选而存之，后世的许多选家也没有漏掉它。清人沈德编纂的《古诗源》里甚至还有一句批注——

"炀帝诗，能作雅正语，比陈后主胜之。"

仅此而已。就这样拿杨广比陈叔宝，难道能是公平的？能吗？！

大运河的前世今生

大运河的确值得好好说一说。

就像长城是秦始皇永不离身的标志性饰物一样，大运河也是隋炀帝身上毁誉参半恩怨难辨形同图腾的标志。两个相距八百多年，同样闻名遐迩的暴君都发动了一项震古烁今闻名世界的宏伟工程，绝不只是历史偶然的巧合，而是他们大致相同的性格使然。正是这种大体相同的性格，使得相距八百多年的两个王朝的风格一样，结局也一样——

他们都天赋甚高，自然也就自视甚高。

他们都大权独揽好大喜功。

他们都雄心勃勃威加海内，视百姓为群氓，视自己为圣主。

他们都广造宫殿不知疲倦四处巡幸，意欲使自己的王朝千秋万代代代相传。

只有一点不一样：一个驾崩时，天下王旗还没有变颜色，尽管后来也没能支撑几年；一个咽气之日已是皇权零落，整个天下也如同乱麻沸汤……

长城是秦始皇留给隋炀帝的遗产，隋炀帝继承了并且还发展了；大运河在某种程度上也可以说是秦始皇留下的一份不太像样的遗产，隋炀帝同样继承下来并且让它脱胎换骨焕然一新……

据说是春秋战国时的吴王夫差挖出了大运河的第一筐土。地点是在当年吴国的邗城。目的是打通向北的水路，以便进攻齐国。时间是在周敬王三十四年（前486）。那实际是一条全长三百多里，充分利用了沿途丰富的湖泊、沼泽等资源沟通长江与淮河的运河，当时叫邗沟，又名渠水，也叫中渎水。

四年后，夫差又命人开掘了一段由淮入泗，北接沂水、西接济水，可以助夫差挺进中原的被称为黄沟的运河。运河开通了，夫差的仗也打赢了，但就在他于黄池争夺诸侯间的霸主地位时，却被卧薪尝胆的越王勾践端了后方老窝，夫差也就虽胜犹败，实际上是一败涂地。

继远在南方的吴王夫差之后，北方的魏惠王也开凿了连接黄河和淮河的鸿沟。鸿沟后来成了中原航运的重要纽带，把当时各国紧紧联系起来，后来成了刘邦、项羽争霸时的天然分界线。

秦始皇开凿丹徒曲阿，也就是镇江至丹阳的水道，而这也是大隋江南运河的所经之处。

汉武帝开疆拓土，为了便于征调闽越贡赋，又在吴江南北沼泽地带开运河百余里，基本上接通了苏州至嘉兴之间的航运水道。汉朝还对邗沟和鸿沟进行了多次维修和整治，并使得运河的作用开始从军事作用变成漕运，也就是给京师之地运粮。

三国时期，占据北方的曹操曾于建安九年（204）、建安十一年（206）、建安十八年（213）几次在滹沱河、潞水、漳水开沟凿渠，贯通了河北平原的运河网，贯通了海河与黄河水系，也就便利了河北平原的水道运输，同时也保障了大军的粮草运输。

南方的孙权凭借着长江天堑与曹魏抗争，也因形借势，“凿句容中道”，与春秋时吴国所开渠道相接，使建邺（在今南京市）和东南诸郡上下船只得以躲避长江的大风大浪，成为六朝时期吴、会一带漕运的重要水道。

大隋建国前的南北朝时期，从长江经邗沟运河，再经淮泗水道到达彭城（今徐州）的水道还可以直通战船，北周武帝的手下大将王轨率领骑兵，以设置障碍截断水道的方法，大破南朝陈宣帝大将吴明彻的水军。可见在江南水乡，水道真的就是生命线。

以上所说，算是一份有关南北运河的并不完整的挂一漏万的前世图谱。

后来成了隋炀帝的杨广就是在这样的前人留下的基础上，开始了他大规模开凿运河的大业。好像也正是这项他自己最为看重、最为得意的宏伟工程，成了将他绑定在历史耻辱柱上的绳索，并且永世无法解脱。大业天子杨广好像就是因为大运河才成为隋炀帝的。

从现在倒回去三十多年，笔者还是个初中生的时候，关于隋炀帝和他的大运河，当时的历史书上的说法不仅惜墨如金，而且褒贬分明。以至于到了现在，我只依稀记得为了描述隋炀帝的暴虐，书上有个例子：民工们长期泡在水里，肉都泡烂了，伤口里还长了蛆……

这应该是事实。关于大运河，现在中学历史教科书上的说法要客观许多了，尽管依然不忘揭露隋炀帝的残暴，但毕竟在相当程度上认可了开凿运河的必要性。只是，我们许多人早已形成了对隋炀帝和他的大运河的负面的看法，还能有机会得到纠正吗？

毕竟，大运河是一项集全国之力，耗时六年才得以完成的浩大无比、死人无数的工程。

毕竟，修成后的大运河成了隋炀帝大造龙舟、数次巡幸江南、惹得天下怨声一片的实实在在的纪念碑般的载体。

尽道隋亡为此河，至今千里赖通波。
若无水殿龙舟事，共禹论功不较多。
（唐·皮日休《汴河怀古（其二）》）

这算是一种看法。

也是唐代诗人的杜牧同样也有一首《汴河怀古》，似乎是有意在和皮日休唱对台戏：

锦缆龙舟隋炀帝，平台复道汉梁王。
游人闲起前朝念，折柳孤吟断杀肠。

围绕着隋炀帝和大运河，哪里只是一个诗人在与杨广过不去？

比如，唐代秦韬玉的《隋堤》：

种柳开河为胜游，堤前常使路人愁。
阴埋野色万条思，翠束寒声千里秋。
西日至今悲兔苑，东波终不反龙舟。
远山应见繁华事，不语青青对水流。

这又是一种看法，而且是大多数人的看法。

笔者当然不想也不敢与大多数人为敌，但若是说杨广开运河、造龙舟就是为了耀武扬威四处巡游，也未必全部符合事实吧？

事实是早在大业元年，在下诏营建东都的同时，大业天子杨广就“发河南诸郡男女百余万，开通济渠，自西苑引谷、洛水达于河，自板渚引河通于淮”，这就清楚地表明，修凿运河如同修驰道、筑长城一样，是大业天子经营东都并进而经营天下的整个战略构想的有机组成部分。

先是征发百万民工，开挖连接黄河与淮河的通济渠，这是大业元年的事。在那一年稍晚一些的时候，又发淮南民工十余万开邗沟，连接淮河与长江。到大业四年又开挖北至涿郡（在今北京）的永济渠，连接黄河与海河。大业六年，又从京口引长江水直达余杭（在今杭州）入钱塘江。

费时六年，用工无数，南起余杭，中途经过江都、洛阳，北至涿郡的南北大运河就这样成形了，完工了。这条从北到南沟通了海河、黄河、淮河、长江、钱塘江五大水系，贯穿了如今浙江、江苏、安徽、河南、山东、河北和北京、天津六省二市，全长近五千里的大运河无疑是世界上开凿最早、航程最长、最雄伟的人工河，且不说它在当时的国民经济中所发挥的无与伦比的巨大作用，单就大分裂之后重新大统一的政治意义，它的政治正确也是毋庸置疑的吧？

国家建设、国家工程，在许多情况下不能只是小算盘算小账，这已经是人们如今的共识了。那为什么面对当时的杨广，我们不能也这样呢？难道就因为他后来变成了隋炀帝？！而且，即使是在隋炀帝时代，长江三角洲以及浙东三吴一带已经是经济发达地区，其作为鱼米之乡的富饶程度早已远远超过关中八百里秦川的首善之区。将作为政治中心的关陇地区和财富中心江南连接起来，其经济意义也显而易见。

由大业天子杨广倾全力打造而成的大运河，给古老中国带来的影响和变化，实在是无法估量和想象的！

前文曾经说过，导致杨广成了后来的隋炀帝的，还有他发动并领导的一败再败的东征高句丽的战争。这场战争和北运河段的永济渠有关，永济渠是南北大运河四段渠道中最长的一段，虽说有旧渠道可以利用，但工程量依然十分浩大，开渠期间役使了河北百万民众，“男丁十五岁以上、五十岁以下者”全部要去修河，因“丁男不供，始以妇人从役”，也就是男女老少全民总动员。永济渠修成后，成了调运河北地区粮食的主要渠道，同时也加强了对北方的军事控制。因为永济渠的终点涿郡蓟城的地理位置十分重要，历来是北方军事重镇，杨广征伐高句丽时，这里就是屯兵之地，而永济渠也就成了漕粮运兵的主要通道。

正是因为有了永济渠、有了北运河，远离黄河的涿郡蓟城才有了后来成为元大都的可能，也就才有了后来的北京。

古城杭州早就成了中华版图上一颗十分耀眼的明珠，它的光彩照人熠熠生辉也是在与运河系统连接起来之后。按《剑桥中国隋唐史》的说法，正是运河“大大促进了杭州的发展，使它从一个边境前哨地一跃而为繁荣的商业城市”。

南有杭州，北有北京，这闪耀在南北大运河两端的古城至今依然风情万千风华绝代，可是不要说别人了，就是生活在这两座城市里的人，能知道并偶尔想起杨广的又有几人呢？

开凿南北大运河，功在当代，利在千秋，大业天子杨广成全了大运河，但大运河偏偏没有成全他。

大业年间，一条大运河使得天下百姓“不胜其害”，却又使得唐宋以后历代朝廷百姓“不胜其利”，杨广就这样集功过于一身，让人欲赞不能、欲骂不忍、欲说还休！

《隋书·食货志》描写了开凿通济渠的大业元年，杨广从洛阳巡幸至扬州的情景——

又造龙舟凤艒，黄龙赤舰，楼船篾舫。募诸水工，谓之殿脚，衣锦行縢，执青丝缆挽船，以幸江都。帝御龙舟，文武官五品已上给楼船，九品已上给黄篾舫，舳舻相接，二百余里。所经州县，并令供顿，献食丰办者，加官爵，阙乏者，谴至死。

这已经是极尽招摇，一路鸡飞狗跳了，甚至犹嫌不足，还要向沿途各地开列征用物品清单，而且征收珍禽异兽，催要甚急，“征发仓卒，朝命夕办，百姓求捕，网罟遍野，水陆禽兽殆尽，犹不能给，而买于豪富蓄积之家，其价腾踊。是岁，翟雉尾一，直十缣”。

缣者，细绢也。当年绢、缣之类布匹的计量单位大都为段，一根野鸡尾巴上的长毛，就可以卖出十段缣的天价，除了皇帝，还有谁能有如此大的能量，让全国和他一起发疯?!

杨广是不是就是这样成了隋炀帝的?

一个人就这样与一条河、一座城乃至一个国家的一段历史难解难分纠缠一处。

《剑桥中国隋唐史》的作者在书中也引用了上述文字，同时又对此表示怀疑，认为那不是真的，并且认为之所以会有那么夸张的叙述，是因为——

撰实录和修史的儒家官员一般不赞成中央权力过度扩大和统治的君主无节制地使用这种权力；他们的重农经济观看不到经济发展的好处；他们的政见和他们的历史记载强调对外军事冒险的劳民伤财和害处。历来皇帝既是所有官员必不可少的盟友，又是自然的对手（不论多么隐蔽）。就不得善终的炀帝而言，这种潜在的敌意就表现在以上所引的文字中。

究竟是西方人不能真正了解中国国情呢，还是他们真的是旁观者清?！我宁愿他们是后者。

哪怕是贵为天子身为皇帝，在历史中杨广其实也是不自由的。

信然！

不管人们如何对隋炀帝和他的大运河工程说三道四评头论足，静静流淌着的大运河就那么一路流着流着，大隋被它抛远了，大唐也被它抛远了，宋元明清也被它抛远了，一个个王朝渐行渐远，大运河也告别了它无比辉煌的元、明两朝的黄金时代，自己也渐行渐远，成了一道需要着力加以保护的远去的风景。

报纸报道，在 2006 年的全国政协会议期间，有数十名政协委员联名递交提案，认为在隋朝大运河基础上裁弯取直改道的京杭大运河，应申请加入世界文化遗产名录；同年 5 月，国务院将京杭大运河公布为全国重点文物保护单位；年底，国家文物局公布了重新设定的《中国世界文化遗产预备名单》，京杭大运河作为其流域内的浙江等八省市联合申报的项目而名列榜首。

做总比不做要好，好得多。

可是我们能不能再做得更多一些、更好一些呢？

威加八荒威服四夷

把自己的年号叫作“大业”，绝对是大业天子杨广深思熟虑后的决定，表现的也是他意欲超越秦皇、不让汉武的雄心壮志。大业之大，不仅要大兴土木大兴工役大修文治，同时还要威加八荒威服四夷戒勤远略威震寰宇。

对杨广来说，这也叫内外都不放松，两手同时抓，两手都要硬。

和也许是“稍逊风骚”的唐太宗李世民相比，隋炀帝杨广的武功显然要差好几个等级，而他用来威服四夷的方略手段也是以文为主重在礼教，颇有些扬长避短避实就虚的意味。个性鲜明的大业天子，就是在治国上，也表现出自己鲜明的个性特色。

中国之所以叫中国，是因为历朝历代的天子皇帝都认为自己雄踞于天地正中，而四周的异族就分别被称为东夷、西戎、南蛮、北狄。

大隋朝的外患主要来自北狄。《隋书·北狄传》——

“四夷之为中国患也久矣，北狄尤甚焉。种落实繁，迭雄边塞，年代遐邈，非一时也。”

再具体一点说，所谓的北狄除了突厥外，还有铁勒、契丹等。由于铁勒、契丹差不多唯突厥马首是瞻，所以突厥就成了大隋朝对外经略的最大课题。

隋文帝后期，经过二十多年的战争与招抚，东突厥的启民可汗已经臣服，同时还有铁勒、契丹等部向隋要求内附，大隋将他们统统置于由朝廷支持的启民可汗的直接管辖之下。由于背靠着强大的中原朝廷，曾经在部族内乱中落荒而逃的启民可汗逐渐稳固地控制了蒙古草原。启民可汗感激不已，一再向文帝表示“愿保塞下”，朝廷对突厥的政策也由最初的制造和利用矛盾以分化离间改为羁縻。

启民可汗果然对大隋王朝忠心耿耿。大业初年，契丹入抄营州（今辽宁朝阳一带），杨广诏韦云起率突厥兵讨伐，启民可汗发骑兵两万交其调遣，大胜而归。

大业二年，启民可汗以臣属身份入东都朝觐，大业天子为了让其更加心悦诚服，有意大肆夸耀中原的文明繁盛，不仅“总追四方散乐，大集东都”，也就是让各地的绝活表演都来露一手的意思，同时还下令“大陈文物”。无数千变万化匪夷所思的玩意儿让来自草原的启民可汗等人大开眼界乐不思蜀，熠熠生辉的中华文物典章更是让他们佩服得五体投地。启民可汗甚至两次向大隋皇帝“请袭衣冠”，也就是要移风易俗改穿汉装的意思。当年汉武帝经营西域，曾派使者给匈奴人带去中原的丝绸布匹以及服装，显然也有夸耀的意思，结果却被匈奴人马踏人踩，成了踏不坏踩不烂的兽皮猎装的反衬，现在的结果可是一下就反过来啦！夸耀成功，大业天子满心得意不无感慨：“昔汉制初成，方知天子之贵。今衣冠大备，足致单于解辫。”

那一次大业天子虽然没有答应启民可汗的请求，但为了更进一步展示中原的物资财富，炫耀天朝大国的国力强盛，让更多的普通突厥人对天朝更加敬畏，大业天子决定出塞巡狩，预定路线是先到榆林郡，再出塞外，绕道由突厥走草原东至涿郡，也就是要在现在的内蒙古草原上兜一个大圈子。时间则在大业三年三月。

由于本意就在耀武扬威，所以巡行队伍无比庞大，不仅文武百官跟随，还有军队五十余万，战马十万，旌旗辎重，千里不绝。另外还有和尚、尼姑、道士、女官和百戏班子随行。五十余万大军出塞，实属前所未有的亘古之举，为了怕启民可汗及其部众惊恐，事先还特地派出了宣谕使。

那次巡狩不仅规模庞大，而且耗时长久，从阳春三月一直到云淡风轻的九月，就这还没有走完预定的从涿郡回朝的路线，而是就近从楼烦关先入山西，后到太原。为了方便明年再次北巡，杨广下诏营建晋阳宫，并于回途中开直道上太行山。一路巡游，所费浩大，于九月将近月底的时候回到东都。

那次巡游，除了打猎游玩、凭吊当年胡汉交兵的古战场，大发思古之幽情外，也的确做了一些统战工作。不仅启民可汗及义成公主率突厥各部首领来朝见行宫，吐谷浑、高昌也遣使入贡。后来，在启民可汗的牙帐里，大业天子不仅接见了附属于突厥的契丹、室韦等各部酋长首领，还见到了高句丽派来的私通突厥的使者。由于高句丽并未臣服，杨广特意让人宣旨警告："尔还日，语高丽王知，宜早来朝，勿自疑惧。存育之礼，当同于启民。如或不朝，必将启民巡行彼土。"

这其实是一段插曲。高句丽王的本意只想私下与突厥交好，但启民可汗亲眼看见了大业天子威风凛凛的巡行场面，不敢隐瞒，这才将高句丽来使引来见了杨广。

趁着拜见大业天子的机会，启民可汗又一次上表奏请"变服袭冠带"，且言辞诚恳，一心想要"乞依大国服饰法用，一同华夏"。但大业天子的目的哪里就是要让草原变郡县，牧民成编户？当时虽然没有民族自治一说，但大业天子实际就是那么做的，不顾群臣都认为应当同意启民可汗奏请的意见，大业天子以"先王建国，夷夏殊风，君子教民，不求变俗"为由，答复启民可汗说："碛北未静，犹须征战，但使好心孝顺，何必改变衣服也。"

让当年的启民可汗目瞪口呆艳羡不已的哪里只是宽袍大袖的大隋衣装？

在榆林郡城的草地上，按大业天子的命令，将作大匠宇文恺率领来自中原的能工巧匠，仿照突厥可汗的牙帐形式，设立了一个能容纳数千人的大帐，与突厥可汗的牙帐相比简直就是天上地下，不可同日而语。同时“又造观风行殿，上容侍卫者数百人”，可以拆装离合，下边装有轮轴，“推移倏忽，有若神功”，直让突厥人觉得自己只会骑马实在是算不得什么本事。

更让突厥人五体投地震骇莫名的还有大业天子的仪仗。

粗犷的草原马背民族对中原礼仪是生疏而隔膜的，为了迎接大业天子的到来，启民可汗亦步亦趋，但忘了开御道不说，就连自己牙帐前的杂草也没有除。为皇帝打前站的隋使长孙晟不好明说，便来了一次启发式教学，指着帐前杂草说：“这草很香啊！”

启民可汗急忙去闻：“不香呀？”

长孙晟乘机开导：“天子行幸所在，诸侯躬亲洒扫，耘除御路，以表至敬之心。今牙中芜秽，谓是留香草耳。”

启民可汗醒悟了，不仅拔刀亲自除草，所部酋领争仿效之，还发动全境牧民“举国就役”，为大业天子“开御道”。

一条长三千里、宽一百步的御道就这样诞生了。

大业天子的大驾就这样光临了——

宫掖百官被列成方阵，外围是士兵，滚滚向北行进。天子与后、妃乘着“观风行殿”，百官乘“行城”，城周围两千步，四周有板，蒙上布，饰以丹青，有楼橹。行殿又和行城连接，外围铁骑，形成固若金汤之势。

如此阵势，让牧民们在十里之外就连马也不敢骑了，启民可汗更是“奉觞上寿，跪伏恭甚，王侯以下袒割于帐前，莫敢仰视”。

就是在这样的情势下，大业天子又走了一步出乎所有人意料的棋：发男丁百余万修榆林以东的长城。这段长城既显示了大隋帝国的凛凛雄风，又显示了大隋天子的高深莫测，东突厥人能不敬畏有加，对大隋更加忠心耿耿?!

启民可汗于大业四年冬因病去世，其子咄吉世为始毕可汗，继续与隋友好。大业天子的目光也由东突厥转向控制了西域的西突厥。

基于成功分裂突厥汗国的历史经验，这次采取的是离强合弱、远交近攻的策略。由于西突厥当时内乱不止，处罗可汗面临崩盘之局，而他的母亲向氏又是内地汉人，当时正留居长安，处罗可汗又是个孝子，招抚处罗可汗便有了相当的条件。

大业四年二月，大业天子派司朝谒者崔君肃持诏书前往处罗可汗处慰谕，并求置汗血马。虽然处境艰难，但处罗可汗开始时对隋使依然十分傲慢，甚至不肯跪受诏书。崔君肃用东突厥启民可汗的故事晓以利害，并软硬兼施，警告处罗可汗：奉诏则母子平安，否则则发兵征讨，母子难免遭殃。处罗可汗终于向隋使“流涕再拜，跪受诏书”。

崔君肃趁热打铁，劝说处罗可汗应该立功以深结于天子，既可与早已归附的启民可汗争宠，也能厚得赏赐，有利家国。处罗可汗问如何立功，崔君肃按着皇帝的谕旨，要处罗可汗率西突厥骑兵助大隋军队东攻吐谷浑，立功后入朝，不就可以既受嘉奖又能与老母相见，岂非好事成双一举两得?!

就这样，兵不血刃，大隋不仅得到了汗血马，还招抚了处罗可汗，同时还从理论上得到了一支讨伐吐谷浑的生力军，经营西域的战略显见成效。

后来的事实是，虽然处罗可汗并未出师以助隋军，但隋军在新建立的铁勒部落莫何可汗的协助下，东西夹击吐谷浑，吐谷浑第二十代王伏允元气大伤，国土尽失，其地皆为大隋所有。伏允率余众数千骑客居曾经役属于自己的党项，成了苟延残喘的穷寇。由于山高路远，大业天子对党项也没有轻易用兵，而是坚持招抚，“自是朝贡不绝”。

大业天子大业奇观

大业五年（609）三月初二，离上一年北巡还不到两年，大业天子又一次从京师大兴城出发，踏上了新的风尘仆仆的征程。还是一支十分庞大的队伍，依然是甲士森严，百官罗列，还有掖庭后妃、僧尼道士及百戏乐舞演员。

这次不是北巡，也不是南巡，而是要去西域。

早在即位之初，大业天子就“慨然慕秦皇、汉武之功，甘心将通西域”，现在，经过几年的酝酿和准备，加之原来的吐谷浑之地已尽归大隋所有，西巡自然就成为现实。

这一次大业天子亲自到了远天远地的青海，还去了河西走廊，时间长达半年，是八次巡狩中的第四次也是最重要的一次。似乎一直颇不喜欢杨广的司马光对此行并没有讽刺，特意在自己主编的《资治通鉴》一书中强调：“隋氏之盛，极于此矣。”

那的确是一次意义十分重大的出巡。雪山戈壁，大漠苦寒，就是在历代大一统的王朝帝王中，也是前无古人后无来者的壮举。

“朕亲巡河右，观省人风，所历郡县，访采治绩，罕遵法度，多蹈刑网。”

这是皇帝后来在诏书中说的话，也可以说是他一路视事听政现场办公的记录吧。

那一路大业天子进行了两次大规模的围猎。一次是在出大兴、走武功、过扶风、出天水郡继续西行，到了陇西郡的时候，有两个官员因为对大行围猎有“难言”，结果一个处死、一个免官，皇帝显然是不想让别人扫了自己的兴，不管那个人是谁。

第二次大规模的狩猎则是在先过洮河、再于临津关渡过黄河，沿黄河西行至西平郡之时，为了向当地羌人夸示，杨广下令“陈兵讲武”。那次投入的军队有十几万人，猎场周长二百多里，算是让当地人领略了一下大业天子的气魄。

再后就到了现在的西宁一带。大业天子大宴群臣和领兵将帅，部署对吐谷浑的最后围剿。由于伏允可汗早已逃入山南积石山，被隋军在现今的俄博河南一带团团围困的吐谷浑仙头王率部落男女十余万、牲畜三十万投降，隋军大获全胜。

十几万大军跋山涉水，在人烟稀少的高原地区千里行军，其艰难困苦可想而知，既已全胜，就该班师凯旋了吧？然而没有，因为这不是大业天子此番西行的目的。在大业天子的亲自率领下，大军继续西进，在祁连山脚下，十几万人排成一字长蛇阵，开始了穿越祁连山大斗拔谷的壮举。

那真的是一次壮举。祁连山海拔本来就高，山顶积雪终年不化，六月飞雪在这里虽说不是司空见惯，但也绝非什么稀罕事。贯通祁连山的大斗拔谷南北纵深四十公里不说，气候还变化无常，白天穿纱嫌热，夜晚则裹着皮袍还冷，这就要求天黑之前必须走出山口，否则后果很难预料。杨广率领的是一支包括后宫嫔妃、宫女在内的十几万人的队伍，此举无异就是一次与死神的亲密接触。但贵为天子的杨广还就是不信邪，也不惜命，非要闯过这道鬼门关不可。由于路太窄，很多时候只容一人通过，队伍像一条一字长蛇，自早至晚，鱼贯而出鱼贯而行，到夜幕降临，还在山中盘旋。结果天又变了，“风雪晦冥”，文武百官“饥馁沾湿”，原本是金枝玉叶的嫔妃公主也只好与士兵们抱成一团，“杂宿山间”，结果“士卒冻死者太半”，牲畜死伤占十之八九。

真不知该如何评价我们的大业天子才好。

是说他一半海水，一半火焰呢，还是说他一半天使，一半魔鬼？

豪华铺张穷奢极欲巡幸江南的是他，兴师动众耀武扬威北出边关的也是他，如今，不避艰险亲蹈绝地生死不惧的还是他！

为了他心中的大业宏图，大业天子可真是把什么都豁出去了。历朝历代哪个坐稳了皇位江山的天子如此玩过命？！

穿过了祁连山就到了河西的张掖郡，也就结束了对吐谷浑之地的巡幸。那次巡幸，大隋在原吐谷浑的辖地新置四郡，也就第一次几乎将青海全境纳入中原王朝的版图。当年两汉极盛之时，也只有青海东部的湟水流域曾为郡县，大业天子一心要追撵汉武大帝，此时可以说是大大超过啦！

在水草丰盛的柴达木盆地，大业天子又突发奇想，于此设置了专职牧马的“马牧”不说，还纵牡马两千匹于草原川谷，希望能育得龙种良马。此事后来“无效而止”，但大业天子丰富的诗人般的想象力还是让人叹为观止。

但最最让人叹为观止的还在后边。

早在河西的时候，大业天子就以盛大威严的中华礼仪接见了高昌王等西域二十七国（也有说三十多国的）来朝的使者。那是一次大陈中华文物，大摆宴席，大奏九州古乐并表演百戏的热闹非凡的盛会。张掖、武威两郡的百姓被命令穿上节日的盛装来看热闹，衣服车马不鲜亮者，地方官还要“课之”。荒凉的戈壁滩上何时有过这样的场面，西域胡人能不个个目瞪口呆?！这些西域各国使节还有大批胡商，后来又随着大业天子一起到了长安，到了洛阳。为了进一步让四夷威服，东都又大演百戏，盛陈文物，大开市禁，着力表现、渲染大隋的富庶，以期进一步提高大隋王朝的威望。

大业六年正月十五，好戏才正式开锣。

按到皇帝的命令，端门外盛陈百戏，戏场周围五千步，有执丝竹者一万八千人同时表演，声闻数十里。入夜更是灯光烛火照耀天地，一片繁花似锦的景象。皇帝同时还有命令，百官及仕女百姓都得坐在街旁搭好的棚阁上观看，并且个个衣服鲜亮，这样的表演一直持续到正月结束，直看得西域胡人神魂颠倒。

因为来了大批西域胡商，诸国使者又向皇帝请求允许他们入市交易做买卖。皇帝当然不会不准。为了款待西域胡商，官府先命整个东都“整饰店肆，檐宇如一”“三市店肆皆设帷帐，盛列酒食”，就连卖菜人的座席也用上等的龙须草编成。胡人客商皆由官府官员带领，所至之处，“悉令邀延就坐，醉饱而散，不取其直”。

走到哪都是贵客临门，走到哪都是盛情款待，走到哪都是酒醉饭饱且不要一分钱。客商临走，主人还要再加一句“中国丰饶，酒食例不取直”。

如此弥天大谎当然难免有漏洞，有胡商就指着大街上缠着缯帛的树木说：“中国亦有贫者，衣不盖形，何如以此物与之，缠树何为？”

这样的问题自然是没有人能回答。

也没人敢回答。

深感为难的，是一千多年前大业天子手下的百姓商贩以及那些官员。

劳民伤财大动干戈，兴师动众大张旗鼓，大业天子夸示四夷的做法虽然收到了一时的效果，却没能长久地维系华夷朝贡的体制，就在大业天子西巡归来后不久，曾经是一片大好的西域形势又发生了逆转。这当然与民族问题这个极其复杂的问题有关，但根本的原因还是在于大业天子的兴趣很快又转向了东边的高句丽，政策不能一以贯之又要四处出击，难免就要顾此失彼，最终使经营西域的成就前功尽弃。

唐太宗李世民手下的凉州都督李大亮后来是这样评价的——

“至于隋室，早得伊吾，兼统鄯善，且既得之后，劳费日甚，虚内致外，竟损无益。”

李大都督之所以有此一说，是因为大唐贞观天子也碰到了类似的难题，英明神武的贞观天子也有并不英明的时候。当然，那是后来了，后来的事以后再说。

南方的海

大业天子实在是个精力过分充沛、思维过分活跃、干事情过分追求完美的人。用现在的说法，恐怕就是心理强迫症，起码也是疑似病例。

杨广实在是太想太想当好一个皇帝了，而想要将偌大的中国经营好，实在又是极其不容易，恨不能长出三头六臂的他经常是四面出击多头并进，就在经略西域的同时，他也没有放过南疆海域。《隋书》是这样介绍的："大业中，南荒朝贡者十余国，其事迹多湮灭而无闻。"

差不多与他同时代的唐太宗手下著名的谏臣魏徵则评价说："（隋）高祖受命，克平九宇，炀帝纂业，威加八荒。甘心远夷，志求珍异，故师出于流求，兵加于林邑，威振殊俗，过于秦、汉远矣。"

以李世民为首的贞观君臣对杨广总是贬多于褒或者干脆就是有贬无褒，魏徵这样的说法充其量也就是褒贬相当吧？在中国古代政治术语里，秦皇汉武在某种程度上，其实就是穷兵黩武的代名词。但大业天子本来的志向就是要追秦撵汉，魏徵之流的评说别说他听不见，就是听见了也会拿它当耳旁风，反正他要干的事谁也挡不住。

“流求”也写作“琉球”，是曾存在于琉球群岛的封建政权名，历史上，琉球群岛曾长期属于中国的势力范围。

林邑国则是约在如今越南中南部一带的古国。早在隋文帝时代就对其有过攻略，只是由于气候差异过大，隋军水土不服，统帅病死，杨广即位后才停止了那场战争。但大业天子的目光并没有真的离开南部那片蔚蓝的水域，还有那片浩渺水域中的或大或小的岛屿陆地。皇帝的目光如此深邃邈远，所以《隋书》也就有了这样的记载——

“赤土国，扶南之别种也。在南海中，水行百余日而达所都。土色多赤，因以为号。东波罗剌国，西婆罗娑国，南诃罗旦国，北拒大海，地方数千里……不知有国近远。”

既然是那样的一个大国，大业天子当然不会视而不见。后来被派遣率领使团出使南洋的是大隋屯田主事常骏。那次出访前后历时一年之久，既大大促进了大隋与南洋诸国的文化交流，也促进了中国与南洋诸国的贸易，同时还招徕了南洋十余国朝贡使，当然也就提高了大隋王朝的中心地位，极大地满足了大业天子成就圣王伟业的追求。

还有和东邻日本——当时被称为倭国——的关系也在那时得到了极大的发展。

当年的中日关系与今日有所不同，这有至今依然矗立在日本和歌山县新宫市的徐福公园作为佐证。徐福带着三千童男童女发现并来到日本，可还是公元前二百多年的事呢！后来的汉武帝还在与日本近在咫尺的朝鲜设立郡县，更是直接地影响了日本。此后，不管中国的政局如何动荡，或叫倭国或叫大和的日本都没有中断向中国遣使朝贡。

隋文帝开皇二十年，倭国遣使向隋进贡，他们只是延续了南北朝时向南朝的中国皇帝进贡的惯例，但对刚统一全国不久的大隋却完全是一次意外。隋文帝这才知道东方大海中有个倭国，于是命令有关部门寻访倭国风俗，甚至还闹了个笑话——

情报报告，倭国国王以天为兄，以太阳为弟，倭王天未明时上朝听政，日出后停止理政，说是要把政务交给太阳弟弟去处理。文帝觉得大无道理，居然训令倭王改正工作作风。

杨广的大业时代正是日本高速发展的飞鸟时代。当时执政的圣德太子也和杨广一样年轻有为，对处在朝鲜半岛的新罗、百济等周边小国来说，日本已经成了一个大国，所以自我感觉颇为不错，在和中国的交往中持一种不卑不亢的态度。双方互相遣使互有来往，尤其是日本大量向中国派遣留学生和留学僧，他们在中国留学少则十来年，多则三十年，许多人直到唐贞观年间才学成回国。也就是说，发生在唐代，被说成是贞观之治成就之一的日本大规模派遣遣唐使的浪潮，其实是大业天子开的头、铺的路。

据记载，当时中日两国的交往，并不完全是中方所喜欢的方式，也就是日本并不承认他们遣使来隋就是前来“朝贡”、请求册封的。这从倭方遣隋使代表倭王递交的国书也可以看出端倪，抬头居然是“日出处天子致书日没处天子”，完全是平起平坐的意思。但已经被四夷称作是“圣人可汗”而傲视一切的大业天子虽然内心不悦，却并没有过多表露，只是告诉负责接待远夷朝贡的官员说：“蛮夷书有无礼者,勿复以闻。”也就是让官署将不识礼仪的蛮夷挡驾在外之意;后来要正式接见的时候，又故意将倭国使者和其他朝贡使者安排在一起，也就是依然拿你当进贡者的意思。

但也就仅此而已。

难道大业天子真的性情大变，甚至能容忍外人对自己至高无上的地位发起挑战?后来的事情表明，大业天子还是大业天子，之所以一反常态，容忍了以前绝难容忍的东西，关键在于他正在酝酿一项事关国家朝廷和自己威望的新方略、新计划、新目标。为了这个计划，他当然要深藏不露——而这正是他修炼多年的拿手好戏。

再直白一些说，尽管波涛汹涌烟波浩渺的大海围裹着中国东部与南部，也在某种程度上限制或者说制约了大业天子权杖的延伸以及挥舞权杖的方式，但从来都是高瞻远瞩颇有心计的大业天子当然不会鼠目寸光只知就事论事，远交近攻是策略，树敌过多更是兵家大忌，大业天子瞄准的下一个目标不是别的，正是在辽东与大隋接壤的高句丽!

当时的形势是，经过多年的经略，北边也好，西域也罢，甚至包括东南海域都已经是万国来朝，唯独小小的高句丽始终不肯遣使前来，他们甚至跟已经臣服大隋的东突厥启民可汗私下沟通，却就是不愿意光明正大地来到大隋天子面前寻求庇护，难道他们真以为靠一个小小的突厥首领就行了?他们难道不知道，就是突厥的启民可汗自己——包括他死后继承汗位的儿子——也是靠大隋的庇护才得以安然无恙的?!

早在大业五年西巡的时候，大业天子杨广就已经在启民可汗的牙帐里派人警告过高句丽来人——

“尔还日，语高丽王知，宜早来朝，勿自疑惧。存育之礼，当同于启民。如或不朝，必将启民巡行彼土。”

有言在先，当然算不得不教而诛，正所谓“勿谓言之不预也”。

第六章 贞观之治：李世民的巅峰时刻

噩梦醒来是早晨

由于性格的差异，更由于亲执权柄的背景与隋炀帝大不一样，所以贞观天子李世民登上前台后首先要做的不是别的，是收拾为攫取政权而喋血禁门造成的人心浮动、流言蜚语满天飞的局面。

首先需要重新礼葬故太子李建成和齐王李元吉。对贞观天子李世民来说，这绝对是一项势在必行的既可笼络人心又能表明自己政治正确的政治举措。

玄武门之变发生于武德九年六月四日。

三天之后，唐高祖李渊下诏立秦王李世民为太子。册立诏书完全出自李世民一伙之手，皇帝不过是他们的肉喇叭和传声筒，以“孝惟德本，周于百行，仁惟任重，以安万物”为说辞，来了一番宏大叙事，竭尽全力替玄武门流血事件打掩护，为新太子涂脂抹粉。但包括李世民在内的人都明白，白纸黑字写出来的东西绝对掩盖不了光天化日下实际发生的事实，哪怕就是真的如愿以偿当了皇帝，这也依然是贞观天子李世民心中最难化解也始终无法化解的心结死结！

满打满算，连头带尾李世民只当了两个月零一天的太子，就即位登基成了大唐王朝的第二代皇帝。时间是那一年的八月八日。

再两个月之后的十月，就有了追封故太子李建成为息王、故齐王李元吉为海陵王，前者谥号曰“隐”、后者谥号为“剌”，并依礼重新改葬的举动。已经成了皇帝的李世民还在千秋殿西边的宜秋门痛哭志哀，同时又以皇子赵王李福为建成后嗣。

好像是中规中矩，也好像是兄弟情深。

那是不是说李世民自己在和自己掰腕子，今天的李世民在打昨天的李世民的耳光？奥妙全在《谥法》：“隐拂不成曰隐。不思忘爱曰剌；暴戾无亲曰剌。”

如此做法，既重申了玄武门之变的正义性，又表露了当今皇帝的仁爱之心，也就扎扎实实收获了一回亡羊补牢犹未晚也的实效。

其实，意在稳定局势安抚人心的工作早在玄武门之变之后就开始了。例如，李建成手下将领薛万彻，事变之时为救主曾带兵攻打玄武门和秦王府，失败后与数十骑逃亡京师附近的终南山，被当时还是太子的李世民派人好言相请劝了回来，理由当然是现成的：各为其主嘛！又如原东宫翊卫车骑将军冯立，明知故主遇难大势已去，依然领兵反抗，杀死了李世民的屯营将军敬君弘，他的理由也很感人:“岂有生受其恩，而死逃其难！”也就是愿以一死报太子的意思。激情来得快，去得也快，玄武门之变时没能舍生取义的冯立第二天就来向李世民请罪，表示愿意悔改，李世民一番慰勉，又授其为左屯卫中郎将。冯将军当即信誓旦旦:“逢莫大之恩幸而获免，终当以死奉答。”

还有那个在历史上几乎和唐太宗同样有名，被唐太宗作为镜子时时检点为政之失的魏徵也是个例子。玄武门之后，为避免被杀，太子党人纷纷逃匿，只有身为太子洗马的魏徵依然故我，好像没事人一般。当初他可是以秦王为大敌，在故太子面前出了许多主意的智囊人物啊！就是换了谁，也饶不了这样在背后摇鹅毛扇的人。

终于有一天，李世民当众拉下脸来问他：你为什么要离间我们兄弟呢?

在场人等战战兢兢，以为魏徵就要人头落地了，魏徵本人也以一种置生死于度外的超然，从容不迫地回答:“皇太子若从臣言，必无今日之祸。”

魏徵此言其实是刚中有柔，看起来生死不惧大义凛然，但在表明自己的重要性的同时又主动称臣，就看李世民能不能破解其中的玄妙了。反正他已经伺候过一个太子了，结果意见总是不被采纳，使他空怀壮志颇感失落；现在他面对的是一个不仅能决定他的生死，还能决定他此生能否真的有所建树的皇帝，若对方不能理解他的价值，此生就真是立言不能、立功无望，那还真不如让人给杀了，起码还能在道德上成全了自己。当时的魏徵很可能就是这么想的，但后来成了贞观天子的李世民闻言大喜，对他倍加器重，先封其为詹事主簿，后又升为尚书右丞兼谏议大夫。因为山东、河北一带曾是李建成苦心经营的地区，为了消除政敌的政治影响，李世民又派魏徵前往宣慰，可谓信任有加。

就是这个魏徵，在皇帝重新礼葬故太子与齐王前夕，从山东返回京师，与当初曾为东宫官属、现在又成了新皇手下黄门侍郎的王珪联名上表，认为不仅应该礼葬，而且应该越隆重越好。道理很简单，拿死人做文章，将死了的人再葬一回，原本就是给活人看的呀！

皇帝自然是乐而答应，不仅亲自痛哭志哀，并且命令原东宫、齐府的僚属统统参加。原本不乏激烈的秦王府与东宫、齐府之间的矛盾，也就在皇帝泪雨滂沱和一场浩大的葬礼后，渐渐趋于平静。

按《贞观政要》的记载就成了这样："初，息隐、海陵之党，同谋害太宗者数百千人，事宁，复引居左右近侍，心术豁然，不有疑阻。"

好像是接受了教训，新皇同时还册立时年八岁的嫡长子李承乾为新太子。

当然，仅靠一抹淡薄的亮色是绘制不出新皇即位后丽日蓝天云蒸霞蔚的绚烂景象的，所以即位后的新皇一直殚精竭虑苦苦思索，朝廷高层的人事变动自然也是题中应有之义。

在武德年间长期执掌朝政、深受唐高祖李渊信任的裴寂的下台与下场前边已经讲过，那就让我们再看看其他几位深受先皇器重，并也曾让新皇赞不绝口的前朝重臣的结局吧。

记得玄武门血流遍地之时，正陪着唐高祖在宫中湖面悠然泛舟的，除了一个裴寂，还有萧瑀与陈叔达。因为事出意外，望着杀气腾腾持剑而来，名为讨诏实则逼宫的尉迟敬德，当时的李渊只会一迭连声地问怎么办。

事已至此，乖巧的裴寂当然不会再说什么，萧、陈两人的答复差不多就是异口同声，认为秦王“功盖宇宙，率土归心”，“委之国事，无复事矣”。

李世民大功告成后认为裴寂有“佐命之功”，视萧瑀为“真社稷臣也”，并为其题字赐诗——“疾风知劲草，板荡识诚臣”，还在正式登基前就任命其为左仆射；陈叔达更是早在原太子与秦王还没有公开摊牌前就不断在皇帝面前为秦王说好话，使李世民不止一次逃过了“贬责”，李世民对此很是感激，封他为礼部尚书时还有“武德时，危难潜构，知公有谠言，今之此拜，有以相答”的说法。

陈叔达的官甚至都没能当到第二年新皇改元建号，就因为政见不一，与萧瑀在朝堂争辩而被免官。那一次两人都是声色俱厉，萧瑀也“坐不敬，免官”。贞观元年，萧瑀又以太子少师为左仆射，但半年后“左仆射萧瑀坐事免”。

这当然只是表面上的说辞，真正的理由应该不难理解，那就是这些老臣已经不能适应新形势、新要求了。当然，这几个人毕竟大有功于新皇，所以能始终得到皇帝的礼遇，萧瑀其人更是屡落屡起，在让贞观天子过足了生杀予夺随心所欲的天子之瘾后，最后还是得以善终，与裴寂的结局不可同日而语。

稳定了朝廷，还要稳定地方，尤其是山东与河北一带。

这当然是有原因的——

当年窦建德战败投降后，还有部属五万余人，当时的秦王李世民将那些人“即日散遣之，使还乡里”，但对大战之后的河北、山东地区并未作出妥善安置，也就没能有效地控制那一带。尤其是窦建德被杀，散居各地的部属动辄被“唐官吏以法绳之，或加捶挞，建德故将皆惊惧不安”，很快又导致窦建德的少年好友、军中部将刘黑闼设坛祭祀窦建德，自称大将军，起兵反唐，要为窦建德“报仇”，一时间窦之旧部纷纷归附。

刘黑闼很快就闹出了动静，居然自称汉东王，改元天造，并且还有了自己的首都。其法律制度和政权体制都沿袭窦建德当年的模式，俨然窦建德第二。

二次出征的李世民心中的恼恨可想而知。为了平定刘黑闼，他竟然先派人堰塞河水，待刘部渡水而阵，再决堰放水，淹死刘黑闼部下士卒数千，斩首万余。乱局好像是又被镇压下去了，李世民再次班师。但短短几个月后，刘黑闼重新起兵，形象地演绎了一次“野火烧不尽，春风吹又生”的闹剧。

经历几度换帅，最终平叛的是当时的皇太子李建成。当时还是太子幕僚的魏徵终于明白地说出刘黑闼屡败屡反的真相：“黑闼虽败，杀伤太甚，其魁党皆县名处死，妻子系虏，欲降无繇，虽有赦令，获者必戮，不大荡宥，恐残贼啸结，民未可安。”他同时还建议：“今宜悉解其囚俘，慰谕遣之，则可坐视离散矣！”

后来的情况果然如魏徵所料，虽然刘黑闼当时部众犹盛，但在李建成的安抚政策的感召下，“众乃散，或缚其渠长降，遂禽黑闼”。被俘的刘黑闼被判处死刑，临刑之前，曾在家中种菜度日的刘黑闼也开始怀念起当初自由自在当个草民百姓的安然恬静。

肯定的，当年的统一事业不会也不可能是一首温情脉脉的田园诗，金戈铁马应该而且必须是其中的主旋律。但是，拿大唐王朝的秦王和大隋王朝的晋王相比，我们还是不难发现，恰恰就是在这一点上，大隋晋王远比大唐秦王高明。

面对同样的统一大业，当年的杨广好像文武兼备，尤其是在坐镇江都时期，杨广更是将重点放在人心教化上，并为此做了许多既高明又不露声色的卓有成效的工作，以至于长达数百年的分裂之后，南方的局面很快就稳定了不说，还很快就成了带动全国经济发展的中心地区。

和杨广相比，李世民似乎更像个赳赳武夫，马背上打来的天下也在马背上进行治理。孰优孰劣，原本已经很清楚了，但就因为最终登上皇位坐稳江山的是李世民，所以，明明是李世民手段太辣，才使得刘黑闼屡逼屡反，但《新唐书·太宗本纪》里不露声色地将这些全算在唐高祖李渊名下，说是刘黑闼二次造反，李渊大发雷霆，下令——

“命太子建成取山东男子十五以上悉坑之，驱其小弱妇女以实关中。太宗切谏，以为不可，遂已。”

瞧瞧，这些史官为了美化他们心中的圣皇明君，连皇帝的老子都敢拿来说事儿，还有什么是他们不敢说的?！大唐王朝的开国之君在他们笔下都如此不堪，身为亡国之君的前朝帝王在他们笔下不就更是狗屎不如?！

已经成了贞观天子的李世民很快发现，由于自己的残酷镇压，山东、河北之地的人们对李建成颇有好感，在李建成和李元吉被杀之后，“河北州县素事隐、巢者不自安，往往曹伏思乱”。如贞观元年九月幽州都督王君廓之叛即为一例。再加上玄武门之变后太子党羽逃至关东，倘若再与地方势力相勾结，危害将不言自明。

既是山东人同时又是故太子手下谋士的魏徵，因为与当地各种社会势力有密切联系，便成了代表新皇前往宣慰的不二人选。他的新身份是谏议大夫，并且有新皇亲授的“便宜从事”之权。

魏徵果然堪当大任。刚到磁州，就碰见州县官把曾是东宫、齐府属官的李志安和李思行等人五花大绑，准备解送京师请功。魏徵不避嫌疑，认为朝廷已经有了大赦的意见，如今却又将李思行等人逮捕，怎么能不让人起疑呢?

“徒遣使往，彼必不信，此乃差之毫厘，失之千里……今若释遣思行，不问其罪，则信义所感，无远不臻。”

他就这样自说自话自作主张地把人给放了。得知魏徵能如此活学活用,替自己彰显信义,新皇帝当然高兴万分,对他也更加信任了。

贞观三年，还是为了争取人心，新皇下诏免关东赋税一年，不久却又不知听了什么人的意见变了卦，要人们照常纳贡，“明年总为准折”，也就是第二年再说的意思。新皇也许是真有难处，广大的山东地区既是人才荟萃之地，同时也是当时中央财政的命脉所在，所以才有了这样朝令夕改之事。刚刚还且歌且舞老幼尽欢的百姓自然是大失所望，发牢骚、说怪话，自然是一片怨言。正在宣慰山东的魏徵当即上书，以为不可，理由当然极其充分，陛下上台不久，天下的百姓可全都眼巴巴、情切切地看着您哪——

始发大号，便有二言，生八表之疑心，失四时之大信。纵国家有倒悬之急，犹必不可，况以泰山之安，而辄行此事！为陛下为此计者，于财利小益，于德义大损。臣诚智识浅短，窃为陛下惜之。

魏徵果然见识不凡，所虑者既深且远，由他来宣慰两地，还愁不能抓住主要矛盾，妥善地解决其他可能滋生的问题？

彻底解决并清除当初玄武门之变留下的隐患阴影，只靠魏徵的宣慰当然远远不够，就在那一年，青州又发生了谋反事件。这一次新皇派去处理此事的还是山东人——时任殿中侍御史的崔仁师。崔御史依然是采用“宽慰”的方法，很快就平息了动乱。从史料记载看，此后那里再也没发生过类似的事件。

众所周知，李唐皇室来自关陇，以往用人也是既看地域又挑门第，完全承袭了南北朝时期小国寡君的小家子气。执政初期的李世民一改弊端，被他拔擢任用的山东人氏当然不止魏徵与崔仁师两位，其他如张行成、张亮、戴胄、马周等都是山东才俊，而且包括魏、崔在内，他们都无一例外地出自普通寒门。对山东人才的量才任用，并且不计较出身与来历，不仅表明李世民的眼光和手段，也反映出他的胸怀与气度。

有了这样的君王与臣下，别说是安抚局部之地山东、河北了，就是整个国家的长治久安，也应该不是什么难事吧？尽管一切才刚刚开始。

“黄河安，天下安；黄河怨，天下怨；黄河反，天下反。”这样的民谣反映的是山东之地对整个国家的基础性稳定作用，既然稳定了那里，全国局势的稳定也就指日可待了。

鱼肚白般的亮色已然出现在大唐帝国的东方天际线上，贞观天子的贞观之治已经呼之欲出！

贞观之辩与贞观之变

很早很早以前，“贞观之治”就作为唐太宗李世民的标志性的符号与其如影随形密不可分了。那是后人对一个特定时代的肯定，也是对一位一心想当好皇帝，也确实当好了皇帝的天子的肯定。

在此之前好像只有汉初的“文景之治”可以和它相媲美。但即使是这样，两相比较，结论依然是贞观“恭俭不若孝文，而功烈过之矣”。

还记得我们在上一章是如何评价大业天子杨广的吗？用亲身参与创造了贞观之治盛景的名臣魏徵的话说，被他们称作隋炀帝的杨广的功业可是“威振殊俗，过于秦、汉远矣”！

比较之后，人们可以很容易地看清，大业和贞观两个时代的分水岭究竟何在。

不管是对内还是对外，前者靠的主要是一个耀武扬威威加八荒的“威”字，突出的是天子的皇权皇威；而后者凭借的主要是一个扎扎实实不事张扬的“治”字。尽管与恨不能事事亲力亲为、总在大张旗鼓大干快上的大业天子相比，贞观天子李世民几乎可以说是无为而治；尽管作为皇帝，李世民总爱不失时机地自我表扬，但贞观时期皇帝纳言求谏、君臣群策群力却也是有目共睹。

贞观之年确实是大治之年。皇帝政绩卓著，百姓安居乐业，用贞观天子李世民自己最爱用的“水能载舟，亦能覆舟”的比喻，当年该是这样一幅君民相安其乐融融的景象——

应该是一片波澜不惊平滑如镜的水面。岸边垂柳成行花飞蝶舞，有白羊吃草黄牛反刍；水面上，叶叶轻舟随风而荡互不相妨，有渔夫撒网官爷吃酒，还有公子吟诗仕女簪花……

应当承认，这段文字其实是对东晋陶渊明先生《桃花源记》的拙劣模仿，身逢乱世，欲言难言，陶老先生只能以笔下的乌托邦聊以自慰，但这又何尝不是那个时代所有渴望正常生活的人们的共同理想?！大业末年的情况实在是一次对刚刚结束的战乱不止的三国两晋南北朝时期的克隆复制，贞观年间人心思静人心思安已是大势所趋，想起陶渊明也是在所难免。

白骨露于野，千里无鸡鸣。

生民百遗一，念之断人肠。

这是曹操笔下汉末军阀混战时期百业凋零民不聊生的苍生图。

黄河之北，则千里无烟，江淮之间，则鞠为茂草。

率土之众，百不存一。干戈未静，桑农咸废，凋敝之后，饥寒重切。

这是见于《隋书》和《全唐文》的对隋末社会现状的描绘。

由于唐高祖李渊在位期间，大唐王朝的主要任务还在于统一国家、“削平区宇”，即使到了贞观初年，按《旧唐书》的说法，依然是——

“今自伊、洛以东，暨乎海岱，灌莽巨泽，苍茫千里，人烟断绝，鸡犬不闻，道路萧条，进退艰阻。”

这就是贞观天子李世民即位改元后面临的异常严峻的社会现状。

何必再从前朝典籍里寻找蛛丝马迹，单单就是人同此心心同此理的一般逻辑，笔者也敢断定，尽管贞观天子在大业天子死后颇为不屑地将其称为“隋炀帝”，但在内心深处，对于那个刚刚灰飞烟灭的朝代，尤其是对那个将天子意志尽情挥洒到淋漓尽致、无以复加地步的大业天子，贞观天子私下里的感情要复杂得多。这当然不是因为他们是什么拐弯抹角的亲戚，而是因为他们都是代天牧民的天子。还因为他们都雄心勃勃，想成为独领风骚的千古一帝。

大风起兮云飞扬，威加海内兮归故乡。安得猛士兮守四方！

布衣出身，以小小的泗水亭长起家的无赖刘老三都能在当了皇帝后如此意气风发气吞山河，何况杨广和李世民都是天生贵胄，其起点与刘邦之流简直不可同日而语！

更何况不管是杨广还是李世民，他们登上至高无上的皇位的手段都显得不那么理直气壮，所以还有一个向天下人证明自己资格与能力的问题。

杨广用来证明自己比秦始皇有过之而无不及的方法我们已经说过了。

史料记载确凿无疑，当年秦始皇威风凛凛的巡幸场面曾经让刘邦、项羽艳羡不已，分别发出“大丈夫当如此也”和“彼可取而代也”的感慨。那么同样的，一年四季总是奔波在外，其天子仪仗更是煌煌赫赫的大业天子的排场，李世民也不可能没有见过，也就不可能没有想法与感慨。尤其是大业天子治理下的那种国力强盛四夷宾服贡使来朝的场面，更是无法不让年轻的李世民叹为观止。

他真正想做的，是对民族和国家有大贡献、大想法的大唐天子！

但他没有这样的条件。隋末战乱，不仅耗光了曾经很充裕的各项国家储备，同时狼烟四起，群雄割据，国家再次四分五裂。而父皇在位连头带尾只有短短的九年，这就逼着他不得不谨慎从事，尤其在执政之初的贞观初年。

承认并且尊重现实，承认并且遵循事物发展的客观规律；承认哪怕是贵为天子，一个人的能力也毕竟有限；鼓励臣下直言进谏，有则改之，无则加勉——这些就是贞观天子高于大业天子的地方。就是这些点点滴滴的不同，导致的却是天壤之别。

贞观天子就这样成就了贞观之治，也将自己成全为青史留名的唐太宗。

早在改元贞观之前的武德九年十月，刚登基两月的李世民就召集并亲自主持了一场有关“自古理政得失”的讨论，力图找到一条实现“天下大治”的途径。

那其实是一次讨论国策、决定大唐向何处去的高层辩论。所有的参与者都直言不讳，大家脸红脖子粗地互相辩论乃至争吵，气氛可以说是相当激烈。在李世民看来，这样的争吵实在是太正常不过啦——

人之意见，每或不同，有所是非，本为公事。或有护己之短，忌闻其失，有是有非，衔以为怨。或有苟避私隙，相惜颜面，知非政事，遂即施行。难违一官之小情，顿为万人之大弊。……卿等特须灭私徇公，坚守直道，庶事相启沃，勿上下雷同也。

见于《贞观政要》的这段李世民语录表明，贞观天子的执政风格已经有些近现代欧洲国家决策之前充分讨论的议会政治了。

由于大乱刚过，百废待兴百业待举，乱后求治难度颇大，以至于皇帝自己也发出了“今大乱之后，其难治乎”的感叹，参加廷议的大臣们更是七嘴八舌“人皆异论”。

皇帝当时提出的论点是“当今大乱之后，造次不可致化”。造次者，急遽之谓也，也就是皇帝以为大乱之后人心大坏，不能急于实现大治。

魏徵以为不然：乱后人心容易教化，就像饥饿的人不挑食，很容易就会吃饱一样。

皇帝依然是不太乐观，以“善人为邦百年，然后胜残去杀”为例，再次强调治理不易。

魏徵侃侃而谈：“此据常人，不在圣哲。若圣哲施化，上下同心，人应如响，不疾而速，期月而可，信不为难，三年成功，犹谓其晚。”

魏徵在这里用的是孔老夫子的典故。当年为了推行自己的政治主张，老先生也曾信誓旦旦：“苟有用我者，期月而已可也，三年有成。”魏徵是在劝皇帝一定要有从天下大乱到天下大治的信心。

皇帝频频点头，显然是已经认可了的意思。

但时任右仆射的封德彝也引经据典，从夏商周三代一直说到秦汉，结论是：“秦任法律，汉杂霸道，皆欲理而不能，岂能理而不欲？”并指责魏徵所说“恐败乱国家”。

意思很明白，封大宰相等人主张依然用严刑峻法的高压政策，忽略了民间百姓人心思静人心思安的现实要求。

面对指责，魏徵再次援古引今，也从三皇五帝说起，论证“行帝道则帝，行王道则王”，反复说明大乱后到大治的事例多得很，强调社会其实就是在一乱一治乱中求治中得到发展的。否则的话：“若言人渐浇讹，不及纯朴，至今应悉为鬼魅，宁可复得而教化耶？”

持反对意见的人这才哑口无言。

但类似的争论并没有就此平息。如果说魏徵、房玄龄等人是当时的少壮改革派的话，那么封德彝、萧瑀等人就是当时的元老反对派。哪怕就是在封德彝去世之后，接替他职务的萧瑀也依然坚持己见。尽管皇帝鼓励争论，但大政方针不容犹豫，元老派最终还是淡出了政治舞台。《旧唐书》有一段话记载了萧瑀后来的落寞之态——

与宰臣参议朝政，瑀多辞辩，每有评议，玄龄等不能抗，然心知其是，不用其言，瑀弥怏怏。玄龄、魏徵、温彦博尝有微过，瑀劾之，而罪竟不问，因此自失。

千万不要小看了当时那场争论，因为事涉国策，实际上牵涉到如何正确地总结历史经验、把握历史机遇的大问题。正是因为有了这场辩论，才确定了后来“抚民以静”的与隋朝大相径庭的贞观之治。《贞观政要》的编撰者正是为了强调这一点，才有了一段长长的感慨，其中几句是这样说的——

帝王兴治道，在观时而为之。观时在至明，至明在至公，至明则理无不通，至公则事无不正。通于理，故能变天下之弊；正其事，故能立天下之教……观魏公之论，诚得圣人之意。文皇能纳其言，而不惑奸人之论，力变时弊，以行王道，呜呼明哉！大乱之后，兴立教法，不急其功，致时太平，德流于后，呜呼公哉！

“君依于国，国依于民”

这话是贞观天子李世民自己讲的，时间在上节讲的廷辩之后一个月。原话当然不止这八个字，但一样明白畅晓如同大白话——

“君依于国，国依于民。刻民以奉君，犹割肉以充腹，腹饱而身毙，君富而国亡。”

话是大白话，道理也浅显明白似乎不用多讲，但就是这么浅显的道理，前朝后代的许多帝王就是搞不明白，这才显得贞观天子鹤立鸡群远见卓识。正是有了这样的远见卓识，以“存百姓”为宗旨、以“简静”为特征的治国方略才被确定下来，也由此形成了贞观年间“徭役不兴，年谷丰稔，百姓安乐”的国泰民安的景象。

引号里的话依然是贞观天子自己说的，原文前后相接的是这样的句子：

往昔初平京师，宫中美女珍玩，无院不满。炀帝意犹不足，征求无已，兼东西征讨，穷兵黩武，百姓不堪，遂致亡灭。此皆朕所目见。故夙夜孜孜，惟欲清净，使天下无事。……夫治国犹如栽树，本根不摇则枝叶茂荣。君能清静，百姓何得不安乐乎？

笔者之所以不厌其烦，一次次引用当年的皇帝语录，实在是因为贞观天子李世民那时总是实话实说，显得颇为可爱可敬。难道不是吗？在此前此后打着各种旗号，以各种名目凌驾于国家民族之上，自吹自擂自我膨胀的帝王中，贞观天子难道不是个难得清醒的异数异类吗？在漫长的中国历史中，能明白其实不是百姓离不开帝王，而是帝王离不开百姓的皇帝实在是太少太少了啊！

那个上古时期连名字都没有留下来的老者是这样唱的：“日出而作，日入而息。凿井而饮，耕田而食。帝力于我何有哉。”

继他之后，承上启下的有陶渊明的《桃花源记》。

你当然可以说那是生产力极不发达的古代农耕社会的原始理想。但你又该如何解释，在物质极其丰富、科学高度发达、文明日新月异的今天，欧美许多发达国家所奉行的小政府、大社会的理念呢？

话扯远了，还是继续说贞观天子“安人理国”的贞观新政。

简简单单就四条：

一曰“去奢省费”；

二曰“轻徭薄赋”；

三曰“选用廉吏”；

四曰“使民衣食有余”。

简而言之，就是“以人为本”。

因为当时是农业社会，所以重点放在乡村。因为要以民为本，发展生产，所以贞观天子不但颁布了《令有司劝勉民间嫁娶诏》，规定男二十、女十五就应该“任其同类相求，不得抑取”；已过丧期的鳏寡“并须申以媒媾，令其好合”；同时又先后于武德九年和贞观二年（628）两次释放宫女出宫，“任其婚娶”，总数有三五千人之多。考虑到当时人口锐减、经济凋敝的情况，贞观天子此举既可贯彻去奢省费、不滥用人力财力的原则，又可以让宫女们返回民间，组建家庭，生儿育女，真可谓一举多得。

应当承认，尽管“轻徭薄赋”已经成了“安人理国”的四项基本原则之一，但由于贞观初年社会积累不够，贞观之治的主要内容其实并不是减免租赋，而是避免像隋炀帝那样滥用民力，反对劳役无时。《唐律疏议》特地规定：“修城郭，筑堤防，兴起人功，有所营造，依《营缮令》：‘计人功多少，申尚书省听报，始合役功。’或不言上及不待报，各计所役人庸，坐赃论减一等。”

这就叫以法治国有法可依。未见薄赋，却见轻徭，隋炀帝时代那种动不动就全民皆兵全国皆役的弊政算是被彻底革除。

尽量不让百姓服徭役的目的在于劝课农桑。自东晋以后，中原分裂，战火绵延，加之统治北方的多是恃强斗狠的马背民族，早已有之的天子亲耕籍田的古代礼仪也被废弃达数百年之久。现在，贞观天子又将这种古老的仪式恢复了。以帝王之尊，躬耕耒耜，亲祭先农，其象征意义当然远远大于实际作用，所以贞观天子还特地颁布了《籍田诏》，大造舆论，施行之日，自然是盛况空前。《旧唐书・礼仪志》说——

“太宗贞观三年正月，亲祭先农，躬御耒耜，藉于千亩之甸。……此礼久废，而今始行之，观者莫不骇跃。”

“骇跃”连用，实属新鲜：欢呼雀跃跃跃欲试之“跃”不难理解；那个“骇”字却大有讲究，围观的官员与百姓显然是颇感新鲜与吃惊，以至于“骇”。据史书记载，隋末唐初，长期战乱动荡不已，不事稼穑“人多浮伪”已成流习，以至于为了贯彻朝廷尽力农耕的旨意，不少地方大员要令属下严加巡查，“有游手怠惰者皆按之”。

彻底扭转一个时代的社会风气实在不是一朝一夕就可立见功效之事。贞观天子也并没有做完“籍田秀”之后就以为大功告成，他依然不断地派遣使臣去各地劝课农桑，并且还亲自在园苑里种了几亩庄稼，用意依然在于以身作则率先垂范。

贞观四年（630），他在接见即将分赴各州考察农桑的使臣时，又一次以自己为例：“国以人为本，人以食为命，若禾谷不登，恐由朕不躬亲所致也。”亲力亲为躬耕田亩，贞观天子当然会觉得累，有时锄草不到半亩就会觉得疲乏不堪，以己度人推己及人，“以此思之，劳可知矣。农夫实甚辛苦”。

昔日公子，今日天子，从落地之日就锦衣玉食高高在上的李世民能有如此感悟实属不易——还记得那个听说百姓无以为食只能靠草根树皮充饥，居然傻兮兮地问为什么不吃肉糜的西晋混蛋皇帝司马衷吗？两相比较，实在是不可同日而语——因为深知民间疾苦、农人不易，贞观天子还再三强调从中央下到州县的使者一定要深入田间地头，“不得令有送迎”。理由极其现实：“若迎送往还，多废农业，若此劝农，不如不去。”

正是因为有了这样的认识和体会，也就才有了《贞观政要》里记载的贞观二年“京师旱，蝗虫大起”，贞观天子诅咒而吞之的举动。贞观天子的咒蝗之辞是这样的——“人以谷为命，而汝食之，是害于百姓。百姓有过，在予一人，尔其有灵，但当蚀我心，无害百姓。”

《剑桥中国隋唐史》对此有一段不乏轻松诙谐的议论：

太宗是一位非常自觉的帝王，深切关心他留给后世的形象。我们知道，他企图改动实录关于唐朝创业的叙述和玄武门之变的记载以提高他的历史形象。太宗的许多公开的举止，与其说似是出自本心，倒不如说是想得到朝官——尤其是起居注官——赞许的愿望。

毫无疑问，太宗具有作出戏剧性和炫耀性姿态的才能。

他当然是在作秀表演，但也依然是心里还有百姓的表现。皇帝知道邀买人心邀买百姓，总比拿百姓不当人只当工具好得多吧？

还有贞观五年（631）为不违农时而特意将皇太子的行冠礼改期举行的事件。当时有关部门选择的日期是阴阳家认定的上上大吉的二月，但二月正是万物复苏的春耕大忙季节，贞观天子以“今东作方兴，恐妨农事”为由，下令“改用十月”。

既然是以农事为本，当时的土地政策也就有必要交代两句。

唐高祖期间曾颁布过计口授田“丁男、中男给一顷”的均田令。当时的政策是，“所授之田，十分之二为世业，八为口分。世业之田，身死则承户者便授之；口分，则收入官，更以给人”。也就是说，每户占十分之二的田地是可以继承的，剩下的部分则根据家庭人口的变化不断重新分配。这种政策出台的大背景是隋末战乱造成的人口锐减地广人稀。荒闲之田当然好分，人多地少的“狭乡”又该怎么办？当时又没有也不可能有“尽夺富者之田，以予贫人”的土改，所以有了鼓励农户由“狭乡”迁往空荒地较多的“宽乡”的政策。并且还有宽乡占田逾限不作违反律令论处，以及适当免除赋役的配套优惠鼓励条件。

千万别小看了这些在贞观君臣手下才开始切实施行并逐步完善起来的政策，要是没有真真切切想要恢复生产、发展生产的拳拳之心，你会连想也想不到这些似乎并不复杂的举措。20世纪80年代初，因为考虑到民生问题，也就有了由政府出面组织并实施的区域性移民。那次被动员迁移的是生存环境极为恶劣的甘肃定西、宁夏西海固地区的农户，当时被称为“两西移民”。

那次两西移民让许多农户至今受益无穷。

贞观年间当然也是这样。何况贞观天子之时还有兴修水利、设置义仓等善举善政。

总之一句话，贞观年间尤其是贞观初年（大约以贞观十一年为前后分界）的贞观天子绝对是一个兢兢业业忧勤惕厉不忘百姓心存百姓的好皇帝,所以也就有了出自《贞观政要》的贞观盛世图——

太宗自即位之始，霜旱为灾，米谷踊贵，突厥侵扰，州县骚然。帝志在忧人，锐精为政，崇尚节俭，大布恩德。是时，自京师及河东、河南、陇右，饥馑尤甚，一匹绢才得一斗米。百姓虽东西逐食，未尝嗟怨，莫不自安。至贞观三年，关中丰熟，咸自归乡，竟无一人逃散。其得人心如此。

那么，人心究竟是怎么得到的呢？原因就在于“从谏如流，雅好儒术，孜孜求士，务在择官，改革旧弊，兴复制度，每因一事，触类为善”。

这样下来，短短几年之后，就“商旅野次，无复盗贼，囹圄常空，马牛布野，外户不闭。又频致丰稔，米斗三四钱，行旅自京师至于岭表（今两广之地），自山东至于沧海（东海），皆不赍粮，取给于路。入山东村路，行客经过者，必厚加供待，或发时有赠遗。此皆古昔未有也”。

粮价一跌再跌，现在的人们免不了有谷贱伤农之慨叹，但联系到当时曾有物以稀为贵的斗米匹绢的高价，此中变化，反映的不也是农业生产迅速恢复发展的现实吗？当然，“马牛布野，外户不闭”云云显然是一种已成经典的老套夸张，但出门在外的行商旅人不用背着干粮，还能一路热汤热饭地解决肚子问题，显然真的是社会富庶的一种象征。

贞观天子李世民自己则是这样说的——

贞观初，人皆异论，云当今必不可行帝道、王道，惟魏徵劝我。既从其言，不过数载，遂得华夏安宁，远戎宾服。突厥自古以来，常为中国勍敌，今酋长并带刀宿卫，部落皆袭衣冠。使我遂至于此，皆魏徵之力也。

很难说踌躇满志的贞观天子是在表扬他人还是在表扬自己，但事实如此，谁不服气也不行，对吧？还有，即使到了一千多年之后的现在，贞观天子李世民用来表扬和自我表扬的理由也依然可以成立，尤其对那些手握重权、能够决定他人升迁荣辱的人来说，让不让别人说话、听不听别人说话也依然是个让人挠头的问题。贞观时期之所以能迅速从天下大乱到天下大治，以至于作为当事人的贞观天子也总是动不动就要以此夸耀一番，是因为他真的明白并且也做到了。

“兼听则明，偏信则暗”

公平地说，不管是在贞观天子李世民之前还是之后，摆出一副虚怀若谷的模样纳言求谏的帝王实在算不得少，有的甚至还信誓旦旦。例如，明朝末代皇帝朱由检就一再鼓励属下大胆直言，申明自己一定要“有则改之，无则加勉”，结果却是许多说了真话的人在他手上掉了脑袋，而他自己也最终因为自堵言路而走投无路，落得个煤山自缢的下场。

在秦始皇的故乡能出一个唐太宗，其难能可贵由此可见一斑！

雄才大略而从谏如流，位居九五而兼听纳下，就是从这个意义上，我们也得承认贞观天子李世民真的是我们民族历史上屈指可数的杰出的政治家。

单单就是凭这一点，李世民就值得在后人心中千年万年地活下去；单单就是凭这一点，李世民就可以傲立于林林总总的帝王行列的前排而问心无愧。

李世民的难能可贵首先表现在他有极其清醒的自知之明。

擅长弓箭并自以为对弓箭颇有研究的他早在贞观元年就给人讲过这样一个故事——

朕少好弓矢，自谓能尽其妙。近得良弓十数，以示弓工。乃曰：“皆非良材也。”朕问其故，工曰：“木心不正，则脉理皆邪，弓虽刚劲而遣箭不直，非良弓也。”朕始悟焉。朕以弧矢定四方，用弓多矣，而犹不得其理。况朕有天下之日浅，得为理之意，固未及于弓，弓犹失之，而况于理乎？

因为有了这个教训，当时还执政不久的贞观天子就下诏让京中五品以上官员轮流在设于禁中的中书内省值班，随时召见咨询。“每召见，皆赐坐与语，询访外事，务知百姓利害、政教得失焉。”

君臣对坐，相商国事，其情其景，能不融洽？

这中间也曾有过一个小插曲。刚当了皇帝的贞观天子每次上朝都是威容严峻、咄咄逼人的样子，以至于有些臣僚上书奏事，举止失措，顾虑重重。

《剑桥中国隋唐史》对此也有描述：“他的品格形成于他夺取帝位的多年的艰苦野战时期。他确实有帝王之姿，在朝廷上显得很庄严威武。他好冲动，易被激怒，当他发怒时面色紫胀，使周围的人不寒而栗。”后来经别人提醒后，这才有意加以改正，显得轻松和蔼了不少。

成书于唐代的《贞观政要》，里边满是贞观天子谈政论事臧否人物说古道今的言论，让我们继续往下看——

贞观二年，太宗问黄门侍郎王珪曰：“近代君臣治国，多劣于前古，何也？”对曰：“古之帝王为政，皆志尚清静，以百姓之心为心。近代则唯损百姓以适其欲，所任用大臣，复非经术之士。汉家宰相，无不精通一经，朝廷若有疑事，皆引经决定，由是人识礼教，治致太平。近代重武轻儒，或参以法律，儒行既亏，淳风大坏。”太宗深然其言。自此百官中有学业优长，兼识政体者，多进其阶品，累加迁擢焉。

这算是当时选拔和任用干部的标准吧。

贞观三年，太宗谓侍臣曰：“中书、门下，机要之司，擢才而居，委任实重。诏敕如有不稳便，皆须执论。比来惟觉阿旨顺情，唯唯苟过，遂无一言谏诤者，岂是道理？若惟署诏敕、行文书而已，人谁不堪？何烦简择，以相委付？自今诏敕疑有不稳便，必须执言，无得妄有畏惧，知而寝默。”

按唐代官制，中书、门下再加尚书三省，职责分别为发令、审查和执行。具体地说，中书省是朝廷发布敕旨册制的机构，有“佐天子执大政，而总判省事”的决策权；门下省则负责对中书省发出的文件、政策进行复核审议，没有问题便签署放行，如觉不妥，可将原件批注送还，也叫“封驳”“封还”；“掌典领百官”的尚书省就是实际执行者。既互有制约，又各有实权，所以三省长官都是宰相，不像汉代那样只有一个大权在握的宰相，也算是集体领导吧。因为握有重权，所以贞观天子才不能容许他们“阿旨顺情，唯唯苟过”，不事谏诤。他要让他们明白，你们不是一般抄抄写写、收收发发的小秘书，那种活儿差不多是个人就能干，还用得着你们来当宰相?！话说得很重，所谓爱深责切吧。

贞观四年，在和一位老臣就前朝隋文帝的执政得失谈论了一番之后，对隋文帝其人很是不以为然的贞观天子感慨道：

朕意则不然，以天下之广，四海之众，千端万绪，须合变通，皆委百司商量，宰相筹画，于事稳便，方可奏行。岂得以一日万机，独断一人之虑也。且日断十事，五条不中，中者信善，其如不中者何？以日继月，乃至累年，乖谬既多，不亡何待？岂如广任贤良，高居深视，法令严肃，谁敢为非？

我们早就知道，隋文帝也就是隋高祖杨坚除了节俭还很勤政，好像也就是这两点让他在史书中的形象还算可以，但贞观天子却一针见血地指出他的勤政无非就是出于多疑，既然他可以从人家孤儿寡妇手里骗来个皇位，当然也怕别人再骗了他。所谓小人眼里无君子，君子眼里无小人吧。贞观天子拿自己和他比，孰高孰低自然是早有定论。而且，贞观天子的逻辑也是成立的，但智者千虑，必有一失，一日万机，所失岂不更甚？再假以时日，日积月累，蚁穴溃堤，“不亡何待”？！

正因为确实明白了个人能力有限，群众才是英雄的道理，所以贞观天子很有些不怕人说话、只怕人不说话的急切、迫切与热切。

贞观五年他说：

治国与养病无异也。病人觉愈，弥须将护；若有触犯，必至殒命。治国亦然，天下稍安，尤须兢慎，若便骄逸，必至丧败。今天下安危，系之于朕，故日慎一日，虽休勿休。然耳目股肱，寄于卿辈，既义均一体。宜协力同心，事有不安，可极言无隐。傥君臣相疑，不能备尽肝膈，实为国之大害也。

贞观六年又道：

看古之帝王，有兴有衰，犹朝之有暮，皆为蔽其耳目，不知时政得失。忠正者不言，邪谄者日进，既不见过，所以至于灭亡。朕既在九重，不能尽见天下事，故布之卿等，以为朕之耳目。莫以天下无事，四海安宁，便不存意。“可爱非君，可畏非民？”天子者，有道则人推而为主，无道则人弃而不用，诚可畏也。

这段话是和魏徵说的，魏徵对曰：

自古失国之主，皆为居安忘危，处理忘乱，所以不能长久。今陛下富有四海，内外清晏，能留心治道，常临深履薄，国家历数，自然灵长。臣又闻古语云：“君，舟也；人，水也。水能载舟，亦能覆舟。”陛下以为可畏，诚如圣旨。

魏徵此人值得多说两句。被用来作为本节标题的那八个字最早就是出自魏徵之口，时间也早在贞观二年正月。

那一次贞观天子提出一个发人深省的问题：什么叫明君、昏君？

魏徵的回答就是那八个字：“兼听则明，偏信则暗。”

一直到了现在，魏徵作为一个著名的正直敢言的忠谏之臣的名声依然颇为响亮。和他同样甚至比他还要有名的还有一个大明王朝的海瑞海刚峰。

海瑞的一夜成名和最后的结局都与皇帝有摆脱不了的干系。同样的，魏徵的名垂青史也与贞观天子相互依存密不可分。他成全了贞观天子李世民，贞观天子李世民也成全了他。

君臣相处的十七年里，魏徵始终以直谏著称，而李世民尽管有过牢骚、有过不快，有过要杀了那个乡巴佬的念头，但总算还是有始有终相得益彰互为表里相互依赖。

我们曾经有过一个相当漫长的皇权就是一切，皇权高于一切的时代。在那个压抑得让人喘不过气来的时代，据说是天子象征的张牙舞爪的龙就成了整个国家的图腾。皇帝穿龙袍、坐龙椅，生气也叫龙颜大怒。据说，龙喉下“有逆鳞径尺，人有婴之，则必杀人”。贞观时代，敢犯龙鳞的何止一个魏徵？总不能说那时的人都疯了，都敢拿脑袋不当脑袋吧？还是魏徵自己把话说破了——

“陛下导臣使言，臣所以敢言。若陛下不受臣言，臣亦何敢犯龙鳞、触忌讳也！”

魏徵因病于贞观十七年（643）正月去世，贞观天子致了一篇不是悼词的悼词——

“以铜为镜，可以正衣冠；以古为镜，可以知兴替；以人为镜，可以明得失。朕常保此三镜，以防己过。今魏徵殂逝，遂亡一镜矣！”

为了号召向直言无隐、积极进谏的魏徵学习，贞观天子还作了一首诗——

劲条逢霜摧美质，台星失位夭良臣。
唯当掩泣云台上，空对余形无复人。

笔者之所以对贞观天子情有独钟，实在是因为太明白身为皇帝的李世民的难能可贵了。别看所有人都有两只耳朵，理应正反皆听，但要真正做到这一点，其实并不容易，而且是官越大越不容易。对皇帝来说，那耳朵差不多就是专门用来听山呼海啸的万岁之声的。

文成公主及其他

应当承认，关于贞观天子的这一章好像没有专写大业天子的上一章那么好看、那么热闹，也就没有那么有趣。原因就在于两位皇帝的执政风格大相径庭——

贞观天子登基后总是不忘抚民以静，让百姓休养生息，表现在治国行动上，也就是一动不如一静，既然是大病初愈之人，当然需要能躺不坐、能坐不站、能站不走、能走不跑。

而大业天子则完全相反，干什么都是大场面、大声势。因为他是皇帝，整个国家天下都是他的，所以他可以为所欲为，不会有人来跟他计较行政成本，人力成本就更是不在其考虑范围之内。

大业天子最终还是毁在让他风头出尽的大手笔上了。

贞观天子并非没有大手笔，但该出手时才出手，而且总是不偏不倚恩威并重审时度势软硬兼施，尽管可能影响赏心悦目的观感，实际成效却一点也不差。国内焕然一新的情况我们已经知道了，那就再来看看疆域空前辽阔的大唐版图吧——

《资治通鉴》载："东极于海，西至焉耆，南尽林邑，北抵大漠，皆为州县，凡东西九千五百一十里，南北一万九百一十八里。"

这里说的只是贞观十四年（640）那些正式受大唐王朝管辖，或向大唐王朝表示臣服的地域。如果考虑到一年后的贞观十五年也即公元641年文成公主远嫁吐蕃后发生的变化，实际上大唐王朝的政治影响已经翻越唐古拉，到达了即使在今天也算是遥远的西藏。

还有鉴真东渡、玄奘西行所产生的极其深远的政治和文化影响呢！

据说，本身只喜欢道教而对佛教并不太感兴趣的贞观天子曾经力劝在印度生活了十五年的玄奘还俗，到朝中为官，就因为后者是当时国中唯一对印度和中亚的地理、风俗、物产及政治有相当了解的人物。玄奘最后当然没有还俗，而是留在长安的弘福寺专心从事佛经翻译，并且享受着来自朝廷的颇为优厚的特殊津贴。

远嫁吐蕃的大唐文成公主享受的待遇当然远远超过了玄奘。甚至到了今天，到了现在，文成公主也依然是大多数国人耳熟能详的名字。

和她同样有名的还有一个出自汉朝、被认为是古代四大美人之一的王昭君。

王昭君出了京师长安后一路北上，嫁的是匈奴单于。

文成公主出了京师长安后一路西行，嫁的是吐蕃的松赞干布，也就是“刚毅深沉的赞普”。

那其实是一个一波三折的故事。为了这次婚事，吐蕃甚至还先后与吐谷浑和大唐各打了一仗。松赞干布先是于贞观八年（634）向大唐派出了他的第一批使节，对方也有回访。这就算是认识了，但并不就等于了解了，听说突厥和吐谷浑都娶了大唐公主，松赞干布也带了许多财宝到大唐求婚，却未获应允，用老百姓的话说就是碰了一鼻子灰。贞观天子当时是怎么想的，已经无从知晓了，但有辱使命的吐蕃使节回去后需要汇报交差，他是这样向自己的赞普说的：“本来呢，求婚都已经成了，大唐对我们也很好；可是后来吐谷浑王也去了，因为他的挑拨离间，大唐对我们变得冷淡不说，还连公主也不同意嫁了。”

血气方刚的松赞干布当然咽不下这口气，于是就发兵攻打吐谷浑。吐谷浑当然不是吐蕃的对手，逃到今天的青海湖北部一带，牲畜和人口也被吐蕃掠走许多。松赞干布乘胜前进，先后攻破党项、白兰，也就是从今天的青海果洛一直打到现在的四川阿坝，然后率二十万兵马屯于松州（今松潘之地），再派使者携带厚礼去长安求婚，并且还警告：不给公主，兵戎相见！

松赞干布有点欺人太甚了。但缘由还在于对大唐和大唐的贞观天子太缺乏了解了。他那时大概并不知道，尽管他战胜了吐蕃，但多少有点胜之不武，因为早在他第一次向大唐派出使节进行接触的时候，吐谷浑已经元气大伤（在隋朝时就被灭了一回，趁着隋末唐初天下大乱才又再度崛起），败于大唐，表示了归附；还有，就是骄横不可一世，曾经多次向大唐索要财物，稍不如意就侵犯边境，给大唐王朝找了不少麻烦的东突厥，也早在贞观三年十一月至第二年三月不到半年的时间，被贞观天子给征服了。东突厥当年厉害不厉害？甚至还在贞观天子刚登帝位时就率精兵二十万，前锋直抵大唐京师附近的武功，迫使贞观天子急中生智，大摆疑兵之计，以渭水之盟化险为夷。曾在吐蕃境内一统域内的松赞干布对这些一概不知情，以为自己真的可以无往不胜呢，但刚与大唐官军的前锋交战，就损兵折将死了一千多人，于是，甚至还未与大唐官军主力碰面，就急急忙忙退兵了。

领教了大唐王朝厉害的松赞干布更加坚定了要娶上国公主为妻的决心，很快派人入唐谢罪，并带着礼物再次求婚。

也许真是不打不相识，贞观天子这一次就准了，也就有了贞观十五年年初，在长安城外特地为文成公主举行的盛大的欢送仪式。

那是一次规格很高的官方行为。大唐派出礼部尚书李道宗持节护送。松赞干布则亲率军队和文武大臣来到与吐谷浑交界的柏海边迎接。松赞干布向代表大唐朝廷的李道宗行了子婿之礼。自此，吐蕃和大唐成了翁婿，后来发展为宗藩，最终成为中央与地方。

由和亲而始的一段难能可贵的佳话流传至今，且还要代代流传。

和亲之策当然不是贞观天子的发明，但也只有在他手上，才有如此巨大的成效。

千万不要小看了当时所谓的和亲之策，有时候，一个公主的作用的确让人匪夷所思。文成公主固然是一个不可多得的正面典型，但时移世易，当初的安边之举成了后来麻烦之源的例子也不是没有。

代北周而立的隋文帝遇见过这样的麻烦，代隋而立的李唐王朝也遇见过。

给隋文帝制造麻烦的是嫁给突厥的北周千金公主。大隋建国后，她日夜在突厥沙钵略可汗面前哭诉，请求出兵为其娘家报仇。后来由于突厥内乱，沙钵略可汗走投无路，万般无奈下只好向大隋请降，千金公主也忍辱上书，“自请改姓，乞为帝女”，隋文帝同意所请，改封北周千金公主为大隋大义公主，算是拿大义灭亲的说辞揶揄了突厥一把。

给后来的大唐制造麻烦的则是由隋文帝嫁给突厥启民可汗的义成公主。启民可汗死后，她按照突厥“妻后母，报寡嫂”的风俗，先后嫁给启民可汗的儿子始毕可汗以及始毕可汗的弟弟处罗可汗和颉利可汗。她在突厥为大隋做了不少事，隋炀帝在雁门被突厥始毕可汗围困之前就是她设法送的信。隋炀帝在江都死于宇文化及之手，萧皇后也成了宇文化及的囚虏，宇文化及后来败给窦建德，又是义成公主把萧皇后等人接来突厥。义成公主视唐朝为灭国仇敌，坚决支持突厥对大唐的不断侵扰。在长达十几年的时间里，突厥一直就是令大唐最初两代帝王寝食难安的祸乱之源。用贞观天子自己的话说，那就是“坐不安席，食不甘味”。

正是因为忍无可忍，贞观天子才痛下决心，彻底摆平了东突厥，后来就是吐谷浑。然后才有了文成公主远嫁西藏的和亲吐蕃的举措。最后，贞观天子的锋芒又指向了横行西域俨然是西域霸主的西突厥，甚至还包括占据如今新疆吐鲁番盆地一带的高昌国。那都是打出了大唐国威和军威的大仗、硬仗，大战之后，当地有童谣这样唱道——

高昌兵马如霜雪，汉家兵马如日月，
日月照霜雪，回首自消灭。

也就是在这之后，才有了东西近万、南北过万的辽阔广袤的大唐疆域。又和亲，又出兵，一手软，一手硬，贞观天子大治天下靠的就是审时度势的这两手。

关于和亲，贞观天子有过这样的说法：“北狄风俗，多由内政，亦既生子，则我外孙，不侵中国，断可知矣。以此而言，边境足得三十年来无事。”

下边的话也是贞观天子自己说的：“北狄世为寇乱，今延陀倔强，须早为之所。朕熟思之，惟有二策：选徒十万，击而虏之，涤除凶丑，百年无患，此一策也。若遂其来请，与之为婚媾，朕为苍生父母，苟可利之，岂惜一女！”

看见了吧，一女可抵十万兵，如此良策，为何不用呢？就因为贞观天子说过这样的话，而且还针对的是十分具体的对象——延陀，就是薛延陀，是铁勒十五部中最强的一部。

他们本来住在现今的新疆北部乌伦古河和塔尔巴哈台流域，正是由于他们和另一铁勒属部回纥共同起兵，为大唐征服东突厥提供了大好良机，后来他们就占据了原来东突厥的领土。贞观天子本来是要跟他们和亲的，但他们总是和贞观天子闹别扭，甚至不愿接受被大唐朝廷遣送的突厥人回到自己的游牧故地，那些突厥人又转而被安置在长城以外，成了薛延陀攻击的目标，而且还不时侵扰大唐边境。那一次贞观天子真是伤透了心，征服了东突厥后，他曾是那么真心地对待东突厥人，不仅妥善地安置了众多余部，而且还封官授职，他们中的许多头面人物被安排在自己身边，当然是为了教化。但谁料想得到，突利可汗之弟结社率竟会纠集一批部落子弟，乘夜突袭皇帝御帐。叛乱被当场镇压，贞观天子对外族人的信任也同时大打折扣，这才有了将他们迁回原住地的举措，也算是眼不见心不烦，求个平安保险吧。但占了他们地盘的薛延陀不接受他们，这不是明摆着与朝廷为难吗？跟这样的家伙和亲，贞观天子心里一百个不愿意，但就因为他曾经应允过和亲，所以后来变卦赖婚的举动又让他的臣子们非议不已，就连一直对贞观天子大加赞赏的司马光也在《资治通鉴》里批评说："审知薛延陀不可妻，则初勿许其婚可也；既许之矣，乃复恃强弃信而绝之，虽灭薛延陀，犹可羞也。"

此说笔者却不敢苟同。和亲既然只是一种基于政治考虑的谋略，对象是否合适，时机是否变化当然都在考虑之列。当初之所以采纳群臣建议，考虑要跟薛延陀和亲，贞观天子主要考虑的还是自己的手下爱将在交战中被对方俘虏，为了换回爱将，才有了联姻之允。爱将既已安然而归，且自己也有了消灭对方的办法，那又何苦毁了我们的一个好姑娘呢？哪怕是皇帝呢，也应该有点人之常情吧？贞观天子的赖婚之举倒让我们于无意中见识了他的真感情、真性情，倒让我们多了些认同感与亲切感。

不错，我们是在说历史，历史也的确是一种宏大叙事，但它毕竟又是由一个个活生生的人演绎而成的一件件活生生的事，大历史中的小细节有时反而更能表现一个人的真性情。被我们当作榜样说了半天的文成公主当年远嫁吐蕃时只有十几岁，从繁华的京师去那么一个远天远地、不无神秘的地方，她的心情究竟是怎样的，我们已经无从知道了，但一百多年后唐肃宗李亨的宁国公主去回纥和亲时哭着说的那句话难道还不让人揪心吗？

泪眼滂沱的宁国公主当时说的是："国家事重，死且无恨！"

显然的，远嫁异邦的公主知道，自己的婚配与爱情无关，自己只是在完成一项政治正确的国家任务，个人的幸福与否自然不在考虑之列。

还记得早在三国蔡文姬流落匈奴之前就远嫁异邦乌孙王，因而写下了那首著名的《悲愁歌》的乌孙公主吗？

也是肩负和亲重任的公主，在诗里压根就没提什么国家民族之类的字眼，她只是满腹哀怨地告诉我们，她嫁的地方她嫁的人她在那里吃的什么喝的又是什么。于是，一个住不惯帐篷、吃不惯牛羊肉、喝不惯酸牛奶、可能也洗不上热水澡的公主就跃然纸上。诗不长，录如下，也算用了一次陈寅恪老先生以诗证史、诗史互证的方法吧——

吾家嫁我兮天一方，远托异国兮乌孙王。
穹庐为室兮毡为墙，以肉为食兮酪为浆。
居常土思兮心内伤，愿为黄鹄兮归故乡。

因为不满意自己的婚姻但又诉说无门，曾经是皇家千金公主、后来又成了乌孙王妃的她居然只想变成一只能自由自在飞回故乡的鸟儿！

卷四

大业、贞观纪事（下）

第七章　难解难分：两个王朝的关联

第八章　大相径庭：两个榜样的造型

第七章 难解难分：两个王朝的关联

“圣人可汗”与“天可汗”

在世界历史上，我们并不是最古老的国家；在今天的世界，我们也不是领土面积最大的国家，但我们在世界史上拥有独一无二的地位。

古埃及文明比我们的文明还要古老。埃及人大造特造其金字塔是在他们的第三王朝时期（前 2686—前 2613 年），我们传说中的黄帝时代，一般认为存在于公元前 2550 年前后，比人家晚了近一百多年。

埃及作为国家名称至今依然存在，但生活在那片土地上的早不是当初的主人了。古埃及语和古埃及历法都早已难觅踪影。其他文明古国，如巴比伦、印度、罗马等无不如此。

中国一直就是中国。尽管分分合合、打打杀杀，但中国一直就是中国。

古老的农历一直用到现在。尽管为了和世界接轨，我们——尤其是官方，也用公元纪年，但那已经是民国和民国以后了。

解体前的苏联的国土面积比中国大得多。但苏联领土面积的最终形成却是在20世纪第二次世界大战发生以后的40年代，而且只维持了不到五十年。

至于领土面积略超过我们的加拿大和仅次于我们的美国，成为一个独立国家的历史不过一两百年，我们即使不算夏商周，单从秦始皇统一六国，建立起一个疆域辽阔的中央集权国家到现在，已经两千多年啦。

我这样的说法当然极不科学，极不严谨，极易惹众怒，凭什么你秃笔一挥就将我华夏建立国家的近两千年历史一笔抹杀了？小子当然不敢造次，如此说法，只是为了叙述的方便，也是为了突出秦始皇统一的丰功伟绩。

秦始皇之前的周天子时期，也就是我们后来说的春秋战国，是一个天子大权旁落、诸侯你争我夺的长达几百年的分裂时代，是秦始皇结束了那种局面。尽管秦朝统治的时间很短，但几经战乱之后，规模空前的西汉帝国终于继承了前朝遗产，还加以发扬光大，于是就有了公元初形成的西起巴尔喀什湖和帕米尔高原，东至朝鲜半岛北部，北起阴山、辽河，南至今越南中部的中华版图，极盛时朝廷在上百万平方公里的领土上设置了一百零三个郡、国和一千五百多个道、县、邑、侯国，两级行政区相加，直接统治人口达六千多万，堪称皇皇华夏，泱泱大国。

这算是有明确记载的第一次大统一。

秦汉之后又是三国两晋南北朝的大分裂、大动荡，同时也是大融合的时期。

大隋横空出世，重新开始了统一。经过杨坚、杨广父子两代的努力，又开始有了汉朝时期的大一统的局面。尤其是大业天子杨广，雄心勃勃直追前贤，北狩西巡南下东征，忙得不亦乐乎，忙得风尘仆仆，终于经营出一片万国来朝、东都洛阳歌舞不绝的场面。当时的情况是，吐谷浑灭国，高昌臣服，甚至就连自恃强大一直存心与大隋作对的西突厥处罗可汗，也在大业天子软硬兼施的夹击下，走投无路，前来向大业天子稽首谢罪。大业天子答复说："今四海既清，与一家无异，朕皆欲存养，使遂性灵。譬如天上止有一个日照临，莫不宁帖；若有两个三个日，万物何以得安？"

曾为西戎霸主的西突厥处罗可汗完全拜倒在大业天子的脚下，以至于在大业八年（612）元旦大朝会上，向大业天子奉觞祝寿，嘴里还念念有词："自天以下，地以上，日月所照，唯有圣人可汗。今是大日，愿圣人可汗千岁万岁常如今日也。"

早在隋文帝时期，归附的东突厥启民可汗就称大隋天子为"圣人可汗"，现在，大业天子也被称为"圣人可汗"，心中自然油然而起一股不负天、不负地，不负列祖列宗，也不负天下臣民百姓的万丈豪情。

但在那样一个武力就是国力、实力，同时还是凝聚力和向心力的时代，并未完全融合的各民族间也是摩擦不断。由于隋末战乱，不仅国内群雄四起，已经臣服归顺的各个部族也趁势而起，尤其是东、西突厥更是一跃而起再度雄踞漠北，再控西域，成为虎视中原的强大的军事力量。

还记得我们前面曾经说过的唐高祖李渊起兵之初不得不借助突厥力量，并向突厥始毕可汗称臣的往事吗？

由于双方实力悬殊，由于曾经有这种特殊的隶属关系——尽管只在名义上，但突厥哪怕在大唐建国后，对大唐的欺凌也是有增无减与日俱增，见于《通典》《旧唐书》等史籍记载的有——

“及高祖即位，前后赏赐，不可胜纪。始毕自恃其功，益骄踞，每遣使者至长安，颇多横恣，高祖以中原未定，每优容之。”

武德二年二月，始毕可汗死，“高祖为之举哀，废朝三日，诏百官就馆吊其使者，又遣内史舍人郑德挺往吊处罗，赐物三万段”。

始毕可汗死了，处罗可汗即位。武德三年（620）六月，处罗可汗率军助秦王攻打刘武周，“至并州，总管李仲文出迎劳之，留三日，城中美妇人多为所掠，仲文不能制”。

不能制是因为不敢制。同年秋，处罗可汗也死了，大唐朝廷又重复了一次罢朝致哀、“诏百官就馆吊其使者”的隆重仪式。也就是说，先后死了的两位突厥可汗，在大唐享受的都是超规格的国君之礼。

其后继承汗位的成了颉利可汗。但大唐的日子也并没有好过一点，“高祖以中原初定，不遑外略，每优容之，赐与不可胜计，颉利言辞悖傲，求请无厌”。

由于突厥的不断侵扰，武德朝中甚至有过迁都的议论。

继豳州对阵之后，又有了让刚即位登基的贞观天子深感耻辱的“渭水之盟”。

两次对阵都在大唐京师附近，不难想象大唐当时国势之弱之危。尽管两次都算得上是以奇取胜智退敌兵，但总是不能光明正大凭实力说话，并且后一次正处于自己刚登大位的敏感时期，贞观天子焉能不觉窝火?!

后来情况就不一样了。随着贞观之治的渐见成效，大唐国力大增，贞观天子软硬兼施闪展腾挪，终于在贞观四年初，生俘颉利可汗，于是就有了那年春天，西北各部族首领来长安朝见，请求贞观天子接受“天可汗”称号的盛大场面。这当然是一种臣服和听命的表示。《剑桥中国隋唐史》认为，“(‘天可汗’) 这个称号含有最高宗主权和仲裁他们之间纠纷的权力的意义”。

贞观天子踌躇满志，当然也不会客气，“是后以玺书赐西域、北荒之君长，皆称‘皇帝天可汗’”。

总之，在贞观年间，面对所谓“南蛮”“西戎”“北狄”等数以百计的边疆少数民族，贞观天子或“置州府以安之”或“以名爵玉帛以恩之”或“以威惠羁縻之”，具体地说，就是“置六府七州，府置都督，州置刺史，府州皆置长史、司马已下官主之”“皆以酋领之”，并且还可以世袭。

后来再于贞观二十一年(647)接受铁勒部回纥等族酋长的提议，同意于“回纥以南、突厥以北开一道，谓之参天可汗道”。

和有始无终功亏一篑的大业天子不同，一个统一的疆域辽阔的多民族国家就这样在贞观天子手里初步形成了。

从大隋大业天子被称为“圣人可汗”到大唐贞观天子被称为“天可汗”，历史异常规整地在这里画了一个圆，隋唐一体难解难分的继承关系也得到了异常充分的体现。

隋唐是中国历史上第二次大统一时代的论点能不让人信服吗？

隋唐一体的关联甚至在大业天子和贞观天子不约而同地玩弄的一些小花招里也可以得到印证。

为了表现堂堂中华物力雄厚物产丰富人才济济，大业天子甚至不惜弄虚作假以丝绸缠树；贞观天子也在一次宴请几千回纥使节饮酒时耍了个心眼，他在殿前放了个大缸，又开了个暗道，派人不断偷偷地往缸中注酒，以至数千惊诧莫名的回纥人一直喝到酩酊大醉，缸中的酒还没有喝完一半。

还有好玩的呢。大业六年，高昌国使者来献《圣明乐》曲，为使四夷惊服，表明华夏不让夷狄，大业天子竟命令懂音乐之人“于馆所听之，归而肆习。及客方献，先于前奏之，胡夷皆惊焉”。

无独有偶，贞观年间，西域某国曾给贞观天子进献了一个琵琶弹得无比精妙的乐手。最受不了外国人比中国人强的贞观天子也玩了一次和大业天子一模一样的花招，在大型宴会之前，命令国中一个叫罗黑黑的音乐奇才躲在帐后偷听。等胡人弹完后，贞观天子说：“这有什么，这样的曲子我宫里的人就会。”然后叫出罗黑黑，果然一个音也不差，不明底细的胡人自然只能叹服了。

大人物的小花招自然无伤大雅，本可一笑置之。但两家王朝的两位天子不约而同表现出的却是唯我独尊唯华夏为大的心态，这种心态传之久远积淀已久，甚至成了一种全民的无意识、潜意识和下意识。这种太过长久的大国意识平时大不了就是有些盛气凌人罢了，但在历史的大转折时期，却让我们深受其苦。

明清时期算是中国第三次大统一的时代，这已经成了定论。

然而也正在这个既有《永乐大典》，又有康乾盛世的时期，西方早已经完成了地理大发现，欧洲列强也早在海上称王称霸，并将东方作为他们的下一个目标。我们奉皇命撰修《明史》的清朝官员在评述利玛窦早在前明时就进献的《坤舆万国全图》时，还极其荒唐地坚持认为“其说荒渺莫考”，只是由于“其国人充斥中土”，所以“其地固有之”，算是承认了欧洲的存在。以此种水平认识世界，冲突自然难以避免，后来更发展到动枪动炮的程度。明明是我们的土炮长矛不敌对方的坚船利炮，所以才一再签订丧权辱国的不平等条约，可即使是这样，清朝的官方文件的行文还依然是“大清国大皇帝恩准该夷……”

皇帝如此，下边的大臣也好不到哪儿去。一位关心时务、忧国忧民的大臣自称找到了对付外夷的方法，欣喜之余急忙上书皇帝，建议双方再交战时，我方士兵可以将长竹竿作为武器。因为经他研究发现，夷人走路时腿脚是直的，显然是没有关节，只要用竹竿将其捅倒，他们就肯定无法再爬起来，那时候或生擒或活捉岂不是易如反掌？！

呜呼——

写书作文，我们的先人于感慨处总爱呜呼而叹，笔者在这里也只能呜呼呜呼再呜呼！

“开科取士”与“文凭社会”

滥觞于隋，完善于唐，对后世影响巨大，且一直施行了一千多年的开科取士的科举制也是一个值得好好说一说的题目。

最先说中国是个“文凭社会”的其实不是中国人，而是那个我们刚刚说过的来自西方的传教士利玛窦。他是明万历年间来到中国的，目的在于宣传天主教教义。尽管本职任务完成得极不顺利，但利玛窦神父在中国还是有许多令他惊诧不已的发现，当时井然有序的科场考试就让他十分震惊和钦佩。他甚至认为当时的中国已经成了一个“文凭社会”，并且把秀才、举人、进士，直接翻译成学士、硕士、博士，介绍给他那些高鼻深目的同胞，认为中国人的社会等级是以受教育的程度来划分的。

利玛窦当然有些管中窥豹，但依然凭自己训练有素的逻辑思维，敏锐地发现了问题的关键之处。“万般皆下品，惟有读书高”，不像他那么大惊小怪的古代中国人就是这么表述的，尽管他们可能对利玛窦的“文凭社会”说不以为然。

中考、高考、考研、考博，是现在很多家庭或者已经经历，或者正在经历，或者将要经历的现实生活的一部分。由于各种各样的原因，各种各样的文凭在眼下的中国似乎不那么吃香了，但考试依然是每一个家庭和个人的头等大事，因为不得不面对它。物极必反，许多人大概会对此啧有烦言，考试之举，尽管弊端多多，但它最起码从理论和实际上提供了一种可能与现实，那就是在分数和成绩面前人人平等。只有有了这个平等，以后的一切才有可能成为可能。

饮水思源，我们不能不感谢首开开科取士之先河的隋唐两代的皇帝们。

被无数后人骂得狗血喷头的曾经的大业天子，也就是后来的隋炀帝杨广，恰好正是开科取士功不可没的奠基人之一。

在隋朝以前的古代，各种不同的选官方式曾经在不同时期占据过主导地位。

上古时期国家机构实行“亲贵合一”的组织原则，也就是依据血缘关系的亲疏远近来调整统治集团内部的权力关系，所以商周实行的是贵族世卿世禄制。那时候也有考选一说，但范围只在极少数贵族之中，所谓的秀才、贡士、进士的名目那时也已经有了。

战国至秦，为了求生存、求发展，各国都在变法征战，那时候任官赐爵主要看军功大小，也就无形中破除了宗法血亲体制，举荐客卿也成了常例，而且还有自荐。春秋时孔夫子风尘仆仆周游列国，其实也是一种自荐。两汉以后，为适应专制集权官僚政治对人才的需要，发展了以察举为主体，以辟署、征召、举荐、军功等为辅助手段的多种途径的官吏选拔制度。国家那时候也有太学，但入学资格既要看出身，也要有权威人士举荐。东汉开国皇帝刘秀就因为是西汉高祖的九世孙，又有当朝国师举荐，才得以进入太学。

作为一种主要的发现人才、选拔人才的方法，察举制长期实行于两汉魏晋南北朝，到隋朝时已经有七八百年之久。参照我们今天的体会，察也好、举也好，要是没有一个统一的可以量化的标准，其中渐渐滋生的弊病甚至可能会完全抵消其曾经有过的进步意义。

有察举之权的是各地“贤有识鉴”的乡贤，也就是所谓有眼光的德高望重者。再由这些大大小小的“中正”按照从上上到下下的九品来评定当地人才等级，小中正报大中正核实，大中正再报司徒核实，最后交吏部尚书选用。这是三国时魏文帝曹丕最先采用的方法，大约效果不错，后来就流行开来。一流行推广，荒腔走板变滋变味也就在所难免，果然，原本是要察贤举能的察举制很快就变了味，导致的结果就是“公门有公，卿门有卿”“上品无寒门，下品无世族”。用后来老百姓的话说就叫“龙生龙，凤生凤，老鼠生儿会打洞”，一言以蔽之就是：朝中有人好做官。所谓的门阀制就这样形成了。此中的荒谬自然不难看出：既然以血缘为纽带的皇权承继链条都无法保证龙子龙孙们个个优秀，那些不是龙的家伙凭什么就能保证他们的后代卓尔不群鹤立鸡群，更何况还要包括他们那些阿猫阿狗的亲戚?!

南北朝后期，门阀制终于也混不下去了，按照德才而不是依据门第选任官吏的问题再次浮出水面，成了当政者不得不考虑的问题。南朝梁武帝对此用力最勤，提出“不通一经，不得为官”的策试考核的办法，并特别强调，虽寒门后品，都可随才试吏。一些寒门子弟通过明经试策的方式进入仕途，科举制的萌芽开始露头了。

现在我们可以对察举和科举做一个划分了：

察举者，以察为主，举而荐之，许多说不清道不明的因素都可能在里边起作用。

科举的关键则在于考，大家都凭分数说话，起码有一条大致公平的起跑线。

但一项制度从创立到成熟绝非一蹴而就，人们观念的转变是一个长期缓慢的过程。别人不说，就是废除了九品中正的察举制的隋文帝自己，在子孙的婚事上，首先看重的还是门第显赫的门阀世家。山东士族崔氏为隋唐两代门阀之冠，秦王杨俊、河南王杨昭（杨广长子）之妃均出自崔家，一门二妃，崔氏族人能不得意？皇帝榜样在前，大臣能不紧随其后？文帝手下重臣杨素也为其子杨玄纵娶崔氏女为妻，聘礼厚重不说，迎亲之日还遍请公卿大宴宾客，但亲家翁却故意衣冠不整，倒骑毛驴姗姗而来，算是来了一次别开生面的表演秀。这种风气在贞观天子之时依然盛行不止，以致士族之家依仗名望，嫁女之时一次次狮子大开口，索要聘礼之数多到甚至惊动了皇帝。为了贯彻教化人心、改革社会的政策，也为了打击无礼无耻的不正之风，贞观天子以一种重修《氏族志》、抬高当下新贵地位的方法，硬是将崔氏从第一等降到第三等。

这同时也从另一个侧面反映了由国家设立科目，定期进行统一招考，也就是“开科取士”“分科举人”以选拔人才、激励人心的举措的势在必行。

大业天子杨广曾经这样说过：“天下皆谓朕承藉绪余而有四海，设令朕与士大夫高选，亦当为天子矣。”这话既表达了他的自信，也表达了他对科举取士的赞成和热心。而这种赞赏与热心，又是以对那些只凭门第坐享官位的纨绔子弟的蔑视为基础的。继大业初年将不少名门子弟配流免官之后，杨广又于大业五年二月，用“官不得为荫”的理由，使一部分无功受禄的关陇勋贵的子孙不得再门荫袭官。

有破就要有立。大业天子先于大业三年下诏，提出了德才兼备的用人标准,要“文武有职事者,五品已上,宜依令十科举人”。并且，“有一于此，不必求备。朕当待以不次，随才升擢”。既有标准，又不求全责备，大业天子是求贤若渴呢。

大业五年六月，大业天子再次将有关德行的科目去掉，将举人十科改为举人四科，大大加强了可操作性。有学者认为，进士科大约在此时创立了。

“炀帝嗣兴，又变前法，置进士等科。”

“炀帝始建进士科。”

“隋炀帝改置明、进二科。”

“进士科，始于隋大业中。”

“隋置明经、进士科，唐承隋。”

“进士科起于隋大业中。”

包括《新唐书》和《旧唐书》在内的正史,还有《太平广记》等小说都这样说道。

大名鼎鼎的宋儒朱熹认为进士科始建于隋大业二年。

给贞观天子当了终身宰相的房玄龄就是大隋的进士。

贞观天子改元建号的贞观元年的一大盛举就是“盛开选举”，然后又通过科举考试选才取士。当时常设的考试科目有秀才、进士、明经、明法、明书、明算六科。其中后三者是关于法律、书法、算学的专门科目，取士有限，而且是术不是道，所以很难进入政界。而明经与进士两科，尤其是进士科，才是那些志在建功立业的读书人眼中的热门。

专门负责考试事宜的是吏部，负责人为吏部考功员外郎。

考试日期几经改动，最后还是与前隋一样，始于每年冬十一月，结束于次年春三月。

后来，为了就近选人，还于东都洛阳开了东选，许多人就不必远赴西京长安了。

科举考试作为一项制度，自此越来越完善，影响也就越来越大，潮水般涌向考场的读书人至此络绎不绝。

确实是络绎不绝。由于进士仕途优于明经，堪称时望所归，自然学人士子都愿意参加。就这样水涨船高，越考人越多，越考越难考，以致从少年考到白头仍未中榜者比比皆是，甚至有终生未中，老死科场的。当年的录取比例据记载大约是这样的——

“其进士，大抵千人得第者百一二；明经倍之，得第者十一二。”

难尽管难，但录取比例好像还不低，是吧？

贞观天子大约就是在这样的时候，一边看着熙熙攘攘的举子们，一边拈须而笑，说出了那句“天下英雄尽入吾彀中”的千古名言吧？

“太宗皇帝真长策，赚得英雄尽白头。”当时的人们就是这么说的。

“三十老明经，五十少进士”的不乏自我揶揄的俗语也流传开来。

但毕竟还是利大于弊利多于弊。

有一个故事是这样的：贫士出身的李义府通过考试，入仕朝廷，由于“家代无名”，担心自己会升迁缓慢或者升迁无望，一辈子不能参与朝政，赋诗感叹，最后两句触景生情:“上林如许（一作多少）树，不借一枝栖。”

贞观天子知道后，告诉他说:“吾将全树借汝，岂惟一枝？”

贞观后期，李义府官至宰相。

有人曾根据《新唐书》和《旧唐书》做过统计，终唐一代，由一般中小地主或贫寒之家出身当官当到宰相的，共有一百四十二人，考虑到另有许多人未能入传，实际数字很可能不止此数；而同期由高门士族拜相者，只有一百二十五人。可见魏晋以来由门阀士族垄断仕途、独揽枢机的局面真的改观了。

皇帝是靠不住的

被用来作为本节标题的这句话其实来自一本书，那本书的书名就叫作《总统是靠不住的》。

皇帝也是靠不住的。

依然以贞观天子的用人为例——

按道理，既然知道在当时的条件下，唯有科举一途才有可能选拔出大量的可用之材，那么为了江山社稷，为了宗庙永存，也就该以此为正途，杜绝其他的旁门左道。但事实却是另外一副样子，贞观天子一面大搞科举，一面又大搞封荫之制。这还指的不是对那些勋臣宿将大加封赏、让其坐享富贵，而是指贵族官僚子弟凭借父祖的官爵而享有做官并且是做大官的特权。这在当时还有个名目，叫作“恩荫”。

恩者，皇恩；荫者，树荫，也即荫庇。也就是民间所说的“大树底下好乘凉”的意思。

这实在是个极其生动形象的比喻。官有大有小，如同树有大有小，官大也就树大，树荫自然也大，能够荫庇的人自然也多。

这种带有浓厚等级色彩的恩荫制也继承自前隋，所谓“叙阶之法，有以资荫”，并且还有极为详细的规定：“谓一品子正七品上叙；至从三品子，递降一等；四品、五品各有从正之差，亦递降一等，从五品并国公子八品下叙。三品以上荫曾孙，五品以上荫孙，孙降子一等，曾孙降孙一等。”

不但一至五品的官员都可以荫及子孙，其中三品以上的高级官员，还可以荫及曾孙，也就是说一人当官，四代沾光。五品差一点，但也是一人当官，三代受益。

说来说去，千好万好，还是有个好祖宗才真叫好！

并且，为了维护门荫制，《唐律疏议》还有专门律条加以保护：“诸非正嫡，不应袭爵，而诈承袭者，徒二年；非子孙而诈承袭者，从诈假官法。若无官荫，诈承他荫而得官者，徒三年。”

这种制度或者说现实，自然会让得益者欢欣鼓舞拍手叫好，无缘者咬牙切齿腹诽不已。其实，两者都大可不必，因为这一切既然只是皇帝的恩赐，那么生杀予夺，就全看皇帝高兴不高兴了。再进一步说，得到好处和没有得到好处的，其实在皇帝眼里并无本质的区别，就看他用谁不用谁了。

德国哲学家黑格尔在他的《历史哲学》里的一句话可以看成是他对这种问题的解释：“在中国，既然一切人民在皇帝面前都是平等的——换句话说，大家一样是卑微的，因此，自由民和奴隶的区别必然不大。”

中国民间对皇帝的不可靠也有表述，用的是典型的言简意赅的中国式打比方的方法，老百姓们认为世界上最不可靠的东西有四种：春寒、秋暖、老健、君宠。君宠自然不是人人都能体会到的，但前三者的不可靠，只要有点阅历，谁不能说出个一二三四五?!

既然皇帝们可以毫无顾忌地翻手云覆手雨地对待臣子和百姓，既然面对皇帝，所有的人其实都是同样卑微的，那么我们下面将要讲到的这些人的遭遇，不管多么不可思议，也就没有什么值得大惊小怪了。

贞观十四年，著名诤臣张玄素已经是三品的太子右庶子了，不知什么事惹得贞观天子不高兴了，当众追问张以前的履历，其实就是要嘲笑张玄素的出身寒微。张玄素其人早在十年前还是个给事中的时候，就针对贞观天子下诏修建洛阳乾元殿以备巡幸之事，批评李世民如此行事，“恐甚于炀帝远矣”。贞观天子拉下脸问：“卿以我不如炀帝，何如桀、纣？”张从容对曰：“若此殿卒兴，所谓同归于乱。”因为还是贞观早年，那一次贞观天子不仅下诏停了工程，而且还赏赐张玄素绢二百匹。张玄素一谏成名，在朝中颇有名望，官阶也是一升再升。现在，贞观天子就是要拿他开涮了。

问：你在前隋担任过什么官啊？

答：县尉。

再问：县尉之前又是何职？

再答：不入品的流外曹吏。

还要问：是什么曹吏?

身为三品大员的张玄素羞愧已极，脸色如土，失魂落魄地逃出殿阁，几乎连腿都抬不起了。如此作弄手下大员，连士族出身的褚遂良也看不过去了，禁不住上疏进谏道:“玄素虽出寒微，陛下重其才，擢至三品，翼赞皇储，岂可复对群臣穷其门户！”

著名谏臣魏徵不仅生前被贞观天子赞不绝口，死后也是哀荣备至，皇帝甚至还专为他写有怀念之诗。但就是这样一位大臣，生前也曾数次令贞观天子龙颜大怒，数次死里逃生，死后也并没有真就安享尊荣了。魏徵死后不久，发生了侯君集谋反被杀和杜正伦以罪左迁的事件。因为魏徵生前曾称赞他们有宰相之才，并推荐他们担任重任，贞观天子便怀疑魏徵结党营私，对君不忠。另外又听说魏徵私下里把自己劝谏皇帝的奏章给别人看过，于是龙颜大怒，不仅解除了衡山公主与魏徵儿子的婚约，而且摧毁了御撰的魏徵墓碑。

还有一个例子更加典型地说明了在皇帝心中，所谓位高权重的大臣究竟处在一种什么地位。仅仅只是因为要替自己选定的接班人李治（就是后来的唐高宗）树恩，开始有了龙钟老态的贞观天子就随便找了个理由把德高望重的李勣贬往边地他乡，并且告诉儿子说:“我死后你再把他召回朝廷，委以重任，他受了你的恩就一定会下死力报答你。”李治即位后果然遵父命而行，将李勣召回，官阶也从正二品升为从一品。看起来好像是皆大欢喜，只是不知道老李勣当初跋涉在荒山野岭间究竟是怎样的心态！

故事说到这儿，我想已经证明了我的逻辑：皇帝是靠不住的，李世民也是皇帝，所以李世民也靠不住。但他又毕竟身具雄才大略，所以还是和同样也是皇帝的大业天子杨广有些区别——尽管有时只是五十步笑百步的差别。

个性极强、权力欲也就更强的大业天子对待臣下更是予取予求唯我独尊。甚至对帮他登上皇位立有大功的杨素也是一路猜忌，先是明升暗降，剥夺实权；然后又大加赏赐，大加虚衔，将其品秩加到无法再加的正一品，显示出一副除了皇位朕可是什么都给了你的无奈。聪明绝顶的杨素伺候过大隋两代君王，当然知道自己名位已极，早已不为皇帝所容，有病时不肯服药，只求速死。按他自己对伺候在病榻前的弟弟杨约的话说：“我早就不该活啦！”

杨素的死的确让大业天子高兴万分，一边大表痛惜，大加追赠，大办丧事，一边恶狠狠地告诉身边心腹：“幸亏杨素死了，要不我非诛他九族不可！”

杨素死后归葬于华阴老家。其弟杨约有一次路过华阴，见到兄长之墓，又想起兄长临死前对自己说过的那句话，不禁心如刀绞，爬上墓道号啕大哭。当地监察御史就此弹劾，杨约被赶出朝廷，出任地方官员。

前面说过，和杨素一样，杨约此人为大业天子夺嫡登基也立有汗马功劳，仁寿宫变后还亲手缢杀了废太子杨勇，又在长安为文帝布丧，事情办得很是干练，也曾经官拜宰相。如今就这么不明不白地被赶出朝廷，心中的滋味可想而知。隋末时率先举起反旗的杨玄感正是杨素的长子，而且与叔父杨约也感情甚笃，父亲有病不医只求速死的场面他见过，叔父无故被贬黯然离京的场面他也见了，内心不平，难免形之于色。他的表现实在是太明显了，以至于高高在上唯我独尊的大业天子也看了出来，问他是否因叔父被贬忧心？杨玄感也不含糊，痛痛快快就承认了："诚如圣旨。"大约是杨玄感的态度感染了大业天子，大业天子又将杨约征回朝中，但杨约归朝不久就去世了。因为杨约不能生育，于是又让杨素的另一个儿子杨玄挺为其后嗣袭其爵位。后边发生的故事，前面已经讲过，此处不赘。

既然在皇帝眼里大家都是工具，那么前朝历代曾经一遍遍演绎过的"飞鸟尽，良弓藏；狡兔死，走狗烹"的场面自然也要再次演绎，这几乎已经成了所有王朝代代相传无师自通的经典节目啦，大业天子自然也未能免俗。

大业三年，大业天子以"谤讪朝政"的罪名，将文帝时的元老重臣高颎和功臣武将贺若弼、宇文弼一并处死，并免去宰相苏威之职，是为轰动一时的大案。

高颎的故事我们前面讲过一些，就是因为他不同意文帝和独孤皇后改立太子的意见，后又被牵连进王世积之案，被"除名为民"侥幸未死。大业后，杨广成了天子，闲置已久的老宰相被拜为太常寺卿。这本是一个掌管礼乐的闲职，但老宰相认真惯了，同样尽心尽职地去做。从来都是场面越大越高兴的大业天子爱好很多，有一次下诏要广泛收集旧北周北齐的乐人及天下散乐，老宰相随即上奏以为不可："此乐久废。今或征之，恐无识之徒弃本逐末，递相教习。"

话是好话，心是好心，奢靡之风于国于民都没有益处，高颎说的就是这个意思。但他的奏言没能起到任何作用，还让大业天子很不高兴。心存国家的老宰相对大业天子即位三年来大兴工役的奢靡之举甚为忧虑，对自己的手下说："周天元以好乐而亡，殷鉴不遥，安可复尔！"

大业天子北巡榆林，造千人大帐，以鱼龙曼延之乐厚待突厥可汗时，曾多次统帅大军与突厥征战的老宰相更是忧虑不已："此虏颇知中国虚实、山川险易，恐为后患。"

他还说过"近来朝廷殊无纲纪"的话。

所有这些话都被告到了皇帝那里。

同时被告发的还有礼部尚书宇文弼、光禄大夫贺若弼，宰相苏威也在其中。

礼部尚书宇文氏的罪责是有过"长城之役，幸非急务"的言论；还和老宰相说过拿今上比之于周天元的话，属于"恶毒攻击"一类。

光禄大夫贺若弼是武将，伐陈时立有头功。据说杨广为太子时曾问他，杨素、韩擒虎、史万岁三将短长优劣。贺的回答是："杨素是猛将，非谋将；韩擒是斗将，非领将；史万岁是骑将，非大将。"

又问大将为谁。

答曰："唯殿下所择。"

显然是舍我其谁的意思。

狂傲的杨广却容不下别人的狂傲，自此对贺若弼渐渐疏远。此番得罪，在于贺某人竟敢在私下与人议论皇帝待突厥"太侈"，结果论以死罪。

被处死的还有当朝执政近二十年的老宰相高颎以及宇文氏。

现任宰相苏威告饶免死，同时免去宰相之职。

三位名重天下的老臣被处死，同时还株连了他们的家人，高颎诸子徙边，贺若弼妻、子俱被没为奴，“天下莫不伤惜”。

这就是大业天子的行事做派。如此骄横跋扈，听不进一句逆耳忠言，难怪后人评论说“隋以恶闻其过亡天下”，有人说得更直接：“炀帝拒谏而亡。”

大业天子自己也直言不讳地告诉身边的工作人员：“我性不欲人谏。若位望通显而来谏我，以求当世之名者，弥所不耐。至于卑贱之士，虽少宽假，然卒不置之于地。汝其知之！”

也就是说，在大业天子眼中，越是有资格说话的就越是不能多说话，否则就是求名于世别有用心，也就越要严惩不贷。

在本来就靠不住的皇帝中，大业天子尤其、更加、格外靠不住，这就是我的结论。

崇佛与尊道

身为大隋王朝的两代帝王，杨坚和杨广都笃信佛教，杨坚曾以护法金刚自诩，独孤皇后死后立即就成了“妙善菩萨”；而杨广，早在以晋王之身坐镇江都时就被佛学界头面人物呼为“总持菩萨”，颇有些香烟缭绕薪火相传的意思。

但是也有区别。

隋文帝和独孤皇后尊佛礼佛的重点并不在于研习佛教义理，而是重在积功修德，目的是既在当代，也为来世。正是因为把崇佛作为一种为自身贴金的行为和巩固自己统治地位的手段，所以才有了佛塔林立寺院广布的国中景观；也就才有了朝廷使者分送佛骨舍利、万民百姓争相礼拜的场面。说文帝晚年差点就将整个国家都变成一个庞大无比的道场，恐怕也算不得过分。

曾有唐代和尚总结隋文帝兴佛的功德——

周朝废寺，咸乃兴立之。名山之下，各为立寺。一百余州，立舍利塔。度僧尼二十三万人，立寺三千七百九十二所。写经四十六藏，一十三万二千八十六卷。修故经三千八百五十三部，造像十万六千五百八十躯。自余别造，不可具知之。

数字已经够可观了，可这还是不完全统计。当时的盛况由此可见一斑。

我们自己土生土长的道教在那时虽然不如佛教那么风光，但也在朝廷的关照下，与同样也是土生土长的儒家一起，以双峰并立之势，烘托映衬着来自域外的佛教。

国中三教并重，多元一统，皇帝因势利导又在借力发力。

和自己的父皇不同，受过戒的大业天子信佛却不佞佛，三教并重以儒为先。因为有过长期的南方生活的经历，大业天子也修功德但更重义理。他曾拜天台智者为师，研习法华经义。他曾以佛教术语表露过自己的意愿——

“耻崎岖于小径，希优游于大乘。”

印度佛教有大乘、小乘之分，所谓乘，有“运载”和“道路”的意思。按照佛教说法，小乘路窄，自然也就车小，只能度自己或很少一部分人；而大乘车大不说，道路也很宽广，“希优游于大乘”

的大业天子在这里表达的显然不仅仅是宗教情怀，同时也是一种执政和施政的理念。执政后从来都是大干快上大张旗鼓大肆铺排的大业天子选择大乘其实是水到渠成的天然自然。

“匹夫行善，止度一身；仁王弘道，含生荷赖。”这还有什么好说?!

对宗教进行政治控制，随着地理疆域的统一，在思想意识形态领域也要天下一统，这样的事情秦皇汉武干过，隋唐当然也要如法炮制，后来的明清也没忘了照猫画虎。既然是一以贯之，自然是戏法人人会变，各有巧妙不同。和自己的父皇比起来，大业天子好像功德更为圆满，做得更为成功。

最厉害的一手就是在京师建造日严寺，延揽自己认可的大师来做住持，并给予充分的政治支持。这样，既是京师重地，又有皇帝点头认可，不仅南北教风一致，京师寺庙自然也成了国内翘楚，其住持也就成了教界首领，国内佛教各流派能不归于一统?!

那个总结了隋文帝兴佛功德的唐代和尚同时也总结了大业天子的功德——

“(隋炀帝)为孝文皇帝、献皇后长安造二禅定并二木塔，并立别寺一十所，官供十年。修故经六百一十二藏，二万九千一百七十二部。治故像十万一千躯,造新像三千八百五十躯。度僧六千二百人矣。”

拿它和前一组数字比较，可以发现，大业天子在立寺、造像、度僧尼方面比其父少得多，但在整理佛教典籍、综理教派教义等更有宏大意义的事情上较之其父又要超出许多。

还有一件事也值得说说。建佛教道场于宫廷之内，是大业天子营建东都洛阳时的创举，以后各代或佛或道、或佛道并行，于内廷建道场都非常盛行。这既表明宗教与皇朝的关系更加紧密，也意味着宗教受政治控制的程度更加深了。

皇帝其实是靠不住的，这样的话我们在上一节刚刚说过。而那时的僧人们虽然没有公开这样说，但心里对此也是一清二楚。既然北周时的皇帝可以毁佛灭佛，当今和以后的皇帝会不会又变了主意是谁也说不准的事情，所以哪怕就是在大业天子时期，就有僧人未雨绸缪“发心造石经藏之，以备法灭”。最早开始此举的是幽州沙门智苑，后来他的弟子们孜孜不倦代代努力，终于成就了后来驰名中外的房山石经。

现在我们该说说代隋而立的大唐初年的情况了。

由于曾经身为大隋高官，深受那个时代的影响，加之哪怕成了唐朝开国皇帝后，身边依然围绕着许多隋代旧臣，唐高祖李渊最初对佛教也是尊崇的。据说，早在大业天子时代，九岁的李世民患病，当时还是大隋荥阳太守的李渊烧香磕头，祈福不已。爱子病愈，他特地“造石像一躯，凡刊勒十六字以志之”。就是起兵造反，大军已经到达京师附近的华阴时，他还跑到佛寺里求菩萨保佑自己造反成功。武德二年，他在京师长安的高僧中，选了十位颇有年资且精通佛法的僧人为“十大德”，让他们管理一般僧尼，既加强了对佛教机构的管制整顿，也无形中表示了自己对佛教的重视和在意。

事情好像是在武德三年开始转变的。

那一年唐高祖亲自跑到终南山祭祀道教的开山鼻祖老子李耳。

认老子为远祖，变教主为皇祖，最初的动机无非就是拉大旗为虎皮，证明自己得天下是有缘由的。不遗余力地证明自己天赋异禀、是龙子龙孙的事情，前朝历代的皇帝——尤其是开国皇帝——都没少干过，但自己给自己找祖宗的事总不能让皇帝亲自来干，于是就有了那个故事：在武德三年，有个叫吉善行的晋州方士在绛州（今山西新绛）浮山县羊角山见到一白衣白髯的苍苍老者。那老者告诉他："替我转告唐朝天子，我是老君，就是他的先祖。"

事情就这样倒了过来，明明是皇帝找祖宗，反而成了祖宗认后人，李皇王朝一下就得分不少。于是建庙，进香，认祖归宗，道教也就开始了翻身解放大发展的新纪元。

排佛尊道的标志性事件发生在武德七年（624）。曾经是个道士的傅奕现在成了大唐太史令，一直喜好老庄、尊崇儒学的他早就看佛教不顺眼，曾细心收集魏晋以来的驳佛言论，编成《高识传》十卷。他的立论宗旨依然在于申华夷之辨，张忠孝之义。前者从来就是一个不容忽视的政治问题，后者依然事涉治国之策，所以他振振有词，而且连上十二道奏章，颇有种不达目的誓不罢休的劲头。

他的论点大致可以概括为：

佛教来自域外，为胡人妖言，汉译胡书，别有用心；

削发出家，抛弃父母家人，不忠不孝；

游手好闲，易服改装，逃避赋税；

宣扬贫富贵贱皆由佛定，置皇威于何处，视国家为何物？！

事涉皇权国威，皇帝自然不能掉以轻心，于是下令百官详加议论。

辩论中，傅奕的支持者只有太仆卿张道源，其他朝臣都持反对态度。反对最激烈的是当时担任中书令的萧瑀，他指责傅奕“非圣”“无法”，要求对其严惩。

傅奕则指责对方信奉的是“无父之教”。

傅奕扳着指头算的那笔账打动了唐高祖。按那种算法，当时全国僧尼人数达十万之多，如果各自婚配，国家可得十万户，所生子女二十年后都是国家的劳力和兵员，既可淳化社会风气，又可富国富民。不能说这种说法没有道理，隋末战乱，加之突厥掳掠、难民外逃等因素，人口锐减百业凋零，实在是个让人挠头的难题。作为贞观天子的政绩之一，李世民即位后曾多次从突厥等处赎回外逃难民近两百万人。而当时的唐高祖却没有那些条件，自然只能从内部想办法了。

作为对傅奕的支持，唐高祖明确宣布：在参加国家重要典礼和公开活动时道教最先、儒家居次、佛教最后。由于儒家实际上是超越于佛道之争的，两家都不能动摇它对国家政治生活和民间社会的影响，所以这种排位只对佛道两家产生了影响。

后来就到了贞观天子掌权的贞观时代。

贞观天子的态度曾几经反复。

玄武门之变当天，当时还不是天子，甚至也不是太子的李世民就迫使其父皇取消了抑佛诏令，重新恢复了佛先道后的排列顺序。

这其实也是一项稳定人心、意在争取所有僧道徒众支持的民心工程。他当年身为秦王领兵平定王世充时，曾经得到过少林寺僧人的帮助。感激之余，当时的秦王接见了几位为首的法师并大加赞扬，表示既然受到“彼岸之惠”，日后一定要使僧俗人等“各安旧业”。玄武门之变当天，秦王采取的那项措施其实就是在还愿呢。

贞观元年，贞观天子开始以一种虔诚佛教徒的姿态向反佛的傅奕提出诘难：“佛道玄妙，圣迹可师，且报应显然，屡有征验，卿独不悟其理，何也？”

所谓“报应显然，屡有征验”的话其实是有典的。典出于上一年玄武门之变前一月，傅奕向唐高祖报告说太白星出现在秦州，预示着秦王要做皇帝。李渊听了报告后很不高兴，李世民也差点被追究，所以才有了贞观天子的如此说法。

傅奕回道：佛是胡神，起自西域，后传中国，所以“于百姓无补，于国家有害”。

他的话，贞观天子显然是听进去了。如果说当年大业天子扬佛是出自统治需要的话，那么现在抑佛同样也是出于统治需要。但事涉政局稳固，贞观天子当然不会操之过急。

贞观二年，贞观天子下敕：“章敬寺是先朝创造，从今已后，每至先朝忌日，常令设斋行香，仍永为恒式。”这自然是为了笼络前隋旧臣。

贞观三年，贞观天子又开设了译经馆，任命西突厥的波罗颇迦多罗主持，并度僧三千人。这当然不排除是一个做给突厥可汗看的姿态。

同年闰十一月，贞观天子又利用佛教的超度亡灵说，下令在自晋阳起兵以来进行过义战的作战之处，“为义士、凶徒殒身戎阵者，立寺刹焉”。这其实还是个政治动作。古往今来，为己方将士树碑立传祭奠不已的数不胜数，但将昔日的敌人也一并纳入，贞观天子的举动就是令昔日的敌人也无话可说了吧？

在战败宋金刚的晋州有了慈云寺。

在镇压窦建德的汜水有了等慈寺。

在平定刘黑闼的洺州有了昭福寺。

一共七座寺庙就这样建了起来。贞观天子果然是对民心极其重视。果然。

当然了，政治表态是一回事，实际操作又是一回事。如同当年情形的一次翻版，只不过当年李世民有病，父亲李渊求的是菩萨；现在有病的是贞观天子的太子李承乾，作为父亲的李世民找的却是道士，“敕道士秦英祈祷，得愈，遂立为西华观”。

这是贞观五年的事。

还记得前边说过，李世民还是秦王时，就有道士一口咬定说他将来要当太平天子的事情吗？那个道士叫王远知。李世民登基之后并没有忘了他，一定要委以重任，王道士力辞后归山。贞观天子下令为他建造了太受观，并度道士二十七人。贞观天子意犹未尽，又同时亲降玺书，先是回首往事，忆及道士前功：“朕昔在藩朝，早获问道，眷言风范，无忘寤寐。”能让天子如此牵挂，乃至在梦中也是念念不忘，王道士能量果然不小，而皇帝的赞扬也就铿铿锵锵掷地有声：“道迈前烈，声高自古！”

说来说去，皇帝最在意的其实还是当皇帝。

这是贞观七年的事。

眼看曾经高高在上的地位就要成明日黄花，佛教有关人等自然不甘心，他们想借助朝中信佛大臣的力量，具体办法就是奏请皇帝允许先皇挑选的十大德每天与朝官一起入朝，皇帝就是不想礼拜也得礼拜，如此大家不就又可以“咸鱼翻身”了吗？不料皇帝一眼就看穿了他们的图谋，道士出身的魏徵也坚决反对佛教染指政治。

后来就有了贞观十一年（637）贞观天子颁布《道士女冠在僧尼之上诏》的事。

这是贞观天子第一次对佛、道地位做了分等，也就正式宣布了抑佛的开始，并再次强调老子是李唐王朝的始祖，提出“尊祖之风，贻诸万叶”，叶就是李唐王朝要传之千秋万代的意思。也在那一年，贞观天子又修老子庙于亳州，并给祭祀二十户。

拿死人说事儿，从来为的都是活人。天子自泄天机，皇帝已有圣旨，那么，佛也好、道也好，大家各安其位，各念各的经，各修各的行也不失为一种常态，有容乃大包容万物本该是所有宗教悲天悯人的原始情怀呀。但还有不识相的非要争个你高我低。先是有个叫智实的和尚对天子的诏书提出疑问，认为现在的道士并非真是老子信徒，而是东汉张角兄弟的黄巾信徒，是旁门左道，将他们也置于僧尼之上，将会损伤国体。出于对他勇气的欣赏，贞观天子本想派个人教训他一顿算了，没想到和尚怎么也不服气，于是就有了皇帝在朝堂打和尚板子的事，后来还将他流放岭南。

高僧法琳更直接指出皇家天子并非老子后裔，甚至与陇西李氏也没有关系。既然老子已被认定是皇帝的远祖，法琳的行为就犯了大忌。贞观天子亲下《诘沙门法琳诏》，认为法琳藐视君王，罪不可恕。法琳身陷囹圄。因为他在攻击道教的《辩正论》里有“念观音者刀不能伤”的话，皇帝让他念七天的观音，到时候用他的脖子试试刀，看观音是否灵验。性命攸关，法琳七天后说自己没有念观音，只念了陛下，陛下就是观音。法琳后来被流放蜀地，死于途中。

朝堂之上，贞观天子也没有放过对那些信佛大员的责难，有时甚至就是有意羞辱。

大臣张亮好佛，皇帝就故意怂恿他出家，张亮难舍红尘，自然遭到训斥。一旁的萧瑀为此自请出家，皇帝当即照准。但萧某人很快又后悔变卦了，恼怒不已的皇帝又有了特意斥责他的诏书，并以梁武帝沉溺佛教，搞得国力困顿，武帝自己也被困死台城的事例表明了自己的抑佛主张。

曾经是英明无比的贞观天子自此在尊道抑佛之路上大步流星，越走越快，也越走越远，直到最后迷恋起道士们的方术，服用丹药而暴亡。

还是那句老话，扬也好，抑也好，只要是皇帝，不管他是谁，最最在意的其实还是自家王朝自家天下自家宗庙。

所以秦始皇才要焚书坑儒。

所以隋炀帝才要尊佛礼佛。

所以唐太宗才要尊道抑佛。

事情很清楚，当年的贞观天子之所以要不遗余力地大抬特抬老子李耳和道教，并且唯独只在这个问题上与其父保持高度一致，承认李耳为自家远祖，关键就在于一笔写不出两个“李”字来！在这一点上，贞观天子远比此前此后的许多皇帝都要聪明得多。那些人搞来搞去也是在搞崇拜，但只是单纯的皇权崇拜，也就是谁当皇帝就崇拜谁。贞观天子要搞的却是对皇族乃至皇帝个人的崇拜。李世民的逻辑其实是这样的：不是制度不好，也不是体制不行，甚至还不是刚刚被推翻了的王朝真的有多糟糕，关键只是那一个当了皇帝的人不好。有了好皇帝以后一切就都大不一样啦！如此一来，他不仅解释了李唐取代杨隋的合理性与必然性，也顺便解决了玄武门之变留给自己的尴尬。

与此有异曲同工之妙的，还有贞观时期统一修订全国《氏族志》之举。那实际上也是一次意在提高皇家皇族地位的大动作，也就是政治角逐场上重新发牌洗牌、重新制定规则、重新来过的意思。于贞观十二年（638）修订完成的《贞观氏族志》，将皇族和最高级官员的氏族排在第一位，高祖和太宗的母系亲戚排在第二位，曾为大姓之首的山东崔氏降为第三位。

尽管有了半人半神的远祖，尽管大唐王朝李氏皇家最贵，尽管有了个差点儿被捧到天上去的贞观天子和贞观之治，但大唐天子的权杖还是有指挥不到和指挥失灵的地方，以致即位于公元 827 年的唐文宗李昂，在大唐建立近二百年后还忍不住感慨万分——

“民间修昏姻，不计官品而上阀阅。我家二百年天子，顾不及崔、卢耶？”

佛儒道三家至今安然无恙，且和平共处，在纯粹宗教的意义上，各自的信徒也是不乏其人，颇有些香烟缭绕蓄势待发之兆，只是当年的帝王们都去了哪里？！

在个人崇拜方面，贞观天子李世民甚至连音乐舞蹈也没有放过，贞观时期每逢元旦、冬至、朝会、庆赏时就要大唱特唱大演特演的

《秦王破阵乐》和《功成庆善乐》，就是在贞观天子亲自主持下创作的为其歌功颂德的音乐歌舞作品。

前者为武舞，意在歌颂贞观天子的显赫武功。

后者为文舞，意在歌颂贞观天子的文治文德。

既然只是个人崇拜的产物，它们最终的命运自然也只能和那个不遗余力被推崇的对象一起，彻底退出历史舞台，成为后人茶余饭后的谈资……

你中有我，我中有你

这里的“你”“我”都是一种特指，说的依然是大业天子杨广和贞观天子李世民。此种说法自然颇显牵强不乏荒诞，但灯下读史，其乐融融，将前后两朝的两位帝王从方方面面来一番比较，能不能真正追本溯源且先不说，但也的确能加深我们对他们、对历史的认识。更何况笔者早就有言在先，这本来就是一本关公战秦琼的读史笔记。

不管是正史还是野史，对隋炀帝和唐太宗的评价，从来都有天渊之别，两个人也因此黑白分明不容混淆也无法混淆。

这当然不会全是假的。

但也未必就都是真的。

甚至就连贞观天子李世民自己，尽管也时不时就拿隋炀帝和自己比较一番，以对方来反衬自己，但在内心深处，对大业天子的一生行事及其文治武功还有文学才华，贞观天子还是赞赏有加十分欣赏的。他说：“朕观《隋炀帝集》，文辞奥博，亦知是尧、舜而非桀、纣。”

这才叫英雄识英雄、惺惺惜惺惺呢。

“好学，善属文”，受过良好教育的杨广从小就表现出极高的才情，随着时间流逝，在学养方面更是与时俱进，身为死于非命的亡国之君，其所作诗文仍能有部分传世，实在不是偶然，能被贞观天子欣赏不已，也实在并不出人意料。

寒鸦飞数点，流水绕孤村。
斜阳欲落处，一望黯销魂。

这首出自大业天子之手的小诗，像极了一幅意境万千的水墨山水画，被历代传为名句。宋代被称为“苏门四学士”之一的词人秦观将它再加点化，又成了这样一首小令：

斜阳外，寒鸦数点，流水绕孤村。

唐代诗人张若虚的《春江花月夜》至今仍是诗苑奇葩，却也是受了大业天子的影响才得以下笔成章的。

另外，还有大业天子留下的数量更多、意境更恢宏、风格更强健的边塞诗呢。《拟饮马长城窟行》《白马篇》《纪辽东（二首）》《云中受突厥主朝宴席赋诗》《季秋观海诗》，光看题目就不难想象其诗该是一种怎样的雄浑大气。

贞观年间负责隋史修撰的魏徵在论及已经成了隋炀帝的杨广

的诗文时，是这样评价的：“其《与越公书》《建东都诏》《冬至受朝诗》及《拟饮马长城窟行》，并存雅体，归于典制。虽意在骄淫，而词无浮荡。”

考虑到改朝换代后的政治形势，能对前朝君主作出如此评价，仅仅用公允来评价魏徵的评价都不够公允。

隋亡唐兴，贞观天子对隋炀帝的诗文激赏不已，曾作宫廷诗令群臣唱和。曾在隋炀帝身边工作，此时又成了贞观天子身边工作人员的虞世南劝谏曰：“圣作诚工，然体非雅正。上之所好，下必有甚者，臣恐此诗一传，天下风靡。”贞观天子主要是从文以载道的政治角度领悟了这个道理，但从艺术欣赏的角度，他却是初衷未改，并在自己的创作中有所继承。

大业天子不仅诗文并茂，而且对书法、绘画、音乐、歌舞等也都十分热爱。不仅以国家财力赞助书法、美术、雕塑等艺术活动，而且还特意在东都洛阳观文殿后修筑了妙楷台和宝迹台，前者用来收藏从古代传下来的书法帖迹，后者收藏历代名画。

大业天子的宫廷书法家有虞世基、虞世南还有欧阳询等。正是他们将东晋“书圣”王羲之以来的江南艺术带进隋宫，在大业天子的倡导下，王氏衣钵不仅传承有人，而且发扬光大。后来虞世南、欧阳询等人成了贞观天子的书法老师，又直接影响了唐代书法。贞观天子不但自己酷爱书法，还于科举考试中专设明书一科，善写书法也可成为进身之阶，可见贞观天子对书法的爱好到了什么程度。

正是由于爱好，贞观天子不惜重金大量购买名帖，“由是人间古本，纷然毕进”。早在还是秦王的时候，他听说王羲之的名帖《兰亭序》真迹在辩才和尚手里，惊喜不已，当即要以高出市价很多的价格收购，但辩才不卖就是不卖，那可是无价之宝，再说了，和尚要钱有什么用？秦王无奈但又不甘，最后还是指使他人想方设法从和尚手里搞到手，从此视为国宝，轻易不肯示人。生前形影不离，死后还要将其作为殉葬品带走，真正是生死相依。

对王羲之书帖酷爱不已的贞观天子不但把玩欣赏乐此不疲，而且临摹钻研功力甚深，以至有了“太宗工王羲之书，尤善飞白”的记载。所谓飞白，是枯笔用墨的一种书法艺术，字体苍劲老练，笔画中丝丝透白。苦练不辍，贞观天子的飞白之书成了臣下垂涎欲滴人人渴望的珍品。

《旧唐书》记载了一个发生在贞观十七年的故事——

贞观天子于玄武门宴请群臣，酒酣耳热，其乐融融，“帝操笔作飞白字赐群臣”，结果臣子们围着皇帝抢作一团，有个叫刘洎的干脆“登御座引手得之”，可见皇帝墨宝真的就是国宝。一半是由于刘洎太过放肆——皇帝的御座也是你当臣子的敢下脚的地方？一半是由于没抢到宝贝心里不服气，当即有人要求治刘洎大不敬之罪，贞观天子才不会如此无趣呢，当然也就未加理会。

贞观天子还有关于书法艺术的专著。显然是在书法实践中深有体会的贞观天子不但有论笔法的《笔法论》，也有谈手法的《指法论》，还有非登堂入室之人绝对写不出来的《笔意论》。这些论文都被收入《全唐文》中。

让两家王朝的两位天子来了一番才艺大比拼之后，再结合以前的论述，似乎可以得出一个结论了，论武事军功，贞观天子略胜一筹；论文采风流，大业天子稍占上风。但若是再细作分析，两人又各有长短各有千秋难分伯仲。

隋唐一体众所周知，本书的论述有相当一部分其实也是围绕这一点展开的。若再考虑到杨隋李唐之间那种你中有我我中有你的错综复杂的婚姻关系，说隋唐其实就是一家算不得过分。

例证举不胜举——

在北周时期就是皇亲国戚的宇文士及娶了大隋的南阳公主，曾经是大隋的驸马；大唐建国，他又娶了大唐的寿光县主。

还有前边曾多次提到的萧瑀，本来就是隋炀帝的萧皇后的亲弟弟，在大唐时又成了唐高祖、唐太宗两代帝王的手下重臣，他儿子又娶了唐太宗的襄城公主。以至于他自己有一次忍不住和贞观天子开玩笑说："臣是梁朝天子儿，隋朝皇后弟，尚书左仆射，天子亲家翁。"

原来是这样。怪不得有时候在外人看来是天塌地陷血流成河的王朝之变，在当事人眼里却并不是多么了不起的事，无非以前是你说了算，而现在是我说了算。

怪不得改朝换代换来换去给人的感觉总是换汤不换药。

怪不得中国社会的政治与经济结构千载难变超级稳定。

皇帝们这样做当然是有他们的道理的。明清鼎革之际的吴三桂和洪承畴的故事大家都耳熟能详，他们贰臣的形象也可以算是臭名昭著，但大清王朝入关开国，那两人的功劳又实在是人所共知。别以为这只是牵涉华夷之分时才有的例外，牵扯君臣主仆的人伦大纲，所有皇帝的逻辑就都是一样的。

“君虽不君，臣不可以不臣。”这话是贞观天子李世民说的。时间是在贞观二年六月，针对的对象是大业天子手下旧臣，后被大唐授官徐州总管、封长蛇县男的裴虔通。武德九年至贞观二年，已是十年过去了，贞观天子为何突然想起拿他说事了呢？贞观天子继续说道：“裴虔通，炀帝旧左右也，而亲为乱首。朕方崇奖敬义，岂可犹使宰民训俗。”

原来是这样。哪怕皇帝真的十恶不赦，但皇帝就是皇帝，臣下也就只能是臣下。

贞观天子不但将曾被大唐视为有功之臣的裴虔通“除名削爵”发配流放，并且又于同年七月下诏，将莱州刺史牛方裕、绛州刺史薛世良、广州都督府长史唐奉义、虎牙郎将高元礼等“构成弑逆”之人，“宜依裴虔通，除名配流岭表”。将当年的江都弑逆之臣统统清洗，为隋炀帝报了一箭之仇。

五年后的贞观七年，贞观天子再次下诏，将那些乱臣贼子的子孙终身禁锢。

贞观天子的说法不容置疑——

“天地定位，君臣之义以彰；卑高既陈，人伦之道斯著。”

你还是你，我还是我

在说完隋唐两朝，尤其是隋炀帝和唐太宗两位皇帝难解难分的一面之后，还得再回到事实上来，那就是两人在后人眼中判然有别黑白分明。群众的眼睛是雪亮的，总不能说那么多时代的那么多人同时都眼睛不好，同时都犯了混淆是非好坏不辨的错误吧？既然两人之间一直都是你中有我、我中有你，那又究竟是什么因素使得两人最终对比鲜明，你还是你，我还是我呢？

究竟是什么原因呢？！

难道就是因为贞观天子从谏如流而大业天子独断专行？这的确是两人之间最大的不同，因为他们都是皇帝，两人之间的这种不同就决定了两个王朝兴衰不同的命运。但贞观天子晚年也是听不进劝谏，从“虚己纳下”而变为“不好直言”，以致因进谏而著称的大臣魏徵不得不迭次连番地为皇帝不纳谏而劝谏。

“陛下贞观之初，励精思政，从谏如流，每因一事，触类而为善，志存节俭，无所营求。比者造作微多，谏者颇忤，以此为异耳。”

这话是魏徵说的，时间是在贞观六年。

“陛下近日不好直言，虽勉强含容，非曩时之豁如。”

这话还是魏徵说的，时间是在贞观八年。

“一二年来，不悦人谏，虽黾勉听受，而意终不平，谅有难色。”

这话又是魏徵说的，时间是在贞观十二年。

一年后，也就是贞观十三年（639），魏徵再次上疏指出：“陛下贞观之初，孜孜不怠，屈己从人，恒若不足。顷年以来，微有矜放，恃功业之大，意蔑前王，负圣智之明，心轻当代，其傲之长也。”

就这样，魏徵从“傲之长”说到“欲之纵”“乐将及”“志将满”，指出长此以往，导致的结果必将是：“亲狎者阿旨而不肯言，疏远者畏威而莫敢谏，积而不已，将亏圣德。”

批评皇帝真的是需要技巧的，明明皇帝早就不听谏言了，而且对待谏臣的态度也颇成问题，但魏徵每次提意见，都只小心翼翼地说是“近来”“近日”，好像皇帝果真只是偶有疏忽而已。到了实在没法再打马虎眼的时候，以直言著称的魏徵还要先讴歌一番皇帝当年从谏如流的辉煌，这才说到正题。而且，用的还都是虚拟语气，如不怎么样，将会怎么样。也许真是魏徵描绘的那幅远景让贞观天子有所触动，或者是他也忌讳或者害怕那种亲狎者不肯言、疏远者莫敢谏的局面，据《贞观政要》记载，那次魏徵进谏的结果是——

“乃赐徵黄金十斤，厩马二匹。”

但由于皇帝对此只当秋风过耳，谏诤之风也就不可阻挡地日渐衰落，讨好奉迎代替了直言规谏，阿谀之臣取代了谔谔之士。贞观天子再让人们讲他的过失，其时魏徵已经去世，所有的人都是众口一词：“陛下无失”“陛下武功文德超越古今”。

那是贞观十八年（644）的事情。只有门下省侍中刘洎说道：“顷有上书不称旨者，陛下皆面加穷诘，（臣下）无不惭惧而退，恐非所以广言路。”

但就是这个刘洎，也在一年后被贞观天子下令自杀。原因说来荒唐，就是因为那一年贞观天子亲征高句丽，从辽东无功而返后，又患了痈肿，刘洎担心地说：“疾势如此，圣躬可忧！”就这么一句满含热泪说出的不无担心的话，却被同朝为官的褚遂良诬告为想当权臣。尽管马周证明根本不是那回事，贞观天子还是偏听偏信，下令让刘洎自杀。刘洎的平反是在武则天当政、褚遂良倒台之后。

我们当然不好说贞观天子此举纯粹就是在找后账，但贞观后期真正的骨鲠之士已是寥若晨星却也是不争的事实。

问题就这么再一次绕了回来：既然两人之间你中有我、我中有你，那究竟是什么使得贞观天子和大业天子归根结底你还是你，我还是我，唐太宗最终没有被称为“炀帝”？！

两位天子都策划发动并亲身参与了东征高句丽的战争。

两个人都是大败亏输无功而返。

大业天子三战三败，大隋王朝由盛而衰，他也赍志而殁。

贞观天子一征高句丽功败垂成，正在积极准备再次进军时却突然饮恨西去。

这究竟是一个怎样的死结，怎样的陷阱，大业天子是在这个陷阱里中了命运的埋伏吗？面对一个同样的陷阱，贞观天子又是怎样逃脱的？贞观天子的侥幸究竟何在？！

高句丽为汉朝的臣属藩国，建国于西汉末朝，大肆扩张是在西晋末年中原王朝无力东顾之时。

大隋建立的时候，高句丽的疆域东临日本海，西过辽河，不仅占有辽东，而且伸入辽西，南达汉江以北，周围的靺鞨、契丹等都隶属于它。由于长期扩张的需要，高句丽国拥有一支强大的军队，据说隋唐之际它的军队人数在三十万左右。

隋文帝时期，秉承的对外方针是息事宁人，他封高句丽国王为高句丽王，就等于是承认了高句丽在东北的地位，对方也连年遣使朝贡，算是维持了表面的和平。但后来情况就不一样了，高句丽来朝也很少了，而且还一度和突厥一起联手，支持北齐的残余势力与大隋相抗衡，也就是想火中取栗的意思吧。隋文帝始终没有主动出击，只是派出使团前往抚慰，打出的旗号是“欲问彼人情，教彼政术”，可能暗含有军事侦察的意思。对方却将隋使置之空馆，并且“严加防守，使其闭目塞耳，永无闻见”。开皇十七年，隋文帝给当时的高句丽王修玺书一封加以责备。高句丽王还没来得及谢表请罪，就因病谢世，其子高元嗣立，文帝又册封其袭爵辽东郡公，高元奉表谢罪，请求封王，文帝再册立其为高句丽王。

但开皇十八年，因为要征讨不肯依附于己却要入塞归附大隋的契丹，高元亲率靺鞨之众万余骑进入辽西，被大隋营州总管韦冲击退。文帝勃然大怒，不仅下诏黜高句丽王爵，而且大兴问罪之师，命汉王杨谅为元帅，高颎为元帅长史，总领水陆三十万大军讨伐高句丽。由于准备不足，王师不振，损失惨重，而且年轻的汉王与老宰相高颎之间也闹得很不愉快，杨谅在皇后面前哭诉，独孤皇后在文帝面前大说高颎坏话也就是在那一次。而高句丽方面也后怕不已，高元遣使谢罪，自称为“辽东粪土臣元”，把自己骂了个狗血喷头。隋文帝见好就收，罢兵之后又对高元进行册封，高句丽也恢复了对大隋的进贡。

后来就到了大隋大业天子时代。还记得我们前边讲过，大业天子曾经在塞外突厥启民可汗大帐见到高句丽使者的前前后后吗？对于高句丽与突厥的暗中勾结，大业天子不可能没有警觉，所以他才命人向高句丽使者传达圣意——

回去告诉你家的王，赶紧派人来朝见，否则皇帝就要带着启民可汗去看你啦！

这是威胁，也是警告，还是战争开始前的宣言。

不能说大业天子恃强凌弱，那实在是出于对国家安全考虑的未雨绸缪有备无患。就是你当皇帝，你也热爱和平，但能眼看着别人在边境一带结交不稳定因素，一有风吹草动，便“狼顾燕垂”，虎视眈眈吗?!

面对同一个敌人，大业天子之前的隋文帝讨伐过。

大业天子之后的大唐贞观天子也以“今天下大定，唯辽东未宾”为辞，一次未获成功后还想再次征讨，其决心和目标与大业天子毫无二致。

而且，就是在贞观天子之后的唐高宗还要连续发兵征辽，直到大唐总章元年——也就是公元 668 年——攻占平壤，灭了高句丽国，此事才算画上了一个句号——当然也是暂时的。

这也就是说，大业天子当年东征，有着极其合理的现实因素，那是一场非打不可的仗。

谁也没有料到的是，一场为国家而进行的战争不但将国家拖入深渊，还将大业天子也送上了断头台。

这里边有着一个怎样的悖论?

历史在这里布下了一个怎样的陷阱?

命运又在这里跟人们开了一个怎样的并不可笑的恶狠狠的玩笑?!

第八章
大相径庭：两个榜样的造型

两下江南

据不完全统计，大业天子杨广在位十四年，南巡三次，北巡四次，西巡一次，共八次巡游。西巡前边说过，北巡前边也说过。出于谋篇布局的需要，前边的讲述并没有严格按照时间先后顺序，所以大业天子最为后人所诟病的三下江南之举（尤其是前两次）只略有提及，这里需要补上，而且是严格地按照时间先后顺序。

大业天子一下江南是大业元年八月。

二下江南的时间是大业六年三月。

然后就是大业八年、九年、十年，也就是公元 612 年、613 年、614 年连续三年三攻高句丽。

再后就是再次北巡，却于雁门被突厥围困。

最后，就是大业十二年（616）三下江都，直至两年后在那里命赴黄泉，获得了一个盖棺论定的评价：“炀”。

炀者，逆天也，虐民也；去礼远礼、天怒人怨、众叛亲离也。

让我们看看杨广是怎样一步步“炀”起来的吧。

营建东都、开凿运河、巡游江都是杨广即位后于大业元年烧的三把火，也都属于大业天子想要成就的大业宏图。从严丝合缝的时间衔接上看，这几件事在大业天子那里是有着详细筹划和通盘考虑的——

三月十七日，令杨素营建东都；

三月十八日，发布“巡历淮海”的诏书；

三月二十一日，下诏开凿连接黄淮的通济渠，以备河运。

百万民夫造东都。

还有百万民夫挖运河。

另外还有数十万人在忙着建造数以万计的各色舰船。

魄力惊人的大业天子双管，不，是三管齐下，偌大的中国顿时就成了一个忙碌异常、紧张异常的硕大无朋的工地和战场，那气势用轰轰烈烈移山填海，前无古人后无来者来形容也一点都不过分。

豪情万丈激情满怀的大业天子深信不疑，他是可以掌控和把握一切的，在他手里，没有什么是不可能的，只有想不到，没有办不到。

果然，仅仅五个月之后，沟通黄淮的通济渠修好了，连接江淮的邗沟也修复了，自洛阳至江都的水路全线贯通不说，由专人负责在扬州督造的规模庞大的船队也完工了。别人需要三年五年，甚至十年八年也未必能办到的事在他手里短短五个月硬是变成了活生生的现实，而且，还是不掺一点假的和豆腐渣工程扯都扯不上的优质工程！

且先不说形形色色的龙船、楼船是如何色彩斑斓赏心悦目，单是长达几千里的通济渠和邗沟都统一标准，渠宽四十步，渠旁皆筑御道，树以柳，在这样的河上放舟行船，那心情该是怎样的，能是怎样的？

大权在握言出法随，一声令下举国震荡，大业天子的心就像一艘顺风顺水乘风破浪的大船，自由自在随心所欲地驶往他想去的任何地方。

据史书记载，大业天子的龙舟船队不仅数量庞大，而且规制特别，用料做工都极其精致。为了充分显示天子尊严，强调早有定制的尊卑秩序，各色人等身份不同，所乘之船的名目和建造也不相同。

天子乘的叫龙舟，堪称是当时的水上宫殿。《大业杂记》如此记载："其龙舟，高四十五尺，阔五十尺，长二百尺。"隋开皇尺长约为 29.5 厘米，按此换算，那就是一艘长约 60 米、宽约 15 米、高达 10 多米的巨船，完完全全真就是一座浮在水上的宫殿。10 米多高的龙舟共四重，"上一重有正殿、内殿、东西朝堂，周以轩廊；中二重有一百六十房，皆饰以丹粉，装以金碧珠翠，雕镂奇丽，加以流苏羽葆、朱丝网络；下一重安长秋、内侍及乘舟水手。以青丝大绦绳六条，两岸引进"。

皇后乘的叫"翔螭舟"。螭是传说中一种无角之龙，以盘旋而飞的无角之龙来刻画船首并以此命名，也算是名副其实、帝后有别。

大小上，翔螭舟要略小一些，但其装饰与龙舟无异。

接下来就是各嫔妃所乘的“浮景舟”，也叫“小水殿”。虽有朱丝网络其上，但层数只有三层；至于贵人、美女、十六夫人所乘的漾水彩舟则只有两层，又名“大朱航”。

伴驾随行的官员所乘之船按官品高低也有分别，诸王、公主和三品以上官员乘五楼船；四品官员和一些僧尼、道士乘三楼船；五品官员和各国来宾蕃客乘二楼船；六品以下和九品以上的从官以及五品以上官员的家眷，只能乘黄篾舫。

乘船者总数按最保守的估计也在十万人以上。

一千多年以后回首当年，笔者还是想象不出，那该是怎样一幅夸张到令人无法相信自己眼睛的景象啊！据说，当年从第一艘船离岸，到最后一艘船出发，用时居然是五十天！《资治通鉴》描写当年盛况是：“舳舻相接二百余里，照耀川陆，骑兵翊两岸而行，旌旗蔽野。”

水陆并进，人喊马嘶，蹄声杂沓，这又是多少人？

还得算上负责牵引船队的纤夫船工。

挽引龙舟的叫作“殿脚”——在大业天子眼里，他们已经不能算人，只能算是殿下之脚了——有1800人，分为三番，每番600人。服装也是统一的，一律着杂锦、采装、袄子、行缠、鞋袜等。

挽引翔螭舟的也叫“殿脚”，人数略减，为900人。

以下被称为“船脚”，每船100人。

至于挽引文武百官僧尼道士之船的被叫作“黄夫人”，每船40至50人不等。

还有专门用来装载“内外百司供奉之物”的货船也要牵引。

唯一不用民夫而由士卒自己挽引的是装载“兵器帐幕”的船。

总计人数当在二三十万的船队就这样遮天蔽日滚滚而行，这阵势除了拿遮天蔽日的蝗虫之阵做比，还有什么比喻是合适的？大业天子还有诏令呢——

“所过州县，五百里内皆令献食。”

就这样，百姓为了交差，官员则纯粹是为了讨好皇帝，沿河两岸又添一景，人挑肩扛、车载马驮运送各种吃食的队伍络绎不绝，“多者一州至百舆，极水陆珍奇”，劳民伤财置办的丰盛佳肴，却是“后宫厌饫，将发之际，多弃埋之”。

据记载，仅献食一项劳役，每天需要的人数就在十万以上，结果自然是沿途骚然，农事抛荒，民不得安居。船队过后，甚至比蝗虫过后还要厉害！

明明已经吃不了了，大业天子还要高标准严要求，所过之处，郡县长官“馈献精腆”，他就龙颜大悦大加褒奖，北巡时刺史丘和就因为供奉丰美被提升为太守；而天水太守乞伏慧就因为天子西巡时“献食疏薄”，差点被砍了脑袋，后来还是杨广改了主意，才释罪除名侥幸未死。

更何况这样的巡游还不止一次，其劳民伤财的力度强度亘古少有！

大业天子就是这样量变引起质变，变来变去终于变成了隋炀帝的吧，是不是？

当然，本着从历史出发、从人物着眼的实事求是的态度，应当承认，不管是南巡还是北巡、西巡，大业天子的本意是打理国事，并非纯粹游山玩水，否则，你该怎么解释他冒着生命危险穿越祁连山的壮举呢？营建东都是为了更好地控制中原腹心地带；开通南北运河则是为了加强对江淮新区的联系和掌控，毕竟，在分裂了几百年之后，江南江北的隔膜是任何负责任的执政者都不会也不该掉以轻心的大事——如果不说是头等大事的话。当年秦始皇统一之后，也是东巡西游，大海高山都没放过，他当然是在炫耀，炫耀大秦王朝的赫赫武功，也是在炫耀煌煌天子的八面威风。他是在以自己的实际行动，告诉所有那些公开的和潜在的敌人，我有权在自己的国土上想去哪儿就去哪儿，不管你们过去是怎么回事，现在只有大秦才是你们的国家，也只有我才是这个国家至高无上的灵魂和统帅。大业天子志向高远，以秦皇之本意效秦皇之做派，且青出于蓝而胜于蓝，也实在是不难理解。

还有，大业天子是从江南走向他至高无上的皇位的，这里差不多就是他的第二故乡。当年的藩王成了如今的皇帝，能不抚今思昔重游故地吗？富贵不还家就如同锦衣夜行，多少成王成帝的人都不想，事实上也的确没有留下那样的遗憾，那大业天子为什么就应该比别人谦虚呢？如果不是出于政治需要，他可从来都是不知道什么叫谦虚、为什么要谦虚的。

一到江都，他接见并赏赐了许多为自己夺嫡立过功的藩邸旧臣。

他还宣布大赦江淮以南：扬州之地免除租赋五年，当年为总管时所辖之境内免除租赋三年。

他还在江都之地盛张礼仪，纳当年陈后主第六个女儿为贵人，同时下诏让隋文帝时期被流放的陈朝皇室子弟“尽还京师，随才叙用”。

这显然又是一项笼络人心的举措，政治婚姻的意义当然全在政治上。大业天子是想以自己半个南方女婿的身份为统一战线的政策服务呢。

他只是夸张了，太夸张了。

那一次他在江都从前一年九月一直待到第二年四月才回到东都洛阳。

后来就是大业六年三月二下江南。

依然是一次极尽张扬铺排已极的巡游。而且，如果说大业元年的大业天子还只是个初登帝位、意欲大展宏图的意态非凡的天子的话，那么，二下江都的大业天子经过几年的经营，已经成为威服四夷成就卓著的“圣人可汗”啦。顺风顺水心想事成，风光无限的大业天子更加傲视一切睥睨一切。

三征高句丽

二下江都是在北巡加西巡之后的大业六年三月，那时候大隋王朝开疆拓土已达极盛。所以，跟着大业天子一起来到江都的，除了文武百官、后宫嫔妃、僧尼道士等人之外，还有已经臣服的高昌王以及其他西域各国使节。大业天子将他们带往锦绣江南，就是要让他们日后归藩回去好好宣扬华夏中原的繁华昌盛，使其对华夏文明更加折服，更加心悦诚服地向“圣人可汗”称臣纳贡。

也是这次在江都期间，大业天子下令江都太守官阶品级与掌控京师的京尹相同，也就是确定了江都的陪都地位，使之成为大隋王朝在南方实施统治的政治中心。

那一次大业天子在江都一住就是一年。

并下令开挖江南运河，使大运河向长江以南延伸到钱塘江，可直通龙舟。

还是在江都，与大业天子一同来到江都的除了西域各国使者外，另外还有从海路前来的赤土国王子以及林邑、倭国、百济等国的使者，于是大业天子又专门进行了一次规模盛大的外事活动。也就是在那次接见各国朝贡使者的外事活动中，面对那些眼睛或黑或黄、鼻子或高或低、胡须或卷或直的形形色色的面孔，一种不快或者说恼怒袭上了大业天子心头，而且越来越多：高句丽还是没有来人，还是没有来人！前年他在启民可汗帐中曾经向高句丽使者宣过旨意，要高句丽王亲自来朝，但高句丽王竟然置之不理，而且胆敢连使者也不派。什么叫是可忍孰不可忍？这就是了。

于是，讨伐高句丽国的决定在江都形成了，并立即付诸实施。

大业天子先诏“山东置府，令养马以供军役”；

又下令“课天下富人买武马”，致使马价腾升，一匹值十万钱；

还下令“简阅器仗，务令精新，或有滥恶，则使者立斩”。这就是开始了全面的战争动员和预备，传达的信号明确无误：要打仗啦！而且是大仗，并且要跋山涉水。

大概就是为了稳固后方，继大业元年对南方的政治安抚之后，这一次大业天子对南方人士也是大加抚慰。不仅将出生江南的名将来护儿调在身边，还特地赐牛赐酒让其宴请家乡父老，谒先人庐墓，还命令三品以上官员“并集其宅，酣饮尽日，朝野荣之”。

同时，又诏远在河西武威的庐江人樊子盖来江都，以“富贵不还故乡，真衣绣夜行耳”为理由，下令庐江郡设三千人大会，让樊子盖也演了一出衣锦还乡，宴父老、谒祖墓的大戏，营造出一种南北一家融融洽洽的气氛。

同时，大业天子还亲自出面，在江都宫中大宴江淮父老，并厚加赏赐。

这也依然是深谋远虑的备战之举。

还记得在上一章中曾经说过大业天子与倭国之间的不快吗？大业天子之所以隐忍不发，就是不想四面出击树敌太多。就是为了这个目的，大业天子不仅没有计较倭国想要与圣人可汗平起平坐的大不敬，还屈尊派人出使倭国，目的依然是对付高句丽。

就这样，经过一年紧锣密鼓的准备，大业八年正月，大业天子踏上了征讨高句丽的征程。他由江都御龙舟北返，没有回东都洛阳，而是直入通济渠，跨过黄河直接北上，前往地处前线的涿郡（今北京一带），并且就在路上下达了亲征高句丽的诏书——

天地大德，降繁霜于秋令，圣哲至仁，著甲兵于刑典。故知造化之有肃杀，义在无私……而高丽小丑，迷昏不恭……历年永久，恶稔既盈，天道祸淫，亡征已兆……

现在大家明白了，怪不得皇帝早在大业四年就诏令河北诸郡男女百余万开永济渠，原来机关全在这儿呀！永济渠的开凿，有利于在全国范围内调兵调物，涿郡就这样成了靠近前方的后方战略基地。《资治通鉴》有记载：

（大业七年二月）壬午，下诏讨高丽。敕幽州总管元弘嗣往东莱海口造船三百艘，官吏督役，昼夜立水中，略不敢息，自腰以下皆生蛆，死者什三四。夏，四月，庚午，车驾至涿郡之临朔宫，文武从官九品以上，并令给宅安置。先是，诏总征天下兵，无问远近，俱会于涿。又发江淮以南水手一万人，弩手三万人，岭南排镩手三万人，于是四远奔赴如流。五月，敕河南、淮南、江南造戎车五万乘送高阳，供载衣甲幔幕，令兵士自挽之，发河南、北民夫以供军须。秋，七月，发江、淮以南民夫及船运黎阳及洛口诸仓米至涿郡，舳舻相次千余里，载兵甲及攻取之具，往还在道常数十万人，填咽于道，昼夜不绝，死者相枕，臭秽盈路，天下骚动。

仗还没打呢国内已经成了这样，这仗还能打吗？还能打得赢吗？

大业天子却是志在必得志在必胜，他不仅把江都宫中的鼓吹、乐队带到了涿郡临朔宫，甚至还把以高昌王为首的一大批藩属君王和各国使者一并带来涿郡，想让他们一睹大隋官军风采，以收杀鸡吓猴杀一儆百之效。

大业八年正月，从全国各地征调来的百余万大军齐集涿郡，号称二百万。

如此超大规模的军事调动，其本意也全在恫吓，大业天子的爱大喜大已深入骨髓，不要说大兵压境了，他甚至还想着光凭大军云集，就能让小小的高句丽吓得屁滚尿流。所以，在正式讨伐高句丽的诏书中，他不仅把高句丽王高元比作“迷昏不恭”的“无事君之心，岂为臣之礼”的“小丑”，把自己比作替天行道吊民伐罪的周武王，而且公开了用兵作战的部署，将百万大军将如何分成左右两翼、两翼二十四路大军将如何全面铺开，都说了个清清楚楚。有如此百战百胜之雄师劲旅，所过之处能不摧枯拉朽山河变色？既然是“王者之师，义存止杀，圣人之教，必也胜残”，“小丑”高元除了“泥首辕门，自归司寇”，除了不战而降，难道还能有别的出路吗？所以大业天子在诏书中信誓旦旦，保证不但要对高元“弘之以恩”，对“归朝奉顺”的其他高句丽臣民也要“咸加慰抚，各安生业，随才任用，无隔夷夏”。

百万大军不是立足于打，而是立足于抚，考虑的不是打法，而是抚法。作为这场战争的策划者和最高统帅，大业天子就这样拉开了堪称是世界史上前所未有的战争的序幕——

不是左右两翼二十四路大军吗？按照隋军最高统帅的部署，“每日遣一军发，相去四十里，连营渐进”，二十四路大军光出发就用了二十四天！

然后出发的是天子六军（前、后、左、右、内、外），前后相置“又亘八十里。通诸道合三十军，亘一千四十里”。

光大军出发就用了四十天，而且是整齐划一秩序井然，“近古出师之盛，未之有也”。可这哪里是打仗，分明就是武装游行，军事检阅嘛！

百万大军排成连绵一千多里的一字长蛇阵，本来就够荒唐可笑，毫无战斗力可言，可这还没完，大军不仅要由大业天子“亲授节度”，而且每支部队都配了仪仗队，“前部鼓吹一部，大鼓、小鼓及鼙、长鸣、中鸣等各十八具，掆鼓、金钲各二具。后部铙吹一部，铙二面，歌箫及笳各四具，节鼓一面，吴吹荜篥、横笛各四具，大角十八具”。

真是无法想象，那究竟是一支怎样的部队呢?!

而且出发前设坛祭祀不算，途中还要设坛祭祀，大业天子及有关人等还要斋戒。

经过两个多月的行进之后，大业天子于三月中旬随军来到前线，因怕军将贪功冒进，下令各路军主帅有事皆须禀报，诸将互相牵制，不许擅自挥师挺进。因为一直做着大军所至，敌方必将望风而降的美梦，大业天子还在每支军中专设招降抚慰使一人，“承诏慰抚，不受大将制。战阵则为监军”。这又等于自缚手脚，画地为牢地把百万大军圈了起来。

大业天子美梦连连，无奈对方并不买账，面对铺天盖地的隋军，高句丽国上下同仇敌忾，在辽河边就开始了防守反击的自卫战。

这其实只是一次小规模的接触，但隋军出师不利，右屯卫将军麦铁杖、虎贲郎将钱士雄、孟金叉等战死。

隋军渡过辽河之后，双方大战于辽河东岸，高句丽军大败，死者万余，辽东城（今辽宁辽阳）被隋军团团合围。

大业天子带着突厥可汗、高昌王、吐谷浑太子以及西域南洋诸国使者等人也渡过辽河，前往观战。辽河东岸的战事有了进展，大业天子以为让他朝思暮想盼望了多少天的景象就要出现了，欣喜之余，不仅下诏大赦天下，而且诗兴大发，诗作连连，留传后世的《望海诗》和《纪辽东（二首）》就是那时心情的表述。

但大军渡过辽河后高句丽仍未投降，并没有具体的作战方案和计划的大业天子下令水陆并进，直扑高句丽都城平壤。按道理，事情到了这个分上，大业天子总该面对现实了吧！然而没有，他还在做着不战而胜的美梦，因为怕诸将贪功，破坏他的招降部署，他再次下诏，强调分为三路的各部一旦有所行动，“必三道相知，毋得轻军独进，以致失亡。又，凡军事进止，皆须奏闻待报，毋得专擅”。圣旨如此，诸将谁敢不从？不仅应该抓住的战机白白流失了，还要互相监督互相制约，倒好像各路隋军互为敌军不算，还同时成了高句丽人的盟军似的。

结果光一个辽东城围攻数月还拿不下来。有几次眼看隋军就要破城而入了，高句丽人急忙诈称投降，因为大业天子有言在先，诸将不敢再攻，先得去皇帝处请旨，待批报回来，对方已调整好城防，继续顽抗。“如此再三，帝终不悟”，奈何？！

其他各路人马的情况也没好到哪里去。

水路大军统帅为来护儿，他率水军在平壤以西六十里与对方相遇。第一仗大获全胜，挑选精甲四万人，乘胜直赴平壤城下。对方先在城内设好埋伏，然后诈败诱隋军入城，结果是四万精兵生还者不过数千人，而且还被对方一路狂追，要不是来护儿的副将救助，只怕来护儿本人也要成了人家的俘虏啦。经此一败，元气大伤，来护儿只好放弃留屯平壤城下接应陆军的原定计划，引兵还屯海边。

陆路隋军有九路约三十万人渡过鸭绿江，本来的意图是要与水军会师于平壤城下的。但由于人马众多，后勤补给困难，加之对方坚壁清野，远征军须自负百日粮资，再加上武器装备，每个士兵负重在三石以上，人马都是不堪重负。士兵们也会取巧，尽管有"遗弃米粟者斩"的军令，但他们还是想方设法遗弃军粮，以为攻城略地之后哪儿还抢不来粮食？结果刚走到半路，就已经面临断炊之虞了。

当时的高句丽宰相乙支文德老谋深算，因为知道大业天子有投降不杀的诏令，因而有恃无恐，诈降并来到隋军营中，探究隋军士气和底细。在隋营中看到士卒面有饥色，便故意大打疲劳战，一有接触便佯败后退，甚至还有一日七战，隋军皆捷的战绩。隋军自然是长驱直入，一直追到距平壤城三十里处安营扎寨，但始终见不到应该前来接应的来护儿水军，军中又断粮断草，只能看着城防险固的平壤城顿足而叹。

高句丽使者不失时机再次出现，隋军统帅也就顺坡下驴，算是不失体面班师而回。

但高句丽军又趁机四面抄袭，隋军只得结成方阵且战且退。最后高句丽军又在萨水（今清川江）河畔，当隋军半渡之际，趁势发起总攻，将隋军撵得鸡飞狗跳四下逃窜。要不是负责殿后的王仁恭、李景率部下拼死抵抗，隋军能不能在鸭绿江边收住脚也是个大大的问号呢。

陆上诸军只有将军卫文升所部一军独全。

来护儿水军眼见陆军溃败如此，只好渡海而还。

首征高句丽之战就此以惨败谢幕。唯一的收获是攻拔了辽河以西的武厉逻，在此置辽东郡及通定镇而已。

企图以征讨高句丽耀武扬威夸示四夷的“圣人可汗”自此颜面尽失威风扫地，各国使者纷纷回国。

不甘心失败的大业天子再次回到涿郡，下令运黎阳、洛阳、洛口、太原等仓谷于辽西，并令民部尚书樊子盖留守涿郡，准备明年再行举兵，报仇雪恨。

当然还要追究失败责任。还在回军之路上，曾是领军大将的宇文述、来护儿等人早就披枷带锁成了罪囚啦。

当然，皇帝是没有任何责任的。

性格决定命运

“扫地为兵”兴师动众，劳民伤财天下骚然，一场规模空前的全国总动员，却成了导致举国震荡民变四起的导火索，这就是大业天子征辽造成的最严重、最直接的政治后果。

其实，早在东征之前，因为连年大疫，国内已经是民不聊生怨声载道了。兵发高句丽之前的大业七年（611）夏秋之际，山东、河南又是大水成灾，淹没三十余郡，面对无以为生水深火热的灾民，朝廷非但不开仓赈济，而且连徭役也没有丝毫减少。

以被强征派往前线运米运粮的民夫为例。

那本来就是个苦差事，加上饥馑，粮价本来就贵，还加上路远，运粮的民夫自己在路上就无以为食。买？“斗米值钱数百”，谁能买得起？那就就地取材，拿车上的粮米混混肚子，好赖算是活着将官粮运到了地方，但数字又不够了，少一两也不行。于是你还得赔，还是那个折磨了你一路的老问题：银子何在，哪有银子？！

若是再考虑到必不可少的贪官污吏敲骨吸髓层层盘剥的因素，唯一的活路似乎只有逃亡了，就像当年的陈胜、吴广那样。

劳役加兵役，天灾加人祸，结果必然就如《资治通鉴》所说：“百姓困穷，财力俱竭，安居则不胜冻馁，死期交急，剽掠则犹得延生，于是始相聚为群盗。”

官逼民反，不得不反。搅得天下大乱并最终将大隋王朝彻底推翻的饥民起义首先在天灾人祸最为严重的山东一带爆发，原因就在于此。

“黄河安，天下安；黄河怨，天下怨；黄河反，天下反。”

一首名为《无向辽东浪死歌》的战歌最先开始在山东邹平一带流行，并渐传渐广渐传渐远，终于唱遍国中——

长白山前知世郎，纯著红罗锦背裆。
长矟侵天半，轮刀耀日光。
上山吃獐鹿，下山吃牛羊。
忽闻官军至，提刀向前荡。
譬如辽东死，斩头何所伤。

可是大业天子依然我行我素，剿不胜剿屡剿屡起越剿越多的乱民根本无法分散他的注意力，他只一门心思全神贯注于自己再征辽东的宏图大业。

由于原来的义务兵役的府兵制已经不敷需要，此次改为雇佣招募制，“征天下兵，募民为骁果，集于涿郡”。骁果者，英勇善战骁勇果敢之兵也。

还下诏恢复前次败军之将宇文述等人的官爵，让他们继续征辽将功补过。

依然是天子统帅御驾亲征。

依然是不听劝阻一意孤行。

其实，大业天子第一次御驾东征时就有人劝阻过，这次也同样。因为面对的是自视甚高的大业天子，所以大家的说辞都小心翼翼，都道是“戎狄失礼，臣下之事”，天子万乘之尊，不宜轻动，“岂有亲辱大驾以临小寇”，另派一得力将领充当前敌统帅也就行了。但大业天子却非常震怒，咆哮道：“我自行尚不能克，直遣人去，岂有成功也！”

原来如此！皇帝之所以耿耿于怀，原来是要证明，自己非但是个合格称职的好皇帝，同样也是个指挥有方攻无不胜战无不克的好统帅。

大业九年四月，以大业天子亲率文武百官和后宫嫔妃兼程北上渡过辽水为标志，二次东征又开始了。

隋军依然以宇文述、来护儿为陆路、水路大军统帅，各自领兵，扑向平壤。

和上次不同，准许诸将“便宜从事”，而且没有再设招降抚慰使。

但因为顾忌诸将擅权，所以监军依然是有的。

高句丽方面依然是坚壁清野据城而守。

两个月后，正当隋军猛攻辽东城，其他几路隋军也按计划进军，高句丽整个国家眼看就到了生死存亡的最后关头，在后方督运粮草的大隋礼部尚书杨玄感突然反叛，举兵直逼东都洛阳，形势突然急转直下。

功败垂成功亏一篑，大业天子再次蒙羞受辱前功尽弃。

一人发难而应者如云，按道理大业天子就该好好总结总结，反省反省，但他是如此总结的：“玄感一呼而从者十万，益知天下人不欲多，多即相聚为盗耳。不尽加诛，无以惩后。”大业天子执迷不悟，事已至此依然对民心民意麻木不仁，依然视百姓为工具、为劳力、为奴隶，三征高句丽自然也就在所难免。

三征之后，高句丽人困马乏，不得不上表乞降，并且交还了二次东征时收留的大隋叛臣斛斯政，算是给了大业天子一个说法；而大业天子也就顺势收手，班师而回，事情似乎总算有个交代了。但紧接着的事实表明，高句丽王高元对大业天子并不买账，依然是拒不朝贡，依然是我行我素，大业天子也就依然是一无所获。

那大业天子究竟所为何来，非要和小小的高句丽争个你高我低你死我活不可呢？而且在国内局势越来越乱，甚至乱到近乎失控的情况下，为何还要一而再、再而三地征讨高句丽？对方一句服软的话真就那么重要吗？

对皇帝来说，不是只有皇位才是最重要的吗?

究竟是什么因素使得大业天子置皇位于不顾，一门心思只想修复自己受到损毁的皇威?他也算是哪里跌倒哪里爬起，但问题的关键在于，让他如此较真的石头究竟是不是块值得如此较真的石头?

历史是不容假设的。但我们依然可以想象，假如大业天子懂得适时收手，一征之后就改弦易辙，或者再退一步，二征之后没有三征，而是将注意力转向国内，及时调整政策与民休息，最后的局势还会演变得那样不可收拾吗?会吗?!

性格决定命运。大业天子的性格决定了大业天子的命运。

成为皇帝之前，想方设法居于一切人之上曾是决定杨广全部思想、左右杨广全部行为的关键之点。

终于成了皇帝，看来已经是如愿以偿了，但人的欲望是无止境的，那种一定要居于一切人之上的欲望也就顺理成章地得以转化——如果我们不说那是升华的话，那种转化的欲望其实就是要竭尽全力地证明：高高在上的那个人理应居于一切人之上!

登基后的大业天子全部的作为其实都是在证明这一点。

他好像已经接近成功了，除了一点小小的遗憾和不足之外。

那点小小的遗憾恰恰就是杨广的心结所在，也就同时成了他的死结所在。

东征失利之后，贵为天子的他曾经几次当着臣下的面潸然泪下，哽咽难言，就是因为酷爱完美的他一直都在追求完美。

他不能容许任何人对他的才华才能表示怀疑。不管这种怀疑是确实存在的还是曾经存在过抑或压根就是子虚乌有，他都不能容忍。

他很少或者几乎没有听从过臣下的劝谏，就是因为他不能容忍这种怀疑。

之所以要发兵征讨高句丽，其实也只是要证明一点，那就是大业天子不但文治超强，武略也绝对天下第一。他真的需要证明这一点，尤其是当他在别的方面证明了自己的出类拔萃举世无双之后，证明这一点就更有必要了。早在还是晋王的时候，他当过浩浩大军的统帅，例如平定陈朝的时候，还有讨伐突厥的时候。但实际的统帅又都不是他，真正在军中说话算话的不是老宰相高颎，就是久经战阵杀人如麻的老将杨素。那两次短暂的军旅生涯让他感到的只是愤恨和憋屈，就是因为别人对他的能力表示怀疑，他才不能说话算话。还记得他在金戈铁马的军中却大写特写那种怨妇之辞的往事吗？他实在是郁闷，太郁闷啦！东征高句丽，他才真正成了不折不扣的军中统帅，那种一吐胸中块垒的扬眉吐气才叫他尝到了言出法随令行禁止的权力的滋味，而胜利只不过是一种随之而来的必然的结果而已。

但万万料想不到的是，越是要急于证明的却偏偏无法证明。

并且还不是一次。

正是在这个意义上，三征高句丽可以说成是大业天子急红了眼的产物。他不只是为失败着急，更是在为自己急于证明却始终无法证明的东西着急。

夺嫡承嗣迈向皇位之路的大业天子曾经心想事成。

由大隋天子成为“圣人可汗”之后，却在东征高句丽之时弄巧成拙，而且一拙再拙。

一征高句丽，大败而归；

二征高句丽，功亏一篑；

三征高句丽，虎头蛇尾。

大业天子最受不了的就是这个。士可杀不可辱，更何况是皇帝呢。一心只想追求完美的性格就这样注定了大业天子最后悲剧性的命运。他最后的所作所为其实就是在用行动告诉世人，为了他心中的完美，国可以亡，家可以亡，人也可以亡！

看看他二次东征时写于激战正酣的辽东城下的《白马篇》，你就会明白，大业天子真是既不怕苦，也不怕死，只怕不能流芳百世，不能光照千秋。

《剑桥中国隋唐史》对此有这样一段评价——

隋炀帝毕竟是一位美好事物的鉴赏家、一位有成就的诗人和独具风格的散文家，他可能有点像政治美学家，这种人的特点可以用以下的语言来表达：“的确，自欺欺人也许是一个规律，因为带有强烈的艺术成分的政治个性具有一种炫耀性的想象力，它能使其个人的历史具有戏剧性，并使一切现实服从野心勃勃的计划。”

“并使一切现实服从野心勃勃的计划”，真的吗？联系大业天子的所作所为，前期似乎是这样，但到了后期，他那种“政治美学家”

的风格气质带给他的除了“使其个人的历史具有戏剧性”之外，还让现实也发生了翻天覆地的变化，这种翻天覆地的变化就是……

宏图成烟，大业沙崩

用这样八个字来总结大业天子一生的文治武功的确有些残忍，但这又是事实，同时也就成了历史。那我们也就只能实话实说——

三次东征的不同程度的失利对大业天子的心理影响是巨大的，甚至大到他本人都不愿或者无法直面正视的程度。即位之后，嗜大为美视美如命的大业天子雷厉风行大干快上，把整个国家都搞得轰轰烈烈。也就是在这个过程中，大业天子真真切切地体味感受到了那种权力尽情舒张、意志全面贯彻带来的快感。那是种怎样的快感哟！除非你是当事人，否则无论怎么形容和描述都只能是隔靴搔痒隔岸观火，那种快感让大业天子既迷恋又沉醉，并且随着时间的推移越来越迷恋沉醉，直至须臾不可或缺。那情形颇有些像一个尝过丹药滋味的人从此便再也离不开那东西一样。然而东征失利既像是抢走了他紧握在手的丹药，又像是猝不及防打来的闷棍，刚开始他是没法反应，也来不及反应，大业天子真是没有料到，高高在上的、曾经是上下通吃的皇威皇权居然也要遭遇障碍，也有不大灵光的时候。这让他羞恼异常，这时候做出的反应便大失水准。

对高句丽的二征乃至三征就是这种反应的产物。

接下来就到了大业十一年正月元旦的大朝会。按惯例，“圣人可汗”又要高高在上，接受文武百官和四方蛮夷的朝贡，可是不仅高句丽再次拒绝入朝觐见，而且早已臣服的西戎吐谷浑也趁机大捣其乱，“复其故地，屡寇河右，郡县不能御焉”。事情到这还没有完，早在文帝开皇年间就已臣服的东突厥部在大隋的庇护下，经过十多年的休养生息，已经日渐强盛，又反过来对日渐衰弱的西突厥构成威胁。“离强合弱”历来是大隋朝廷对突厥的政策，所以西突厥又成了大隋朝廷着力扶助的势力，这就让东突厥猜疑日盛更加不满，大隋北部边疆的形势不容乐观。已经严重受损受伤的皇威皇权再次风雨飘摇，多少显出些后人常说的“纸老虎”本色。刚刚受辱蒙羞的大业天子再次感受到伤彻肺腑的羞辱和恼怒，置国内乱民四起的形势于不顾，大业天子决定再次北巡。此行目的多多，除了维护华夷朝贡的体制，即维护天朝大国的脸面外，还有说服东突厥可汗出兵，协助大隋再征高句丽的意图。

三败之仇，奇耻大辱，焉能不报？！

还记得当年大业天子驾临草原，老可汗曾经亲自率人铲草开辟御道，那是何等虔诚与敬服？现在的始毕可汗是当年启民可汗的儿子，他难道不会用他的虔诚和敬畏抚慰一下大业天子伤痕累累的心吗？但出乎所有人意料的是，原本为修补形象而采取的行动反而使大业天子更加斯文扫地颜面尽失——

东突厥始毕可汗居然带了几十万骑兵前来。幸亏嫁往突厥的义成公主事先紧急通报了消息，大业天子才有机会急忙进入雁门郡城以避其锋芒。

几十万突厥铁骑侵犯边境，不仅在极短的时间里攻克了雁门郡所属的四十一座城池中的三十九座，而且将大业天子及其文武百官、后宫嫔妃等人困在小小的雁门郡城，并多次强攻，以至箭头如雨点般纷纷落在大业天子眼前。史书记载说，这一次大业天子又哭了，而且是“目尽肿”，天子威风荡然无存。

“男儿有泪不轻弹，只因未到伤心处。”笔者并不认为杨广之哭全是惊吓所致，他的哭应该是对自己曾经威风八面的天子生涯的怀恋和祭奠；他的哭应该是对自己四处受窘受辱的现实处境的伤感与体味；他的哭是因为哀莫大于心死，他的心就这么死了，也埋了。

曾经意气风发雄心勃勃的大业天子好像就是从那以后开始破罐子破摔的。

尽管天下勤王兵马很快就从四面八方滚滚而来（据说后来的贞观天子就是从雁门解围之后开始崭露头角的；而后来的唐高祖李渊从那以后奉命统领太原本部兵马据守太原，从而为日后崛起奠定了坚实的基础）；尽管此后的大业天子依然端坐龙座，还发号施令，但那大多是虚应故事不得不为，典型的当一天和尚撞一天钟的做派。

他甚至连在雁门时亲自许下的对解围有关人等的赏格也赖掉了。有大臣认为天子不该出尔反尔失信天下，尤其是不宜失信于身边的亲卫将士，却遭到大业天子的厉声呵斥：你对此事如此上心，该不是别有用心想借机收买人心吧？

大业十二年的正月元旦大朝会的场面更加凄切。不仅没有外藩使者前来朝贡向大业天子敬献方物，而且就连国内许多郡县的朝集使也因为乱民四起，道路不通，无法来东都。而此时的大业天子也早像换了个人似的无所作为一无所为，甚至就连睡觉，也到了一夕数惊的程度。《资治通鉴》记载：“每夜眠恒惊悸，云有贼，令数妇人摇抚，乃得眠。”

还有一段，说是那年四月有一天，大业殿西院发生火灾，大业天子“以为盗起，惊走，入西苑，匿草间，火定乃还”。

一个人的精神状态成了这样，还有什么意志可言？又有什么荒唐事是他做不出来的?!

那年五月日食，大业天子命人捉来许多萤火虫，游玩时放出，倒也亮光闪闪星星点点。贫家子囊萤夜读的雅行就这样让大业天子花样翻新古为今用，还真让人不知说什么才好。

当然，他也时不时向左右打听有关各地造反变乱的情况。得到的回答总是渐渐少了。再问少了多少，回答是不到先前的十分之一。只有老宰相苏威不忍撒谎，但又要讲究方式方法，面对同样的问题，他的回答是：“臣非所司，不委多少，但患渐近。”

问他此话何意，他便实实在在回答：“他日贼据长白山，今近在汜水。且往日租赋丁役，今皆何在！岂非其人皆化为盗乎！……又昔在雁门，许罢征辽，今复征发，贼何由息！”

“众人之唯唯，不如一士之谔谔。”苏威所说可都是金石之言，但大业天子就是听不进去。还有一次，苏威趁皇帝问征战高句丽之事的机会，委婉地提醒：“今兹之役，愿不发兵，但赦群盗，自可得数十万。遣之东征，彼喜于免罪，争务立功，高句丽可灭。”

此话大有讲究，既顺着皇帝的思路回答了问题，又报告了乱民之数最少已达数十万之巨，还提出了应对的解决办法。但大业天子的回答依然是：“我去尚犹未克，鼠窃安能济乎？”

死到临头，依然认为百姓只不过是些鼠窃狗盗之徒，大业天子还能有救吗？这还不算完，老宰相刚离开大殿，就有人立即进谗言：

此人大为不逊，皇帝的天下哪里有许多盗贼？

被激怒的皇帝脸色骤变破口大骂：老贼多奸计，竟敢拿贼人来威胁我，真想扇他巴掌，暂且再忍耐一下！

老宰相最后被人罗织罪状，苦苦求饶之后得免死罪，连子带孙一家三代都被除名为民。

苏威走了，另一个敢讲点真话的大臣樊子盖也去世了。朝中自此再没有说真话的人，大业天子自此陷入铺天盖地的谎言之中。

后来就是江都新造的龙舟运到东都。曾经有过的宏图大业让杨广自己也觉得像一个遥远的不真实的梦，此时的他只想偏安江南，苟延残喘，于是就听从了佞臣宇文述等人的意见，决定巡幸江都。

这显然是自送江山于他人的极其不负责任的做法，稍有良知的臣子纷纷劝谏。

先有右候卫大将军赵才斗胆进言，却被关押，几天后才放出；

又有老道士王远知劝阻，无效；

建节尉任宗上书极谏，被当众杖杀；

奉信郎崔民象在皇帝车驾已经上路之时，还于建国门上表请皇帝以社稷为重，不要巡幸江都，结果被斩；

在前往江都的路上，还有奉信郎王爱仁请求大驾归返京师，被斩；

在梁郡有人上书，以“陛下若遂幸江都，天下非陛下之有”劝谏，结果也被斩首。

如此走一路杀一路，谁进谏谁掉脑袋，杨广就这么既义无反顾又万念俱灰地回到了自己最早的发迹之地。据说，龙舟还在运河中缓慢行驶，夜半时分曾听见岸上被称作“殿脚”的纤夫中有人凄然而歌——

我儿征辽东，饿死青山下。
今我挽龙舟，又困隋堤道。
方今天下饥，路粮无些小。
前去三十程，此身安可保？
寒骨枕荒沙，幽魂泣烟草。
悲损门内妻，望断吾家老！
安得义勇男，焚此无主尸。
引其孤魂回，负其白骨归？

这歌杨广肯定是听见了的，但听见了的他只能装作没听见。曾经的大业天子就这样如同行尸走肉地到了江都，而且一待就是两年多，直到最终在江都被弑，成了隋炀帝。

和大业初年奋发图强大展宏图的大业天子相比，此时的杨广真的已是行尸走肉毫无作为，每天只是纵情声色极尽享乐。他不断地挑选江南民间美女充实后宫，江南后宫百余房，每房都住美女，布置也是豪侈无比。杨广还让她们每人轮流坐庄，自己则天天泡在女人堆里醉得东倒西歪。他甚至还有诗专记此事——

求归不得去，真成遭个春。
鸟声争劝酒，梅花笑杀人。

他还常常只穿短衣内裤，策杖步游，遍历台馆，直到夜尽天黑才止。他好像还是在审美，并且要将眼前的美景深深地印入脑海，因为这样的景色对他来说真是看一眼少一眼了。是这样的吗，是吗?！他真的明白自己死期将至，而且也知道自己其实无论如何也逃脱不了这一切，于是就学着吴地方言，以一种开玩笑的口吻告诉自己的皇后:“外间大有人图侬，然侬不失为长城公，卿不失为沈后，且共乐饮耳！”被他提及的长城公就是当年他领兵下江南时生擒活捉的陈朝后主，也是他最看不上眼的亡国之君。自甘堕落到如此地步，怪不得杨广自己心里也不舒服，常常喝得酩酊大醉，一边摸着自己的脖子，一边对皇后说:“好头颈，谁当斫之！”此话使得皇后潸然泪下，杨广劝说皇后别哭，理由居然是:“贵贱苦乐，更迭为之，亦复何伤！”

他果然是看透看穿看破了。

那颗头颅最后没有被人砍下来。那些人本来是要动手的，面对曾是自己身边近臣亲随的臣子和骁果勇士，死到临头的皇帝依然不失天子尊严地厉声呵斥:“天子死自有法，何得加以锋刃！取鸩酒来！”鸩酒就是毒酒，是他自己早就备下的，并曾告诉宠幸的美姬说："若贼至，汝曹当先饮之，然后我饮。"但那时候一切都乱了套了，左右美姬也东逃西散不知去向，而那些人又等得不耐烦，他只得解下自己身上一条丝带，交给那些人，让他们将它套上自己的脖颈，将自己活活缢死。临死前他倒是说了一句实话："我实负百姓。"那句话的潜台词实际是：我对不起百姓，但并没有对不起你们这些乱臣贼子。

他就这样颇为从容地死了，那一年他刚好五十岁。

那一天是大业十四年（618）三月十一日。

后来他就成了隋炀帝，一个大名鼎鼎的昏君暴君加亡国之君，这就是他留给世人的千年不变的最后造型。

脚上的泡都是自己走出来的，要怪也只能怪自己，对吧?!

榜样的力量是无穷的

"炀帝魂褫气慑，望绝两京，谋窜身于江湖，袭永嘉之旧迹。"

这话是贞观名臣魏徵说的，他是在分析隋炀帝后期的所作所为，认为隋炀帝放弃两京（西京长安、东京洛阳）退保江南，是要仿效六朝割据江南的旧事。从其用词的不屑看，他显然对此极其不以为然。

"隋炀帝承文帝馀业，海内殷阜，若能常据关中，岂有倾败?遂不顾百姓，行幸无期，径往江都，不纳董纯、崔象等谏诤，身戮国灭，为天下笑。"

这话是贞观天子李世民说的，他是在分析总结隋炀帝亡国的前因后果。从中不难看出，隋炀帝的亡国之痛对他也是刺激极深。

这就是榜样——反面的榜样也是榜样——的力量。

榜样在前，谁敢懈怠；殷鉴不远，谁人又不是小心翼翼？这也就难怪贞观君臣能共同营造出近乎完美无缺的贞观之治来。

我们刚刚引用的那段贞观天子的话其实还没有完，李世民紧接着说的是："虽复帝祚长短，委以玄天；而福善祸淫，亦由人事。朕每思之，若欲君臣长久，国无危败，君有违失，臣须极言。朕闻卿等规谏，纵不能当时即从，再三思审，必择善而用之。"

说这话的时候已经是贞观十三年了。这也就是说，贞观之治早已成了活生生的现实盛景；而贞观天子的话如果细细加以琢磨，弦外之音却也清清楚楚：说不说、怎么说是你的自由，听不听、怎么听是朕的权力。是这样的吧？

其实对待谏诤，贞观天子的态度一直是这样的，只不过随着天子越当越久，他的脾气也越来越大了。这当然也极其正常，既然已经贵为天子，而且还当得正经不错，身旁左右却总有人指指点点，烦不烦人？能一忍再忍十多年之久，贞观天子早已经是百里挑一堪称翘楚了——那时候中国历史生产的皇帝总量统共才有多少？！

正是因为隋炀帝亡国失家还连性命也搭了进去的故事就发生在眼前，而且自己一家也是趁乱而起趁火打劫，最终侥幸地捞个皇帝做，所以才有了贞观天子那句"以古为镜，可以知兴替"的名言。

最直观最方便最现成的例子就是短命的大隋王朝和隋炀帝。正因为有了这样的榜样，贞观天子需要面对的事情就显得极其简单——

你可以不知道好皇帝该做什么，但你一定要知道好皇帝不该做什么。

类似的感悟在贞观天子那里简直是数不胜数随处可见，一本《贞观政要》差不多是贞观天子的心得体会感悟记录。从为君之道到政体得失，从求言纳谏到选贤任能，从行幸畋猎到贡赋租税，贞观天子和他的臣下们总是不忘拿隋炀帝作为借鉴，落实在行动上，采取的也差不多就是反其道而行之的办法，果然大见成效。尽管唐承隋制隋唐一体，但表现出来和留给后人的却是隋唐有别天上地下。不管别的专家学者如何总结评论似乎是天上地下的唐太宗和隋炀帝，笔者于此只有八个字的说法——

唐静隋动，唐纳隋拒。

静动之别说的是治国理念，一纳一拒指的是面对批评的态度。

喜欢弯弓射猎的贞观天子算是从根本上找到了隋炀帝亡国的病灶，完完全全就是一种“治大国，若烹小鲜”的标准做派，同时还十分注意周围人等进献的各种良方。

贞观之治就是这样新鲜出炉闪亮登场的。

相较于前一个大厨烈火烹油猛翻猛炒的大杂烩，自然是掌声一片。

这其实只是问题的一个方面，问题的另一个方面还在于贞观天子不但实际操作，同时还有理论著述。相较于其他或者光说不练、或者光练不说的假把式和傻把式，贞观天子是个又说又练的好把式。

贞观之治就是这样出炉之后又传之久远，至今还被人津津乐道成了经典的。

甚至，不但作为结果的贞观之治成了楷模，成了令后人后世景仰不已却又难以企及的标本，就连贞观天子也成了让人高山仰止的楷模和榜样。面对这样插花花开、栽柳柳绿的结果，贞观天子忍不住再次拈须而笑。他的史书没有白读，花大力气大抓特抓的修史之举也没有白费劲，这才叫事半功倍一举多得呢！

说白了，唐太宗之所以能成为彪炳史册的样板皇帝，自身功不可没！

这当然也是实至名归。因为人家的确干得好，贞观之治光凭吹是吹不出来的。

但若是光做不说，贞观之治恐怕也不能成为它后来成为的那个样子吧？

榜样的力量是无穷的。尽管从来没有这么说过，但贞观天子对此从来都是一清二楚，所以他除了时不时将作为反面典型的隋炀帝拉出来和自己比较一番之外，还时不时和心目中的正面榜样比一比。开国之君他赞赏汉高祖，守成之主他垂青汉文帝。因为是从史书中知道这一切的，所以大规模编修史书就成了贞观一朝的一大盛景。

贞观一代共修成八部正史。除了《南史》《北史》为私家独撰外，其余《北齐书》《周书》《梁书》《陈书》《隋书》《晋史》皆为贞观天子下诏组织专人官修成书的。这自然是一个开先河的纪录。同时，贞观天子还开创了另一个纪录，那就是完成了或者说实现了正史由私修向官修的过渡。也就是说，从此以后，如果没有皇帝和朝廷的诏令，谁也没有对历史指指点点说三道四的资格。你也许还可以说，但说了不算；你也许还可以写，但就算你还能写出一部“史家之绝唱，无韵之《离骚》”的皇皇《史记》，充其量也只能算是民间野史。再要是不客气，说你是地下出版物你也无可奈何。

既然是官修史书，反映的能不是官方观点吗？能吗？

历史是不是就是这样成了任人打扮的小姑娘，是不是？

对于贞观君臣而言，刚刚过去的隋朝，本身就是个短命王朝，说长道短自然就更是胜利者的特权了。

秉承贞观天子的旨意，出自魏徵笔下的《隋书》中的史论部分几乎全成了探讨得失总结经验的政论文章。作为坏榜样的隋炀帝当然也就成了贞观君臣口诛笔伐的重中之重。什么叫马上打来的天下，治理全在马下，这就是了。

既然贞观天子是以史为镜的，那他关心的就不只是别人留给后世的形象，也要操心自己能给后世留下怎样的形象。他不但大规模地编修前代史，同时还极其重视当代史，也就是国史的修撰。贞观年间的当代史主要就是国史、实录、起居注三种体裁。历史也就这样渐渐地变了味道，成了由深受皇帝信任的官员撰写的皇帝的私人日记。呜呼！

但有幸参与此事躬逢其盛的人却无一例外地都倍感荣耀和兴奋，皇帝的信任和地位的提高当然是一方面，另一方面的原因也在于实惠。刘知幾在其《史通》中如是记载：

“暨皇家之建国也，乃别置史馆，通籍禁门。西京则与鸾渚为邻，东都则与凤池相接。馆宇华丽，酒馔丰厚，得厕其流者，实一时之美事。”

看见了吗？厕身其中，不仅能和皇帝搭上关系，而且还有超越一般的物质享受，人们能不乐意参加？既然是皇帝高官厚禄请你来的，能不是皇帝要你写什么就写什么吗？吃谁的饭砸谁的锅，不但东家不同意，就是你自己也会觉得不道德没良心，对吧？

据记载，贞观朝修史的总负责人是宰相房玄龄，因为他百事缠身，所以魏徵又成了实际上的总监。这两个人的正直是没得说的，其他具体负责修撰的邓世隆、顾胤、李延寿等人也都是颇为当时所称赞的人选，所撰国史多属直笔，也就是秉笔直书的意思吧。

但是，既然贞观天子修史的目的是总结经验树立榜样以利治国，当然就不会对此不闻不问，而且他还很想亲自看一看、读一读，也就是想知道自己在国史中究竟是怎样的形象。但是按照前朝历代流传下来的制度，压根就没有这种可能。但皇帝就是皇帝，他才不相信死规矩能憋死大活人，他先是提出要看自己的《起居注》，立刻就有大臣反对：史官不虚美、不隐恶，好的坏的都要秉笔直书。陛下如果破了例，以后还能有信史吗？

这是贞观九年的事。到了贞观十三年，谏议大夫褚遂良主管《起居注》，贞观天子再次试探：你那里边都写了些什么呀？我想看看，也好给自己提个醒儿。

对方回答：没听过皇帝可以看自己的《起居注》的。

再问：那我要是真有什么不当之处，你会写进去吗？

回答是：为什么不？

在一旁的刘洎替皇帝打圆场：如果皇帝有什么过失，即使褚遂良不记，天下人也是记住了的。

既无奈又不甘的贞观天子只能自找台阶：我好好治国，万一真有什么不足，你们也笔下留情，咱们都自勉好不好？

屡屡碰壁的贞观天子终于在一年后的贞观十四年如愿以偿。这次他找的是修史的总负责人房玄龄。大约真是越乖越能当大官，官越大胆子越小的缘故，堂堂宰相不敢硬抗，责成给事中许敬宗将已经成书的部分删改一番涂抹一番送了上去。

事情好玩就在这里，明明是皇帝自己要看国史，臣下为求自保不得已采取技术手段做了些技术处理，结果在《贞观政要》里却成了这样——

“太宗见六月四日事，语多微文，乃谓玄龄曰：‘昔周公诛管、蔡而周室安，季友鸩叔牙而鲁国宁。朕之所为，义同此类，盖所以安社稷，利万民耳。史官执笔，何烦有隐？宜即改削浮词，直书其事。’”

好一个“改削浮词”！自己给自己定调定性，又是自比周公，又是利国利民，别人还怎么“直书其事”？如此直笔和让你怎么写你就怎么写，区别究竟何在?!

此例一开，所谓唐初高祖、太宗两朝实录还能是实事求是的吗？掩高祖之长、谀太宗之功的不正之风能不越刮越烈吗？

因为此事是许敬宗具体执笔的，他也算是监修国史的负责人之一，所以人们都说他是破坏了直笔修史风气的罪魁祸首。《史通》中还说他“所作纪传，或曲希时旨，或猥饰私憾，凡有毁誉，多非实录”。

他其实是替皇帝背了黑锅的冤大头和替罪羊。

既修栈道，也度陈仓

这其实是对成语进行了修改。“明修栈道，暗度陈仓”是当年刘邦手下大将韩信声东击西的一种谋略。前边刚刚说过的贞观天子修史之举其实多少有一种“既修栈道，也度陈仓”的意味在。要知道，贞观天子也是精通兵法的哟。

这一节要说的，正是贞观天子出神入化的用兵之法用兵之道。

只有如实地表现了贞观天子的文治武功文韬武略，才能描绘出一个大致接近真实的贞观天子，也才符合笔者写作本书的初衷——做人呢，没有点儿厚道成什么了？

中华人民共和国的主要缔造者和领袖毛主席酷爱读史，也酷爱写诗。堪称是用兵如神的他曾在诗中写过“唐宗宋祖，稍逊风骚”的句子，也曾在读史时说过“自古能军无出李世民之右者，其次则朱元璋耳”的话，表明他对贞观天子的文治武功的了解，尤其是对其善于领军打仗的卓越才华的欣赏。

众所周知有目共睹，早在贞观天子还不是天子的时候，他就表现出极其卓越的领军治军的才华。实事求是地讲，要不是因为李世民有着极其突出的军事才能，他无论如何也成不了贞观天子的。中国传统的改朝换代的方式都是后来所说的“枪杆子里面出政权”，在只有弓箭刀矛的冷兵器时代，只要将枪改成刀就是，对李世民来说就更是如此。

大唐建国之时打的那些仗不用多说，只说说与突厥对阵的几次经典战役吧。

唐初边患，首推突厥。盘踞在北部边境的突厥就像一把高悬着的利剑，压制着大唐王朝向自己称臣纳贡不算，还稍不如意便进兵犯境，给大唐王朝造成严重的威胁。

武德七年，双方于离大唐京师长安不远的豳州对阵即为一例。

当时关中大雨成灾，粮道不通，加之将士和国人都视突厥为虎狼，有严重的畏敌怯战的情绪。突厥颉利、突利叔侄俩可汗指挥万余精骑居高列阵，耀武扬威。敌强我弱，李世民知道不能硬拼，只能智取，于是亲率百骑奔驰敌阵，义正词严地指责颉利违背和约侵扰唐境，并指名道姓要和对方单打独斗。同时还声称对方若是万骑压上，他也敢以身后区区百骑抵御。颉利既理屈词穷无话可说，又摸不清底细，只好满脸赔笑，不敢轻举妄动。深知对方狐疑不已，李世民又故意与突利可汗并行而语，压低声音大谈以往双方的兄弟情谊，责备对方有违“有急相救”的誓言。突厥叔侄俩早已互有嫌隙，经李世民这一番轻骑近前、窃窃私语布下疑团，更是互相猜疑互不信任。李世民又抓住机会，利用大雨之中突厥人弓弦浸湿、松弛难以发射的天赐良机，一边派人说服突利退兵，一边向颉利发起进攻。由于内部意见不合，突厥终于退兵而去。

此次智退，可谓是用活用足了空城计加离间计的典范。

两年后的武德九年，颉利可汗又趁玄武门之变后李世民立足未稳的机会，再度亲率二十万大军入侵，一直到了长安北面的武功，京师宣布戒严。那次颉利也是既占尽先机，又占尽上风，一边在渭水北岸列阵以威慑唐军，一边派使者进行军事讹诈。刚刚即位的李世民也不含糊，一边扣留对方使者，一边安排长孙无忌、李靖等率军在敌人的退路上暗作埋伏，这才不顾群臣反对，亲率房玄龄等六骑立渭水南岸与其隔河对峙。先是一番严词训斥，让对方无话可说；随后赶到的各路唐军也蜂拥而至，军威严整，旌甲蔽野，让对方好好领教了一番唐军的快速反应能力。白白丧失了机会的颉利可汗摸不透虚实，怎么也不敢挥师过河，最终只得与李世民在渭水的便桥之上“斩白马设盟”而还。

突厥兵退，亲信大臣萧瑀还是不明白：“突厥未和之时，诸将争请战，陛下不许，臣等亦以为疑，既而虏自退，其策安在？”

刚刚以非常手段登基的皇帝掰开揉碎地给萧瑀同时也给众人讲述了其中的道理，也等于做了一次精彩的战略演讲及战术分析，皇帝先讲了自己对敌人的印象：“吾观突厥之众虽多而不整，君臣之志唯贿是求”，他们之所以敢直达渭水形同逼宫，就是以为我刚刚即位不敢迎战，想趁机饱掠一番，但我偏就出其不意，使之失图；但也不是真不把他放在眼里，所以才既有伏兵暗中埋伏，又有大军严阵以待，“虏若奔归，伏兵邀其前，大军蹑其后，覆之如反掌耳”。既然如此，为什么还要与他们签订城下之盟呢？原因有两方面，一是“吾即位日浅，国家未安，百姓未富，且当静以抚之”，二来双方一旦撕破脸来，我方肯定要蒙受损失，而且敌人也会大肆整军备武，反而给我们自己添了麻烦。他们不就是想得到些金银财宝丝绸粮食吗，那就给他们，“彼既得所欲，理当自退，志意骄惰，不复设备，然后养威伺衅，一举可灭也。将欲取之，必固与之”。

原来如此！知己知彼审时度势，不争一时之长短，甚至宁肯放弃笃定可以到手的局部性胜利也要着眼全局大局，如此运筹帷幄，能不决胜千里？

贞观三年冬，由于突厥内部分崩离析四分五裂，加之连年雪灾人畜冻馁，反攻突厥的战机终于来临了。到第二年正月，唐军就取得了定襄大捷，元气大伤但还有精骑数万的颉利可汗主动求和。贞观天子深知不可养虎贻患，当然不能失去这个“一举可灭”的有利战机，他巧妙地采用了阳为许和、阴实备战的方针，只派人出使突厥，安抚颉利，使其放松警惕。久经战阵的将军们当然知道皇帝兵不厌诈的用意，派出二百骑为前锋，大军跟进，趁着大雾衔枚疾进，出其不意地到了突厥颉利可汗的牙帐，再次发动突然袭击，斩首万余，俘获十余万，并有大量牲畜。颉利可汗单骑逃脱，但最终还是被俘获后送往长安。

那一战还有个意外的收获是，俘虏了大隋灭亡后被突厥豢养并被封为隋王的杨政道和隋炀帝的萧后，杀隋义成公主，一个大大的政治隐患得以清除。

曾经压得大唐王朝喘息艰难的庞大的突厥帝国再一次土崩瓦解，为以后平定吐谷浑、统一高昌乃至与吐蕃和亲一统西域奠定了基础，大唐贞观天子也就是在这个基础上成为四夷威服的“天可汗”的。

类似的可圈可点堪称经典的战例当然还有不少，例如力排众议，以大将侯君集为交河道行军大总管，率领骑兵，长征七千里，深入沙漠两千里，一举攻破凭借着险恶地形与大唐交恶的高昌国。那次历时五个月的战役，为大唐收回三州五县二十二座城池。

甚至，就是那场以次夺嫡喋血宫门的玄武门之变，也应该承认是一次计划周密前后衔接天衣无缝的极其成功的战略行动的一部分。但此次事变毕竟属于自相残杀，加之前面有过交代，这里不说也罢。

贞观天子就是这样有文有武文武兼修文韬武略文治武功，一样不落地成就了自己和自己的王朝，成了青史留名流传千古的一代帝王。但就是因为有了玄武门之变难以言说的尴尬，他才又难免尴尬，甚至差一点就让自己的儿子们重演了一遍当年的玄武门之变，他自己也差点步入父皇当年的尴尬之境。这才真叫是……

尴尬人难免尴尬事

出生于武德二年的李承乾于玄武门之变后很快就被立为太子，那一年他还不满八岁。幼年的太子因为聪慧，很受贞观天子的喜爱，不但为他选派严师，而且还在他十二岁时就诏“皇太子承乾，宜令听讼”，除了让太子熟悉国家法律外，也不排除帮太子树立威信的意思。后来，随着太子能力的提高，贞观天子每当外出巡幸时就让太子在长安留守监国。太子甚至还短期全权处理过朝政，那是在贞观九年太上皇去世，皇帝居丧期间。那一年太子十六岁。

那时候的太子其实已经不能完全令贞观天子满意了，但太子也是国家之根本，轻易无法变动；加之贞观天子自己是以次夺嫡凭武力即位登基的，绝对不希望这样的事再发生在自己的后代身上，所以他对太子的教导和培养依然是不遗余力竭尽全力。

他为太子选的第一个师傅是德高望重的老臣李纲。由于李纲有脚疾行动不便，贞观天子特赐步舆，并令东宫宿卫将其恭恭敬敬抬入东宫，这才“诏皇太子引上殿，亲拜之，大见崇重”。而李纲也端庄肃正很有些太子太师的威严，他并且慷慨陈词：“托六尺之孤，寄百里之命，古人以为难，纲以为易。”哪怕面对的是现在的太子将来的皇帝，李纲也是“每吐论发言，皆辞色慷慨，有不可夺之志”。

就是这样一位好师傅却于一年后不幸病故。贞观天子再选于志宁、李百药为太子左、右庶子，后来又以杜正伦为左庶子。李百药是前隋大学者，父亲当过大隋宰相，自己也是满腹经纶品行端正。杜正伦不仅博学，而且以敢于直言著称。派他们去东宫时，贞观天子还再三叮嘱，太子如有不对，一定要极言劝谏。之所以如此叮咛，就是因为生于深宫、长于妇人之手的太子那时已经无法避免地沾染上了穷奢极侈、游玩无度的纨绔习气。

大约真是久居深宫大感寂寞的缘故，太子李承乾总在想方设法变着花样地自寻开心。他有一支百人左右的乐队，一律留胡发、唱胡歌、穿胡服，击鼓舞蹈，昼夜不绝。太子自己则装扮成突厥可汗的样子，在宫中搭上帐篷，还要插着突厥可汗的狼旗大纛，要么和手下人一起大吃烤肉，要么装死躺在地下，让手下人按突厥风俗围着他痛哭嚎啕以取乐。

他还有个极其特别的好玩伴，就是他的叔叔汉王李元昌。俩人经常各率一队，全身披挂，真刀真枪大打出手，就是死了人也在所不惜。

他同时另外还有个同起同卧形影不离的贴身男宠，名字就叫

“称心”！

再加上一大群宦官，可以说是玩法不断花样百出。

这一切刚开始还知道避讳，瞒着东宫那些臣属和师傅，后来就越来越肆无忌惮了。

李百药为了不负皇帝所托，针对太子颇为留心典籍及爱好嬉戏的特点，专门写了一篇《赞道赋》，以古来储君成败之事讽谏太子。但太子依然故我。

太子脚有残疾，经常可以不用朝谒，这无形中也让他无法无天随心所欲。眼见太子越来越难以管束，于志宁、杜正伦再三劝谏无效，只好向皇帝作了陈述。皇帝指示：“我儿疾病，乃可事也。但全无令誉，不闻爱贤好善，私所引接，多是小人，卿可察之。若教示不得，须来告我。”

这算是有了尚方剑。但屡次劝谏依然无效，被逼无奈的杜正伦只好亮出底牌，想用皇帝对自己的嘱咐震慑住顽劣的太子。但太子立刻就反奏一本，道是杜正伦为臣不密，泄露天机。结果杜正伦被贬出京师，以为惩罚。

当代宿儒孔颖达又被选中，但依然是不见成效，再换著名诤臣张玄素。于志宁与张玄素苦口婆心多次劝谏，话也说得越来越重，甚至有了“如其积德不弘，何以嗣守成业”的严重警告。但听得不耐烦的太子不知收敛不说，居然还派刺客去杀他们。

就这样，师傅越换越多，太子却在不归之路上越走越远。

以为自己肯定要当皇帝的他甚至杀气腾腾地宣告：

“我作天子，当肆吾欲；有谏者，我杀之，杀五百人，岂不定？”

好大的口气！幸亏他还不是天子,幸亏。可即使他还不是天子，就不但让臣属们无可奈何个个铩羽而归，甚至就连他的皇帝老子也拿他没辙。被太子劣迹惹恼了的贞观天子曾经拿太子的男宠称心和其他几个人开刀问斩，结果太子却对称心思念不已，不但专门在宫中盖了一间房，用以供奉称心画像，还在后苑为其造坟树碑朝夕祭奠。

太子李承乾让人越来越失望，只有一个人越来越高兴，那就是排行第四的魏王李泰。那是因为太子一旦被废，只有他最有可能承继大统。道理很清楚，尽管按排行算，他上面还有老二和老三，但老二楚王李宽早已过继给楚哀王李智云，并且还早就死了。三皇子吴王李恪生母的身份倒是高贵，但不是皇后，所以吴王也不能算是嫡出。

最重要的是，魏王李泰深受贞观天子的喜爱。而且皇帝越是对太子失望，就越是对魏王抱以希望，这种表现是那么明显，说成是路人皆知也并不过分。

最初的迹象起源于贞观十年。那一次皇帝重新分封诸王，受封的人中除了五人因年幼暂留京师外，唯一被皇帝留在京师的年长王子就只有一个魏王，其中的用意谁不明白?

后来皇帝又以“魏王爱好文学、礼接士大夫”为由，让他学着自己当年的样子，在府中别置文学馆，“听自招引学士”。

如果以上只能算是皇帝在以行动暗示废立之意的话，那么贞观十二年可就是公然有言在先了。那一次是礼部尚书王珪奏请，说是三品以上公卿路遇亲王时下马拜见，于礼法不合，要求取消这一仪式。皇帝当即发话道：“人生寿夭难期，万一太子不幸，安知诸王他日不为公辈之主！何得轻之！”

尽管那次贞观天子还是接受了群臣劝谏，取消了三品以上大员下马拜见亲王的规矩，造成的影响却无法挽回了。

到了贞观十四年，皇帝大驾亲临魏王李泰在延康坊的府邸，不仅让魏王坐享了一次天子亲临的阳光雨露，而且还让众多百姓一起跟着魏王沾了一回光：延康坊的百姓免除了当年的租赋，长安的死囚也获赦免。记得四年前长孙皇后身患重病，太子曾建议赦免囚徒以求祈福，皇帝都没有答应，此刻却为爱子如此开恩，让其享受了一番超规格的只有君主才能享有的恩宠，皇帝的废立之心显然是更加坚决了。

但废立之事又总是雷声大、雨点小，形势也是越来越像当初武德年间太子与秦王相持不下的局面。那么，皇帝究竟还在犹豫什么呢?

朝中重臣的反对自然是一个方面。眼看太子李承乾和魏王李泰几乎成了当年的太子和秦王的翻版，魏徵、褚遂良等大臣无不担心当年的玄武门之变会重新上演。魏徵多次劝谏皇帝不要破坏立嫡立长的原则，褚遂良也以西汉窦太后偏爱梁王、汉宣帝偏爱淮阳王都引发了祸端的例子，力劝皇帝不可轻言废立。

贞观天子尽管心里对此不以为然，但知道他们也是在为国家考虑，因而不得不有所顾忌。但他又总是无法说服自己真的彻底打消改立魏王的念头，表现在行动上，便总是前后矛盾，尽管外出时依然叫太子李承乾监国，但对魏王的过分偏爱却一点也没有减少，以致太子和魏王两个嫡亲兄弟，在物质待遇方面也大相径庭。也许，在贞观天子心里，所谓的立嫡立长的原则并非神圣不可侵犯，因为他自己当年就不是嫡长子。但这个理由他又无法说出口，而且，魏王既没有当年秦王的功业，也没有深孚众望的美德，并且还有着恃宠、逞尊、骄奢、傲物等失德之处，在大臣们心中形象自然也说不上高大。皇帝为他树立威信，结果常常是适得其反。而太子虽然不肖，但也没有到应该被废的程度。

双方就这样僵持着。

废立太子之事就这样成了贞观朝旷日持久的老大难问题之一。

各有所图暗怀心机的臣子也分成几派，都想以今日的拥立之功作为明日的进身之阶。

谜底始终不见揭晓，当事的双方也就谁也不敢掉以轻心。

魏王始终夺嫡之心不死。因为有父皇的宠爱，也因为有父皇的以次夺嫡大获成功的榜样，他处心积虑广结心腹死党，将朝中很多举足轻重的人物都纳入麾下——其中就有深受贞观天子重用的宰相房玄龄的儿子房遗爱和杜如晦的弟弟杜楚客，随时准备给太子以致命一击。

面对魏王咄咄逼人的攻势，太子李承乾先是指使人以魏王手下人的名义去玄武门递送揭发信，没有效果后又搞起了暗杀，结果还是没有成功。之后，李承乾决定铤而走险，他与汉王李元昌、兵部尚书侯君集等歃血为盟，阴谋也来一次宫廷政变，学着当今皇帝当年的样子，胁迫其放弃废立太子的决定或者干脆就逼其退位，也来一次不在玄武门的玄武门之变。

此计后来未实施，原因是中途出了岔子。先是齐王反于齐州，太子李承乾听到消息，忍不住喜形于色地笑起来，对当初选定去谋杀魏王的刺客纥干承基说：“我宫西墙，去大内正可二十步耳，与卿为大事，岂比齐王乎！”

他是觉得自己若要举事，离皇宫只有咫尺之遥，比齐王可是方便多了。但齐王之乱很快被平定下去，朝廷审理谋逆案件，因纥干承基与齐王有牵连，被大理寺收审。为求活命，他供出了太子密谋政变的情节。

一番审理之后，汉王李元昌赐死，侯君集问斩，李承乾被废为庶人，流放黔州，两年后死去。

李承乾被废并处流放之后，魏王李泰抓住天赐良机，积极活动。因为知道皇帝有意在自己和晋王李治之间挑选太子，他甚至还在父皇面前赌咒发誓道：“臣惟有一子，百年后，当杀之，传国晋王。”

曾是英明无比的贞观天子居然连这种鬼话也深信不疑，为了试探大臣们对立魏王为太子的反应，他还把这话说给大臣们听。

那时候魏徵已经死了，房玄龄因为儿子的原因需要避嫌，只有褚遂良当即反驳：“陛下失言。安有为天下主而杀其爱子，授国晋王乎？”他并且警告皇帝说：“陛下昔以承乾为嗣，复宠爱泰，嫡庶不明，纷纷至今。若必立泰，非别置晋王不可。”

意思明确异常，皇帝如果不想自己身后亲子们自相残杀，还是不立魏王的好，或者还是皇帝自己先就把晋王给杀了吧！

那次对话的结果是皇帝涕泗交下地说：“我不能。”

不久，皇帝又一次情绪失控。那是一次群臣朝见之后，他特地将司徒长孙无忌、司空房玄龄、兵部尚书李勣留了下来，为的还是商议立太子一事。在几位深受信任的近臣面前，控制不住自己情绪的皇帝甚至要拔刀自杀，几位大臣拼死拼活才算拉住。回首往事，皇帝喟然长叹：我三子一弟，怎么都做出这样的事情！三子者，承乾、李佑还有李泰，一弟者，李元昌也。

立长孙皇后所生的皇九子晋王李治为新太子就是那一次确定下来的。

据说，左难右难千难万难的皇帝刚一说出“我欲立晋王”的话，长孙无忌马上表态：“谨奉诏；有异议者，臣请斩之！”

皇帝还担心不知群臣会如何反应，长孙无忌一言九鼎大包大揽：“乞陛下召问百官，有不同者，臣负陛下万死。”

还记得当年天子未定，唐高祖李渊曾不无得意地说过“观鹬蚌之争收渔人之功”的话，现在，世事轮回，该是他的孙儿这么说了。

皇帝终于没有立他最喜欢的魏王而改立了他认为是最合适的晋王，当然是出于国家能长治久安的考虑。他只是没有想到，大权在握被视为忠心耿耿的长孙无忌之所以异常积极地主张拥立晋王，原因却在于晋王的懦弱，或者按长孙无忌的话叫作“仁孝”。所以尽管魏王李泰也是他的亲外甥，但他还是选择了“仁孝”的晋王为太子。太子是要当皇帝的，只有皇帝“仁孝”，他不才能独揽大权把持朝纲吗？

“汝无我之功勤而承我之富贵，竭力为善，则国家仅安；骄惰奢纵，则一身不保。且成迟败速者，国也；失易得难者，位也；可不惜哉！可不慎哉！”

这是贞观天子后来留给新太子的《帝范》一书中的谆谆告诫。而当年的晋王也果然兢兢业业，在自己病病恹恹三十余年的统治期间，把贞观盛世推向前进，也算是避免了贞观天子生前最害怕的二世而灭的前朝悲剧，唐太宗若地下有灵，会不会感到欣慰呢？

尽管那时候还有个女主叫武则天。她先是幕后垂帘，后来则和李治并排而坐，号称“二圣”。再后，她干脆改元建号，自成一统。当然，这是在李治也成了唐高宗之后了。

是馅饼，也是陷阱

折磨了贞观君臣多年的太子问题总算是画上了一个句号。但贞观天子心里依然一点不见敞亮，深感委屈的他又颇觉窝囊，自己身为天子，却在选择接班人的问题上也得受到各种有形无形的因素的干扰，这个天子哪里真就是那么好当的？立晋王为太子对他实在是一种万般无奈之下的选择，那家伙太窝囊，一点也不像自己，大唐的既定方针在他手里能得到贯彻和执行吗？大唐的江山能保证在他手中不改变颜色吗？

想来想去总是不放心，他终于暗中向长孙无忌试探性地提出再次改立太子的想法，这次贞观天子提出的人选是皇三子吴王李恪。理由是吴王“有文武才”，且“英果类己”。

长孙无忌当然坚决反对，理由也很充分：“晋王仁厚，守文之良主，且举棋不定则败，况储位乎？”

贞观天子无话可说，从此算是彻底打消了这个念头。

从此贞观天子的日程里，就多了一项经常性的工作，那就是教导太子如何准备当好一个皇帝。除了为太子配备了强有力的辅佐班子外，皇帝自己也是循循善诱，不放过一点机会言传身教——

见太子吃饭，他会讲农人不易、农时金贵；

见太子骑马，他会讲节省民力，才能常有马骑；

见太子划船，他又会大讲水可载舟亦可覆舟的道理。

后来更是亲撰《帝范》十二篇颁赐太子，为太子施政树立了榜样。

在这份堪称是政治遗嘱的文件中，贞观天子一再告诫儿子要居安思危小心谨慎——

“战战兢兢，若临深而御朽；日慎一日，思善始而令终。”

话说得很好也很对，但世上的事情从来都是知易行难，话好说事难做，善始容易善终难。尤其当那个人是高高在上一言九鼎的皇帝的时候，就更是这样。

依然是以贞观天子自己为例。

贞观之初，贞观天子的确是战战兢兢兢兢业业，用他自己的说法就是：“朕每夜恒思百姓间事，或至夜半不寐。惟恐都督、刺史堪养百姓以否。”

光自己想了不算，还要发动大家一起想，要求大家知无不言言无不尽，重金求谏是那时候，从谏如流也是那时候。贞观年初的贞观天子谨言慎行，坐朝时每一句话出口之前都要掂量再三，唯恐别人不敢说话。但后来却变得盛气凌人，大臣奏事，他穷追不已，常常令对方或是张口结舌无言以对，或是自惭形秽羞愧而退。以至大臣刘洎不得不上书劝谏，请皇帝不要在朝堂上显示自己的“神机天辩”，要懂得“大辩若讷”的道理。

贞观年间著名的谏臣魏徵曾为贞观天子对待谏诤的前后变化划出了一条清晰的轨迹：

早期，皇帝怕人不说话，常常引导别人说；

后来不刻意求言了，但还能和颜悦色地听；

最后，听是听了，但脸上的神色却能吓死人！

魏徵就被这样吓过一次。那是因为有人说皇帝为修宫室花费了十车铜。皇帝派人追查谣言，查来查去查到魏徵头上。皇帝怒不可遏，差点就要将其“扑杀”！

还有一次，皇帝要修建飞山宫，事先就放话出来：此宫非修不可，“若不为此，不便我身”，事关天子龙体安康，谁还敢说什么，又能说什么？！

四周鸦雀无声之后，皇帝自然就可以放开手脚大兴土木了。贞观天子当初面对隋炀帝留下的富丽堂皇的宫殿时连连摇头，认为穷奢极欲正是败亡之道的源头，“军旅亟动，宫室互兴，百姓颇有劳弊”到了贞观末期，却一反其道。

例证当然是现成的：“北阙初建，南营翠微，曾未逾时，玉华创制，虽复因山藉水，非无架筑之劳；损之又损，颇有工力之费。”这里的翠微、玉华都是宫名，另外还有重修前隋仁寿宫并更名九成宫，修建洛阳宫和大明宫的豪举呢。

前期营造宫殿时一旦遭到反对，皇帝还能有所克制。后来不要说克制了，甚至别人问一下都不行。那一次宰相房玄龄和高士廉在路上碰见少府少监窦德素，顺便问了句宫城北门近来营造些什么。皇帝知道后大发脾气:“君但知南牙政事，北门小营缮，何预君事！”

“君王一有欲，便是万民灾。”老百姓对这些问题是无权过问的。贞观前期，据说已经“流散者咸归乡里”，也就是百姓都安居乐业的意思，到了后来，为了逃避徭役负担，人们又开始纷纷逃亡了。

《资治通鉴》载，贞观十六年（642），贞观天子不得不于正月、七月两次下令——

“敕天下括浮游无籍者，限来年末附毕。”

“自今有自伤残者，据法加罪，仍从赋役。”

前者是要逃亡的人们限期回籍，以服劳役；后者则是说，为了逃避劳役自折肢体的（当时叫“福手”或“福足”），不但劳役照旧，而且要依法治罪。

天下不安，端倪可见！

皇帝果然是世界上最难拿捏最难把握最难善始善终的职业了。

那把高高在上的龙椅像极了一张香喷喷的使人垂涎欲滴的大馅饼，历朝历代的觊觎者、争抢者趋之若鹜，其竞争之残酷用血流成河来形容也并不过分。如此说来，侥幸能在那把椅子上坐下的成功者，就该是通过了丛林法则极其严酷筛选的佼佼者了，对吧？但即使是这些佼佼者，也鲜有真能让人心悦诚服的善始善终者。能善始而无法善终似乎已经成了前朝后代许多帝王的宿命，曾经英明无比的贞观天子也未能免俗，他也无法免俗。一旦抢夺到手，那张香喷喷的馅饼就似乎变成了一个满是机关的陷阱，不知不觉就让你在安逸中沉溺其中，渐渐地就会让你忘了自己究竟是谁，忘乎所以的变态也就成了一种司空见惯理所当然的常态。

所以好皇帝凤毛麟角可遇难求，成了稀世珍品。

贞观天子就是一件这样的珍品。但就是这样一件可遇而不可求的稀世珍品，也差点重蹈前朝隋炀帝的覆辙，贞观天子的幸运只在于天不假年，他要是再多活五年或者十年，不要说别人，就连他自己也不知道自己会变成个什么样。

高句丽曾经是个让大业天子深陷其中无法自拔的陷阱，就是因为深陷于那个陷阱之中，大业天子才成了隋炀帝。晚年的贞观天子也不听谏诤，一意孤行地跳了进去。

贞观天子起意东征，原因是当时的高句丽权臣泉盖苏文弑君自立，不听唐使劝阻，谋求地区霸权，自然就造成大唐东部边境的不安。这其实只是原因之一，私下里，贞观天子有没有给后人扫清障碍，同时也要一吐因改立太子而窝憋于心的闷气呢？

数万征辽大军于贞观十八年出发。

依然是水陆共进，贞观天子随后御驾亲征。

开始时，一切顺利，唐军攻克了曾经顶住隋炀帝几次远征的高句丽重镇辽东。但后来的结果却依然和当年的隋炀帝一样，由于高句丽人的顽强防守，安市城久攻不下，拖到秋末，严寒来临，只好退兵，归途中又有很多唐军因冻饿而死。

大军出发前，一位当年曾随同隋炀帝参加过征辽战役的前隋老臣对前来咨询的贞观天子告诫道：“辽东道远，粮运艰阻，东夷善守城，攻之不可猝下。”贞观天子对此置若罔闻，结果只能是劳民伤财无功而返。

无功而返的贞观天子以一首《伤辽东战亡》的诗描述了自己的心情——

凿门初奉律，仗战始临戎。
振鳞方跃浪，骋翼正凌风。
未展六奇术，先亏一篑功。
防身岂乏智，殉命有馀忠。

贞观天子一生征战，只有当年讨伐薛举的高墌之役首战失利，但后来还是以完胜扳回。这一次当然也不会善罢甘休，他不听劝谏，先是派小部队不断对高句丽进行骚扰，又于贞观二十一年下令四川及其以南诸道赶制战船，准备再次东征辽东。造船之役让蜀人苦不堪言，当年一艘大船值二千二百三十六匹绢，不仅要运出“山谷已伐之木”，而且还要加工成船，同时工期又催逼甚急。人们只能卖地卖田、卖儿卖女请来工匠以尽劳役，算是又一次重现了当年隋炀帝时的水深火热。民间已经开始有了小规模的星星点点的反抗，一旦时机成熟，谁知道会不会演变成一场熊熊大火呢？

宰相房玄龄临终前再三恳求皇帝放弃这种师出无名徒耗国力的远征，皇帝依然不听劝阻，要不是那两颗要命的同时也是救命的丹丸，谁知道结果会是怎样的呢？！

好像是从那年征辽失败后，贞观天子就一直有病，除了早年的“气疾”外，还有“痈疾”“风疾”等。以往很少服药的他不但开始服药，而且开始服道士所炼之丹药，国内道士的丹药不见效，又有人推荐了一名来自印度，自称已经活了两百年的有长生之术的方士。

回顾贞观初年，英姿勃发的贞观天子曾一再嗤笑秦始皇祈求神仙、希望不死的荒唐。而且在贞观十一年以后还说过“生有七尺之形，寿以百龄为限，含灵禀气，莫不同焉”的不无精彩的话，但最终也无法免俗，以一种让人痛心疾首的方式走完了自己的一生。

贞观天子于贞观二十三年（649）去世，享年五十一岁。

那两颗本来想救命结果却要了命的丹药啊，你们究竟是干了一件让唐太宗成全一世功业的天大的好事呢，还是干了一件害了天子害了皇帝的十恶不赦的勾当?!

盖棺才能论定，老祖宗们可是早就有言在先。

这其实也是在告诉我们，尽管所有人都是活到不能再活的地步后才撒手人寰的，但享年几何、寿高多少也并不是衡量一个人能否功德圆满的标准。也就是说，在封建专制社会，活着对许多人来说既是馅饼，又是陷阱。所以老祖宗们才说——

“寿多则辱。”

“老而不死，是为贼。”

就实际岁数来说，贞观天子实在算不得高寿，那么，他究竟是壮志未酬匆匆谢幕呢，还是见好就收全身而退?!

对自己的一生，贞观天子是这样总结的——

吾居位已来，不善多矣，锦绣珠玉不绝于前，宫室台榭屡有兴作，犬马鹰隼无远不致，行游四方，供顿烦劳，此皆吾之深过，勿以为是而法之。顾我弘济苍生，其益多；肇造区夏，其功大。

益多损少，故人不怨；功大过微，故业不堕；然比之尽美尽善，固多愧矣。

贞观天子果真是鹤立鸡群卓尔不凡，知道自己远非尽善尽美，也算是难能可贵啦！

国内历朝历代对贞观天子的颂扬不绝于书，甚至就是到了21世纪的现在，孜孜不倦地告诉我们唐太宗李世民如何伟大、如何英明、如何正确的依然大有人在。既然没有必要继续画蛇添足，那就让我们看看《剑桥中国隋唐史》对唐太宗和他的贞观之治是怎么说的吧——

后世历史家对他的被理想化的施政画卷尊之为“贞观之治”。它证明是一个非常有影响的样板，激励了后世如乾隆皇帝、忽必烈汗和日本的德川家康等各种各样的统治者。

可是这个理想的形象只适用于太宗在位的初期。到了7世纪30年代的中期，随着国家力量的强固和帝国边境的扩展，太宗对自己的治国之术变得越来越自信，开始变得独断专行和自以为是。他早年的节俭和爱惜民力的经济政策让位于大修宫苑和广兴公共工程之举了。

太宗放弃节俭的方针也表现在别的方面。他在即位初期，很少举行他父亲和他弟弟元吉喜爱的那种隆重的大狩猎活动。这种狩猎，与其说是单纯的捕猎活动，不如说是大规模的军事演习，对当地人民来说是劳民伤财的事情。但太宗在位的后半期，狩猎又变成了经常的事，使他长期离朝在外。公元 637 年，有一个皇子因沉溺狩猎而被奏弹，太宗为此对侍臣说："权万纪事我儿，不能匡正，其罪合死。"御史柳范冷冷地回奏说："房玄龄事陛下，犹不能谏止畋猎，岂可独罪万纪？"太宗大怒，拂衣而入。

…………

虽然太宗终其生未能实现他早年的崇高理想，可是他的拔高了的形象和"贞观之治"的概念一直是有力的政治象征，不仅终唐一朝如此，而且对整个中国历史说来也是如此。

历史就是这样成为历史的。

只是不知我们的后人又会怎样书写我们曾经经过的历史？

历史是我们的第三只眼睛（后记）

一

第三只眼睛的说法真是算不得新鲜了，但若不如此表述，又的确无法说清在对历史的阅读中曾经有过的那种如同醍醐灌顶的大彻大悟，获得天眼的感觉对我来说真的像是睁开了第三只眼睛，那还就得是这样的说法。

都说是文史不分家，但学中文的我在三十岁之前，除了《史记》和一些古代文论之外，对前人留下的史学著述却一直兴趣不大。记得那本比砖头还厚许多的《旧唐书》放在书桌上长达半年之久，读了还不到十页；父亲书橱里有一套二十本的《资治通鉴》，我曾打算一本一本看完的，但又一次虎头蛇尾有始无终。在厚今薄古，将文明世界的许多成果和遗产束之高阁的年代里长大成人，突然有一天身处改革年代，那感觉真的是八面来风应接不暇。我以为随着时代的变化，以往的历史真的已经成了历史，真的成了躺在图书馆里蒙尘蒙垢的前朝典籍；我以为随着改革开放的启动进行，将要降临在我们这个东方古国上空的，一定是一轮全新的红彤彤的太阳；我以为历史空前绝后的新纪元从此真的开始啦！

但我很快就不这样想了。

因为事实不是这样的。

我们在娘胎里孕育成形，靠的是那根输送养分的脐带；落地后那根脐带是剪掉了，但那个标志性的印痕却从此牢牢地跟定了我们。历史与现实在某种程度上不也是这种关系吗？

我们有必要知道自己从哪里来，不就是为了搞清楚我们将要往何处去？

这才叫任重道远呢。甚至就是在今天，关于这个任务，我们也只能说是万里长征刚刚迈出了第一步。

二

唐朝是一个对中国历史有着深刻而持久的影响力的朝代。“贞观盛世”“大唐雄风”等说法，就是在今天也时有耳闻，可以说耳熟能详。不少侨居海外的同胞，直到现在还在以唐人自居。而作为一种国粹的象征，花团锦簇的改进的唐装让人眼花缭乱，甚至在由我们做东的亚太地区首脑峰会上也是大放异彩。

关于这个朝代，有多少文人墨客讴之歌之吟之颂之赞之扬之啊！

关于这个朝代，有多少专家学者写出了多少专集专著专论，多少皇皇大作啊！

但我依然有话可说，而且自认并不是在炒冷饭。

是历史给了我第三只眼睛，这第三只眼睛让我看见了以前视而不见的许多东西，同时就找到了将这一切表述出来的合适的方法：就事论事，就唐朝说唐朝。作为历史的门外汉，我能说的也许极其有限，但历史既然是一条有因有果环环相扣浪浪相叠的长河，那么，为了搞清楚某一段河面的水情、水文、水质，对相互关联的上下游的信息又怎能视而不见呢？同时，将隋唐两朝放在一起说，也并不是我的首创，《隋唐演义》虽然不像《三国演义》那么著名，但也广为流传。

作为真正的后来者，笔者之所以能在某种程度上避免拾人牙慧的尴尬，幸运之处就在于如今已是21世纪，而国内八面来风的改革开放已经进行了40来年啦。

时代待我等不薄，我等能不能真的无愧于这个时代呢？

前后用了开皇、仁寿、大业三个年号的大隋由盛而衰，前后只有不到四十年，与国祚绵延近三百年的大唐相比，它真可以说是一个短命王朝了。那么，究竟是什么使得这两个前后相连的王朝如此天上地下判若云泥？将它们放在一起来一番比较，在比较中来一番重新认识，我们会不会有什么新的发现呢？

早就不是前人写《三国演义》《隋唐演义》的时候了，也早就不是闭关锁国自说自话的时候了。经历了长期的进化演变磨合震荡之后，不管是在东方还是西方，人类社会各种文明真的开始彼此认同携手并进了。

在以过往文明为研究对象的历史科学领域，也有一种人类社会普遍遵循的规则存在。这种随着人类文明的进步发展完善而进步发展完善的规则，不仅让我们加深了对过往历史的认识，同时也让我们对整个人类社会发展的大趋势有了相当程度的把握。

由西方人编纂，以东方中国为对象的分朝断代的《剑桥中国史》是这样；汤因比为研究比照几种文明撰写的《历史研究》是这样；

美国人丹尼尔·布尔斯廷撰写的《美国人》三部曲也是这样；甚至就是问世于20世纪30年代末的法国人勒内·格鲁塞的《草原帝国》还是这样。《草原帝国》的作者这样说道："人类从来不曾是大地的儿子以外的东西，大地说明了他们，环境决定了他们，只要认识到他们的生存方式,则他们的动作和他们的行为便会即刻'一目了然'的。"

幸运就在于有这样一些前辈和他们的书在。

幸运就在于改革开放之后我们能看到这些书。

哪怕就是照猫画虎，我们的眼光、胸襟甚至是笔触也和往日大不一样啦。有一个例子是这样的：和贞观之治一样，所谓的康乾盛世也是迄今为止，许多国人津津乐道赞不绝口的我们历史的黄金时代。可是，你一旦看过出自法国历史学家阿兰·佩雷菲特笔下的那本《停滞的帝国——两个世界的撞击》，你一旦知道就是在所谓的康乾盛世，我们的祖先面对睽违已久的异域文明，竟会表现得如此左支右绌大失水准，你就会明白，总是自说自话自我陶醉自我表扬，只会让我们和文明世界渐行渐远，直至丧失了平等对话的资格。坦白地说，我的这本书想要表达的思想其实只在一点——

纯粹是建立在人治基础上的，完完全全就是撞大运般撞来的难能可贵的好统治者，带给我们的各类盛世都已结束，一种新的更高文明层次的，有坚定的制度作保证的，永不凋零的盛世才是我们所有人的理想所在！

三

本书是我为广西师范大学出版社讲古堂系列写的第二本书。那是在 2007 年。

眨眼间，已经又是十余年过去了，湖南人民出版社决定再推此书，我由衷地说一声谢谢！在这样的时代有这样的出版社和这样的编辑专注于文化传承事业，应该说不仅是广大作者的幸运，同时还是更为广大的读者的幸运。

道理很清楚，作者、编辑和读者三位一体，才能构成一本书的循环系统，三者缺一不可互为因果互相成就。作为连接作者和读者两端的中间环节，既要顾及销量、码洋等关乎自身生存的市场因素，又要考虑文化传承、时代需要等社会责任，出版社——具体说就是那些默默无闻甘为人梯的编辑的作用无论怎么评估，都是极其重要和无可替代的。身为写作人，笔者从来未曾大红大紫过，之所以能坚持写作几十年，就在于不时能得到那些职业素养、敬业精神和工作效率都堪称一流的编辑的抬爱呵护，他们中的许多人与我完全就是萍水相逢，有些甚至一直未曾谋面，但我们因书结缘，这才有了一本书的问世流布。一句话，就是因为他们的慧眼识珠、他们的披沙拣金、他们的兢兢业业，才有了图书市场的花团锦簇，读者们也才能大快朵颐，享受一道道美妙绝伦的精神大餐。就是为了这个原因，不管是读者还是作者，我们都该由衷地从心里说一声——

谢谢！谢谢他们！！

2007 年 8 月原作于北京

2021 年 7 月改于兰州

附录：名词介绍

独孤信：既是贵戚，也是重臣。他的三个女儿分别嫁给了北周明帝宇文毓、隋文帝杨坚和唐高祖李渊之父李昞。后被宇文护罢官并被逼自尽。

来和：著名术士。杨坚请其看相，他答说杨坚“当王有天下，愿忍诛杀”。而在回答周武帝时，却说杨坚并无异相，只能当个将军，不必多疑。杨坚称帝后，两人都对此津津乐道。

御正、御饰、内史：这三种官职名义上分别属于两个系统，但实际上都是皇帝的近侍，特别是御正和内史，相当于中书长官，掌管机要，有沟通内外、承上启下的作用。

李德林：原北齐通直散骑侍郎，后为中书侍郎，久典机要，是当时名满天下的文士。周武帝平齐后派专人召请，并带回长安，授内史上士。隋开皇年间长期任职内史省。

李圆通：原为杨坚亲信家将，杨坚称帝后，曾数度出任刑部尚书。

李穆：大隋开国元勋之一。西魏十二大将军之一李远之弟。曾随杨坚之父杨忠东伐，被杨坚视为“父党”。杨坚代周自立，时任并州总管的李穆的向背极为重要，而李穆也是最早表态支持杨坚的。

刘武周：隋末趁乱而起的草头王之一。借突厥之势，一度狐假虎威，占据了山西大部分地区。后为李世民所败，为突厥人所杀。

始毕可汗：东突厥可汗，启民可汗之子。

李密：隋末瓦岗义军领袖。曾参与杨玄感造反，屡献良策，可惜不纳。领军长期围攻洛阳，后归唐，因不被信任，再度反叛而被杀。

杨侑：隋帝杨广之孙，元德太子杨昭第三子，封代王。被李渊立为傀儡皇帝一年后去世，年十五岁。

王韶：北周时以军功官至车骑大将军，曾因谏诤周天元而获罪，以忠直骨鲠知名。杨坚派他去辅佐杨广时说过：“公宰相大器，今屈辅我儿。”

陈后主：名叔宝，字元秀，小名黄奴。陈宣帝嫡长子，陈朝末代皇帝，公元 582 年至 589 年在位，亡国后被隋军所俘，死后谥号曰“炀”。

虞庆则：本姓鱼，北周隋朝时期名臣。一生军功显赫，曾任职尚书省、内史监并兼吏部尚书，据说是三省长官中最具有胡族军将气质的。

薛道衡：由北齐转仕于隋，有文名，善谋略。杨坚执政时曾与杨素过从甚密，被派往地方，后被杨广所杀。

刘文静：李渊任太原留守时就与其过从甚密，结为死党。太原举兵前后，其人居功至伟。李渊称帝不久，即以谋反罪杀之。

长孙顺德：长孙皇后族叔，隋末避乱太原，为李世民容留。既是太原首义的功臣，也是玄武门之变的骨干。

裴寂：也是李渊任职太原时的旧友死党。与刘文静不同的是，他终生受到李渊的重用信任，后被李世民罢官除名处以流放。

薛举：北方豪强。隋末时举兵，曾与李世民数次交战，战绩不俗。后病死。

王世充：隋末群雄之一。长期占据洛阳，并称帝，国号郑。后被李世民所败，被处充军，于流放途中被人所杀，据说是仇家所为。

窦建德：也是隋末群雄之一。曾建国大夏，定都乐寿。虎牢关大败后当了俘虏，押往长安被杀。

王世积：大隋将军，拜上柱国，任蕲州总管。开皇晚年时被诬谋反，坐诛。此案还牵扯到一大批开国元勋，是高层开始政治清洗的信号。

杨素：拥戴杨广即位的第一功臣。身经百战，深受隋文帝信任，长期位居宰相，与高颎齐名。晚年受文帝猜忌，参与杨广夺嫡阴谋，杨广即位后再受猜忌，以致有病不喝药，只求速死。

廷杖：隋文帝喜欢殿廷打人，动辄用刑，一日竟达数次。为了达到最佳效果，廷杖远比一般刑杖宽大，而且行杖必令重打，有时兴起，隋文帝甚至亲自行刑。

崔氏：秦王杨俊之妃，其人性妒如火，其兄崔弘度在长安也是个让人谈虎色变的人物。

高颎：父子两代都曾为杨坚岳丈独孤信门客，也深受杨坚及夫人独孤氏信任。曾任北周内史下大夫之职。开皇年间任宰相之职十多年，杨坚晚年时卷入太子储宫之争而失宠，后被杨广以“谤讪朝政”罪名诛杀，是为轰动一时的大冤案。

李纲：历仕北周、隋、唐三代。大隋太子洗马，唐时先辅佐太子李建成，后又为李世民太子李承乾的太子少师。

尉迟敬德：原为刘武周部将，后投奔李世民。玄武门之变时立有头功，甚得李世民器重，封鄂国公，为凌烟阁二十四功臣之一。

秦叔宝：也就是秦琼。唐初名将，以勇悍著称，屡有战功。

刘黑闼：窦建德的少年朋友，曾加入瓦岗军，为窦建德手下将军。瓦岗军败后，隐匿乡间。因唐军搜捕甚急，再度举兵，建元建号。后败于李建成，被其部下所杀。

樊哙：汉高祖刘邦手下名将，在著名的鸿门宴中有绝佳的表现。

封德彝：曾效力于大隋宰相杨素，后归唐。在李建成与李世民之间首鼠两端，属于典型的风派人物。

常何：最初是太子李建成部将，后被李世民收买，是负责玄武门的重要守将，因而成为帮助李世民登基的重要功臣。

尹德妃、张婕妤：皆为李渊宠妃，在太子与秦王之争中坚定地支持太子李建成。

资州、嘉州：古蜀中地名。平定资州叛乱的是卫尉少卿卫玄；镇压嘉州叛乱的是老将元褒。

长孙无忌：唐初名臣，长孙皇后兄，凌烟阁二十四功臣之首。高宗时自缢而亡。

房玄龄、杜如晦：两人一个善谋，一个能断，史称“房谋杜断”，都是李世民为秦王时的旧人，也是贞观朝的名臣。

马周：唐初名臣。曾是常何家房客，代其起草奏疏，被李世民赏识，授以官职，因辅佐有功，官至宰相之职。

章仇太翼：也叫卢太翼。术士，与原太子杨勇关系密切。

宇文恺：博览群书，多技艺。杨坚时任营新都副监，除了仁寿宫之外，还有许多宫廷建筑也出自其手。杨广时官拜工部尚书、金紫光禄大夫。

经略西域：为杨广经略西域献计最多、用力最勤的是河东闻喜人裴矩。曾仕宦北齐，后为杨坚效力，屡受要职。杨广即位后裴矩曾受命营建东都，后专管外事，经略西域，为隋末“五贵”之一。后举山东之地归唐，任职中枢。

日出处天子与日没处天子：古时倭人自认为日出之国，西边的中国是日落之国，更西边是印度。

薛万彻：初唐名将。投奔李渊后进入李建成东宫为将，玄武门之变后，归顺李世民，是贞观年间的重要军事将领。

《唐律》《唐律疏议》：前者为贞观期间李世民任命长孙无忌、房玄龄等人修纂的法律文本，也叫《贞观律》。后者为高宗永徽初年由长孙无忌领衔，对前者加以注释补充而成的法律文本。两者都是综合性的大法。

王珪：曾与魏徵一起辅佐李建成。李世民即位后，委以重任，曾任北宋宰相。

文成公主：她并不是李世民的亲女儿，有人推测她可能是江夏王李道宗的女儿，虽无确证，但是宗室之女当无疑问。

薛延陀：隋唐时北方游牧民族，铁勒诸部之一，由薛部和延陀部合并而成。初属突厥，后归唐，隶属于唐燕然都护府。

颉利可汗：东突厥启民可汗第三子。以兄终弟及方式即位，多次举兵入侵唐朝，后兵败被擒。死后陪葬昭陵。

褚遂良：初唐名臣。秦王府文学馆十八学士之一褚亮之子。精通文史，尤精书法，为初唐四大书法家之一。在李世民立李治为太子的过程中，作用巨大。

房山石经：刻于云居寺东石经山，共九洞，分上下两层，以隋智苑首启之雷音洞为中心，唐、辽等代都有续刻，现共贮藏经碑一万多块，成为历史悠久的文化珍品。

张亮：先为隋将，后投瓦岗军，再归唐。其人机敏，深得李世民重用，曾被派往洛阳一带，广结当地豪杰，以备李世民起事之需。

来护儿：出自江南的大隋名将，擅长水战。征辽时以右翊卫大将军为水军总管，但几次都是无功而返。

麦铁杖：江南始兴人，曾在杨素麾下效力，讨伐汉王杨谅，以功进位柱国，杨广又提拔其为右屯卫大将军，以江南寒庶受到重用，故拚死效力。

宇文述：杨广的藩邸旧臣、夺嫡主谋，亲信将领。以武职加参预朝政衔，与纳言苏威、黄门侍郎裴矩等人并称为“五贵”。

杨玄感：杨素之子，隋末率先起兵的贵族首领。喜读书，善骑射，文武皆长。大业九年六月任礼部尚书，负责为征辽大军督运粮草时起兵，三月后兵败自杀。

苏威：历经杨坚、杨广两代帝王的大臣，也是唯一由先朝“四贵”转为后朝“五贵”行列的宰相。对杨广修长城和征高句丽都有所劝谏。宦海沉浮，在相位上几起几落，胆子也是越来越小。

刘洎：唐初大臣。李世民征辽时曾辅佐太子监国。后遭褚遂良诬陷，被赐死。

李靖：初唐名将，文武双全，曾随秦王平定王世充。李世民即位后，李靖带兵击败突厥和吐谷浑，封卫国公。著有《卫公兵法》。

李勣：初唐名将，曾任兵部尚书。因为晋王领并州大都督时，他是大都督府长史，李治被立太子后，他以重臣身份为太子詹事兼太子左卫率。

房遗爱、杜楚客：前者为房玄龄之子，高阳公主驸马，魏王党的骨干，高宗时以谋反罪被杀；后者是杜如晦的弟弟。二人都是所谓功臣世家子弟。